成渝地区
双城经济圈一体化
发展研究报告 2021—2022年

RESEARCH REPORT ON THE INTEGRATED DEVELOPMENT OF
THE CHENGDU-CHONGQING ECONOMIC CIRCLE 2021-2022

重庆市综合经济研究院　著
四川省经济和社会发展研究院

中国经济出版社
CHINA ECONOMIC PUBLISHING HOUSE

·北京·

图书在版编目（CIP）数据

成渝地区双城经济圈一体化发展研究报告：2021—2022年 / 重庆市综合经济研究院，四川省经济和社会发展研究院著 . -- 北京：中国经济出版社，2024.4

ISBN 978-7-5136-7720-2

Ⅰ.①成… Ⅱ.①重… ②四… Ⅲ.①城市群–区域经济一体化–研究报告–成都–2021-2022②城市群–区域经济一体化–研究报告–重庆–2021-2022 Ⅳ.

① F299.277.1

中国国家版本馆 CIP 数据核字（2024）第 069386 号

策划编辑	姜　静
责任编辑	郑　潇
责任印制	马小宾
封面设计	任燕飞工作室

出版发行	中国经济出版社
印　刷　者	北京富泰印刷有限责任公司
经　销　者	各地新华书店
开　　本	710mm×1000mm　1/16
印　　张	13.75
字　　数	210 千字
版　　次	2024 年 4 月第 1 版
印　　次	2024 年 4 月第 1 次
定　　价	98.00 元

广告经营许可证　京西工商广字第 8179 号

中国经济出版社　网址 http://epc.sinopec.com/epc/　社址 北京市东城区安定门外大街 58 号　邮编 100011
本版图书如存在印装质量问题，请与本社发行中心联系调换（联系电话：010-57512564）

版权所有　盗版必究（举报电话：010-57512600）
国家版权局反盗版举报中心（举报电话：12390）　　服务热线：010-57512564

课题组成员名单

总报告《成渝地区双城经济圈一体化发展研究（2021—2022年）》课题组

总牵头
易小光　重庆市综合经济研究院原院长、研究员

课题组组长
丁　瑶　重庆市综合经济研究院院长、研究员

课题组副组长
邓兰燕　重庆市综合经济研究院副院长、研究员

技术负责人
李　林　重庆市综合经济研究院推动成渝地区双城经济圈建设研究中心副处长、研究员

课题组成员
曹　亮　重庆市综合经济研究院推动成渝地区双城经济圈建设研究中心处长

苏　凡　重庆市综合经济研究院推动成渝地区双城经济圈建设研究中心副处长、高级工程师

汪　婧　重庆市综合经济研究院推动成渝地区双城经济圈建设研究中心城市与区域发展研究室主任、副研究员

贾静涛　重庆市综合经济研究院推动成渝地区双城经济圈建设研究中心GIS空间规划研究与应用实验室主任、助理研究员

王志军　重庆市综合经济研究院推动成渝地区双城经济圈建设研究中心GIS空间规划研究与应用实验室副主任、助理研究员

夏梁颖　重庆市综合经济研究院推动成渝地区双城经济圈建设研究中心

宏观经济大数据分析实验室副主任、助理研究员

郑秋霞　重庆市综合经济研究院推动成渝地区双城经济圈建设研究中心城市与区域发展研究室助理研究员

邱　婧　重庆市综合经济研究院推动成渝地区双城经济圈建设研究中心GIS空间规划研究与应用实验室助理研究员

分报告一 《重庆市推动成渝地区双城经济圈一体化发展研究（2021—2022年）》课题组

课题组组长

丁　瑶　重庆市综合经济研究院院长、研究员

课题组副组长

邓兰燕　重庆市综合经济研究院副院长、研究员

技术负责人

李　林　重庆市综合经济研究院推动成渝地区双城经济圈建设研究中心副处长、研究员

课题组成员

曹　亮　重庆市综合经济研究院推动成渝地区双城经济圈建设研究中心处长

苏　凡　重庆市综合经济研究院推动成渝地区双城经济圈建设研究中心副处长、高级工程师

汪　婧　重庆市综合经济研究院推动成渝地区双城经济圈建设研究中心城市与区域发展研究室主任、副研究员

贾静涛　重庆市综合经济研究院推动成渝地区双城经济圈建设研究中心GIS空间规划研究与应用实验室主任、助理研究员

王志军　重庆市综合经济研究院推动成渝地区双城经济圈建设研究中心GIS空间规划研究与应用实验室副主任、助理研究员

夏梁颖　重庆市综合经济研究院推动成渝地区双城经济圈建设研究中心宏观经济大数据分析实验室副主任、助理研究员

郑秋霞　重庆市综合经济研究院推动成渝地区双城经济圈建设研究中心城市与区域发展研究室助理研究员

邱　婧　重庆市综合经济研究院推动成渝地区双城经济圈建设研究中心GIS空间规划研究与应用实验室助理研究员

分报告二 《四川省推动成渝地区双城经济圈一体化发展研究（2021—2022年）》课题组

课题组组长

罗飞龙　四川省发展和改革委员会二级巡视员，四川省经济和社会发展研究院（四川省节能低碳中心）党委书记、院长（主任）（兼）

课题组副组长

蒋玉麒　四川省经济和社会发展研究院主任、高级经济师

课题组成员

张玫晓　四川省经济和社会发展研究院所长、高级经济师

程　旭　四川省经济和社会发展研究院处长、高级经济师

崔绍宇　四川省经济和社会发展研究院所长、高级经济师

李太后　四川省经济和社会发展研究院主任、高级经济师

佘赛男　四川省经济和社会发展研究院副所长、高级经济师

序

推动成渝地区双城经济圈建设是西部地区推进中国式现代化的重大战略，是党中央交办给成渝地区的"国之大者"，充分体现了党中央在新形势下经略西部腹地、拓展回旋空间、完善区域发展布局、促进共同富裕的战略部署，充分体现了习近平同志为核心的党中央对川渝两地的深切关怀和殷切期望，为川渝两省市把握新发展阶段、完整准确全面贯彻新发展理念、服务融入新发展格局提供了战略引领。

推动成渝地区双城经济圈建设战略实施三年多来，特别是自党的二十大报告将双城经济圈列入区域重大战略以来，川渝两省市始终铭记嘱托、忠诚担当，相继召开中共重庆市第六次党代会及六届二次全会、中共四川省第十二次党代会及十二届二次全会，把双城经济圈建设分别作为重庆市委"一号工程"和四川现代化建设总牵引，明确要在推动成渝地区双城经济圈建设上干出新业绩，加快把国家重大决策部署转化为川渝高质量发展的具体行动，吹响了以双城经济圈建设统领新时代新征程全面建设社会主义现代化新重庆和全面推进四川现代化建设的号角。

2022年，是推动成渝地区双城经济圈建设的第三年。这一年，面对复杂多变的国际形势和前所未有的困难挑战，川渝两省市深入学习贯彻习近平总书记重要指示批示要求和党的二十大决策部署，把双城经济圈建设放在中国式现代化的宏大场景中谋划推进，同题共答、同向发力，共抓全方位合作和各领域协同，推动重大项目、重大平台、重大政策、重大改革落地见效、生根发芽，推动成渝地区双城经济圈建设取得重要进展，综合实力迈上新的台阶，2022年成渝地区双城经济圈实现地区生产总值7.8万亿元，同比增长3.0%，较2019年增长1.5万亿元，为中国经济增长作出了川渝贡献。

为更好地服务川渝两省市的党委、政府决策和成渝地区经济社会发展，从2022年开始，重庆市综合经济研究院联合四川省经济和社会发展研究院共同开展年度《成渝地区双城经济圈一体化发展研究》编写工作。2022年度的研究报告《成渝地区双城经济圈一体化发展研究报告（2020—2021年）》正式出版已一年有余，对川渝两省市政府决策和各界人士开展工作产生了较大的影响力。2023年，我们再一次携手，在2022年度研究成果基础之上，接续合作，推出《成渝地区双城经济圈一体化发展研究报告（2021—2022年）》。整个研究内容体现为"1+2"体系，即1个总报告：《成渝地区双城经济圈一体化发展研究（2021—2022年）》；2个分报告：《重庆市推动成渝地区双城经济圈一体化发展研究（2021—2022年）》《四川省推动成渝地区双城经济圈一体化发展研究（2021—2022年）》；大事记：成渝地区双城经济圈大事记（2022年）。

感谢参与本研究的所有研究人员、工作人员所付出的辛勤劳动。全书由重庆市综合经济研究院原院长易小光研究员总牵头，重庆市综合经济研究院院长丁瑶研究员以及四川省发展和改革委员会二级巡视员，四川省经济和社会发展研究院（四川省节能低碳中心）党委书记、院长（主任）（兼）罗飞龙统筹规划和总体协调，重庆市综合经济研究院副院长邓兰燕研究员具体开展相应工作。重庆市推动成渝地区双城经济圈建设研究中心曹亮、李林、苏凡、汪婧、贾静涛、王志军、夏梁颖、郑秋霞、邱婧，四川省经济和社会发展研究院杨春健、蒋玉麒、张玫晓、程旭、崔绍宇、李太后、佘赛男分别承担具体研究任务。邓兰燕负责书稿的初步统稿，易小光、丁瑶负责对全书进行修改和定稿。本书的研究和出版还得到了重庆市内外专家的大力支持，也得益于中国经济出版社编审人员的不懈努力，在此我们一并致以诚挚谢意。

本书力求全面、准确、科学把握成渝地区双城经济圈建设发展情况，以期为各级党委政府和有关机构及人士提供借鉴参考。

欢迎更多有志之士为推动成渝地区双城经济圈建设走深走实贡献力量！

编　者

2023年11月

目 录

总 报 告 成渝地区双城经济圈一体化发展研究（2021—2022 年） ……… 1
  一、2021—2022 年成渝地区双城经济圈建设发展情况 ………… 3
  二、存在问题及成因 ……………………………………………… 36
  三、2023 年推动双城经济圈一体化发展的思路目标 ………… 41
  四、2023 年推动双城经济圈一体化发展的重点任务 ………… 44
  五、政策建议 ……………………………………………………… 63

分报告一 重庆市推动成渝地区双城经济圈一体化发展研究
    （2021—2022 年）……………………………………………… 67
  一、发展基础和比较优势 ………………………………………… 69
  二、重庆市推动双城经济圈建设存在的主要困难和问题 …… 99
  三、2023 年重庆市推动双城经济圈一体化发展的总体思路 … 104
  四、2023 年重庆市推动双城经济圈一体化发展的重点任务 … 107
  五、政策建议 ……………………………………………………… 137

分报告二 四川省推动成渝地区双城经济圈一体化发展研究
    （2021—2022 年）……………………………………………… 143
  一、发展基础和比较优势 ………………………………………… 145
  二、四川省推动双城经济圈建设存在的主要困难和问题 …… 161

三、2023 年四川省推动双城经济发展的基本思路 …………… 166
四、2023 年四川省推动双城经济圈一体化发展的重点任务 … 169
五、政策建议 ……………………………………………………… 189

大事记　成渝地区双城经济圈大事记（2022 年）……………… 193

参考文献……………………………………………………………… 207

总报告

成渝地区双城经济圈一体化发展研究（2021—2022年）

推动成渝地区双城经济圈建设,是习近平总书记亲自谋划、亲自部署、亲自推动的重大战略,是党中央交办给成渝地区的"国之大者"。2020年1月3日,习近平总书记主持召开中央财经委员会第六次会议,亲自做出推动成渝地区双城经济圈建设的重大战略决策。2020年10月16日,习近平总书记主持召开中央政治局会议,审议《成渝地区双城经济圈建设规划纲要》。2022年10月,党的二十大把双城经济圈建设作为区域重大战略写入报告。充分体现了党中央在新形势下经略西部腹地、拓展回旋空间、完善区域发展布局、促进共同富裕的战略部署,充分体现了以习近平同志为核心的党中央对川渝两地的深切关怀和殷切期望,为川渝两省市把握新发展阶段、完整准确全面贯彻新发展理念、服务融入新发展格局提供了战略引领。

推动成渝地区双城经济圈建设战略实施三年来,川渝两地深入学习贯彻习近平总书记关于推动成渝地区双城经济圈建设的重要讲话精神,围绕"两中心两高地"战略定位,全面贯彻落实《成渝地区双城经济圈建设规划纲要》,双城经济圈建设由平稳起步加快迈入发展快车道。2023年,是全面贯彻落实党的二十大精神的开局之年,必须把双城经济圈建设放在中国式现代化的宏大场景中认识把握,胸怀"国之大者",增强历史担当,在唱好"双城记"、共建"经济圈"上扛起新使命、谱写新篇章,奋发有为,努力为国家发展大局作出新的更大贡献。

一、2021—2022 年成渝地区双城经济圈建设发展情况

(一)综合经济实力快速提升

川渝两地紧密围绕自身战略定位与发展目标,通力合作推动各项部署落地落实,助力成渝地区双城经济圈建设成势见效,经济实力、发展活力、国际影响力不断提升。

1.经济能级持续提高

2021年以来,成渝地区双城经济圈建设向纵深推进,经济社会发展稳中向好、进中提质的良好态势持续巩固,逐步成为带动全国高质量发展的重要增长极和新的动力源。一是经济规模不断攀升。2021年,成渝地区双城经济

圈实现地区生产总值7.39万亿元，同比增长8.5%，经济增速较上年提高4.5个百分点，高于全国0.4个百分点；2022年，双城经济圈经济保持稳中有进发展态势，地区生产总值达到7.76亿元，同比增长3.0%。二是引领作用持续增强。2021年，成渝地区双城经济圈经济总量占全国比重由2019年的6.3%提升至6.5%，占西部地区比重达到30.8%，增速较西部地区平均水平高1.1个百分点，持续保持领跑优势。2022年，在持续高温干旱、严峻疫情等超预期因素冲击下，双城经济圈地区生产总值占全国的比重为6.4%，占西部地区的比重为30.2%，较上年略有下降。三是经济结构逐步改善。成渝地区双城经济圈农业占比不断下降，工业和服务业对经济增长的支撑作用更加显著，三次产业比重从2020年的9.1∶37.7∶53.2调整至2022年的8.3∶38.5∶53.2。在川渝两地协同构建世界先进制造业集群战略带动下，成渝地区双城经济圈工业结构优化升级成效显著，企业盈利结构持续改善，2022年，成渝地区双城经济圈规模以上工业企业实现营业收入比上年增长3.9%，实现利润总额比上年增长6.3%，高于全国平均水平10.3个百分点。2019年以来成渝地区双城经济圈地区生产总值（现价）及占全国比重见图1-1。

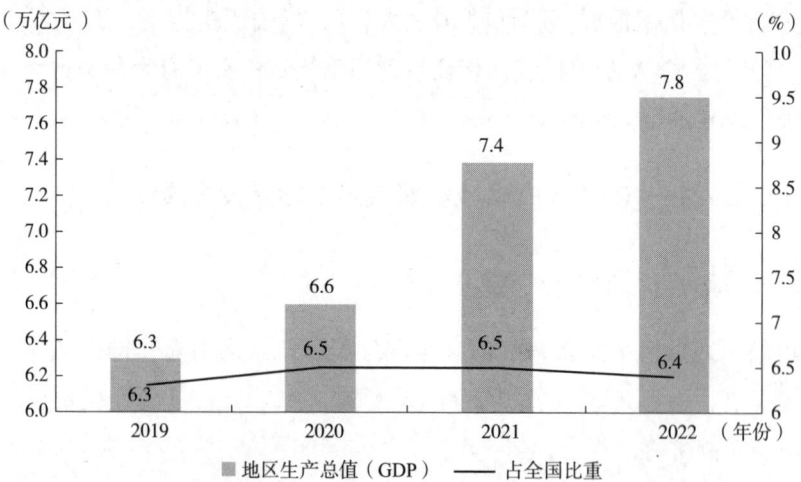

图1-1　2019年以来成渝地区双城经济圈地区生产总值（现价）及占全国比重

2. 内需潜能持续释放

川渝高效统筹疫情防控和经济社会发展，积极扩大有效投资，着力促进消费持续恢复，加快塑造创新发展新优势，市场规模持续扩大，内需发展动力进一步增强。一是重大项目投资提速扩容。2021年，川渝合作共建重大项目67项，总投资1.57万亿元，年度完成投资1030.9亿元，项目数量、总投资分别是2020年的2.2倍、2.8倍。2022年，川渝合作重大项目达到160项，总投资额约2万亿元，年度完成投资2336亿元，投资规模较2021年翻番。二是消费市场规模不断壮大。川渝两地立足巴蜀文化特色，不断提升消费平台能级、优化消费供给品质，带动成渝地区双城经济圈国际消费集聚力和辐射力进一步增强。2021年，成渝地区双城经济圈实现社会消费品零售总额3.46万亿元，比上年增长17.0%，高于全国水平4.5个百分点，占全国的比重达到7.8%。2022年，双城经济圈社会消费品零售总额继续保持稳定增长，占全国比重保持在7.8%左右。三是创新发展提质增效。成渝地区双城经济圈着力以创新驱动为引领，以新经济发展为核心，努力营造高品质消费空间，新兴消费活力进一步凸显。2021年、2022年，成渝地区双城经济圈限额以上单位通过互联网实现的商品零售额分别达到2021.51亿元、2377.22亿元，持续实现24.2%、15.6%的较快增长。

3. 要素集聚能力持续提升

随着成渝地区双城经济圈经济能级、消费能级不断提升，要素集聚和资源配置能力持续增强，对周边城市的辐射带动效应日益凸显。一是人口集聚效应进一步增强。在交通促进、产业发展等因素拉动下，省内外人口向成渝地区双城经济圈流动和集聚的趋势进一步加强。2022年，成渝地区双城经济圈常住人口约为9874.5万人，比上年增长约4.5%，占全国人口比重在7.0%左右。二是物流资源集聚水平进一步提升。成渝地区双城经济圈国际性综合交通枢纽集群建设加快推进，支撑区域物流发展能力显著提升。2022年川渝两地社会物流总额达到14.46万亿元，同比增长4.9%，占全国比重为4.2%。川渝两地合力共建国际物流通道取得显著成效，2022年，中欧班列（成渝）累计开行超5000列；西部陆海新通道川渝总运量突破60万标准箱。三是资金吸引力进一步提高。2021年、2022年，成渝地区双城经济圈实现金融机构人民币各项存款余额分别为13.09万亿元、14.57万亿元，分别比上年增长8.9%、11.1%；实现金融机构人民币各项贷款余额分别为11.66万亿元、13.16万亿元，分别比上年增长13.4%、12.3%。2021年，川渝两地社会融资总量占全国比重达到6.8%，比上年提高0.4个百分点。

（二）区域发展新格局加快完善

川渝两地锚定"两中心两地"目标定位，秉持"一家亲"理念、强化"一盘棋"意识，强力推动成渝地区双城经济圈建设全面提速、整体成势，"一极一源"加速在川渝崛起。

1.双城引领联动更加紧密

成渝两个中心城市加速集聚高端要素资源和服务功能，优势带动作用进一步发挥，多层级、多领域的双核联动合作机制持续完善，"双核"引领、"双城"联动水平进一步提升。一是重庆中心城区引领带动能级进一步提升。围绕"强核提能级、扩容提品质"，加快推动城市更新，提升城市综合发展质量。提速打造西部（重庆）科学城、两江协同创新区、两江数字经济产业园等城市形象名片，科技创新中心、先进制造业基地、国际消费中心城市、国际交往中心等核心功能进一步增强。轨道交通9号线、10号线、江跳线等新增61千米投运，红岩村大桥等建成投用，寸滩国际新城邮轮母港港口工程全面开工，中心城区全面实现数字化管理，城市能级持续提升，经济和人口集聚功能进一步增强。2022年，中心城区人口达到1047.76万人，占全市的32.6%，比上年增长8.77万人，中心城区GDP达到1.14万亿元，人均GDP近11万元，城市极核引领支撑作用进一步巩固。二是重庆主城都市区一体化进一步提速。璧山、江津、长寿、南川等地加快融入中心城区，截至2022年底，市郊铁路璧铜线建设进度超过60%，枢纽东环线正线通车，打通"断头路"50条。荣昌、大足、铜梁、潼南等依托融入遂潼川渝毗邻地区一体化发展先行区、资大文旅融合示范区等跨区域合作平台，联动成渝的纽带作用逐步凸显。2022年，主城都市区21个区GDP达到2.24万亿元，人口达到2122.72万人，人均突破10万元，常住人口城镇化率79.8%，综合竞争力不断提升。三是成都极核发展能级加快提升。成都综合实力不断增强，建设践行新发展理念的公园城市示范区获国务院批复，四川天府新区迈入国家级新区第一方阵，成都东部新区、西部（成都）科学城加快建设，天府实验室、国家川藏铁路技术创新中心启动建设，成都天府国际机场建成投运并进入全国前10位,"世界500强"企业、领事机构落户数量均居中西部第1位,2022年全市GDP达到2.08万亿元,居全国副省级城市第3位;常住人口2119.2万人,居全国副省级城市第1位。四是成渝双核联动深入推进。健全联动发展体制机制,组建"双核"联动专项工作组,成渝两地"1+5"合作协议签署落地,成渝21个对口单位、27个市区开展结对合作。两江新区与天府新区等平台合作持续深化,共建西部科学城、成渝综合性科学中心建设形成强大合力,成渝中线高铁、成达万高铁建设稳步推进,成渝地区双城经济圈作为"四极"之一进入国家综合立体交通网,全国一体化算力网络国家枢纽节点、多层次轨道交通规划成功获批,打通城际"断头路"9条,日开行动车122对。合力开展外债便利化、数字人民币等试点,成渝金融法院揭牌,双城种业投资基金建立,获批共建全国首个跨省域电子信息先进制造集群。实现100项政务事项同城无差别受理、职工医保关系转移无障碍办理、住房公积金同城化贷款,210项川渝通办政务事项、16项便捷生活行动举措全面落实,实现公共交通"一卡通"、电子健康卡"一码通用"。做强中欧班列(成渝)品牌,2022年共同开行中欧班列(成渝)超过5000列,联合开行中老铁路国际货运班列,助力两地更好地融入国内国际双循环。

2. 双圈互动逐步强化

重庆都市圈和成都都市圈相继获批建设,都市圈同城化发展加快推进,支撑带动两地协同联动、相向发展能力进一步增强。一是重庆都市圈建设稳步推进。重庆都市圈发展规划获批实施,印发《重庆都市圈发展规划》,推动广安市全面融入重庆都市圈。2022年,重庆都市圈GDP达到2.38万亿元,城镇化率超过75%,吸纳农业转移人口进城落户能力和城市集聚发展水平提升。同城化先行区、支点城市、桥头堡城市加速发展,对主城都市区高质量发展支撑作用日益明显,璧山、江津、长寿、南川连接中心城区的快速通道加快建设,"轨道上的经济圈"和"米"字形高铁网加速构建。跨省域同城化发展先行探索稳步推进,川渝通办事项已涵盖居民身份证申领、生育服务证办理、公积金贷款等311项。依托合(川)武(胜)共建产业园等平台,广安产业配套重庆的能力进一步增强,广安与重庆中心城区公交实现"一卡通",跨省公交已开行10余条,大幅促进都市圈一体化发展。川渝高竹新区成为探索行政区与经济区适度分离改革的探路先锋，形成村镇管理、基层治理、社会保障等三个属地化改革成果，首个跨省共建的税费征管服务中心正式运行。二是成都都市圈同城化水平进一步提升。以加快成德眉资同城化为抓手推动交通互联互通、公共服务一体化共建共享，合力打造成德眉资同城化综合试验区，2022年成都都市圈GDP达到2.62万亿元，城镇化率超过71%。高速公路主骨架网进一步完善，成都都市圈环线高速公路全线通车，S11（成德）、S5（成眉）、S3（成资）等市域铁路加快建设，都市圈环线铁路建设稳步推进，2022年新打通四城"断头路"公路10条。公共服务同城化加速推进，100项政务服务事项实现同城无差别受理，2022年成都都市圈26个区（市）县实现公交"一卡通"，稳定开行14条跨区域公交线路，持续开展铁路公交化运营，都市圈日开行动车达到134对，日均跨市域流动人数达到4.1万人。三是两大都市圈互动进一步加强。围绕两地合力共建双城经济圈，在全国率先建立跨省域重大项目储备库，2022年共投资1835亿元建设基础设施、现代产业等重大项目。毗邻区域的对接合作持续加强，遂潼涪江创新产业园区建设提速推进，启动遂（宁）潼（南）经济区毗邻区域村连片规划。非毗邻区域对接合作进一步拓展，渝中区与锦江区、重庆高新区与成都东部新区等文旅、公共服务领域合作广泛开展。联合推出11条精品旅游线路，464个"三带"建设项目加快推进，跨省高速通道达到16条，跨省公交线路增至20条。重庆两江新区、四川天府新区入围全国首批国家气候投融资试点名单。

3. 两翼协同深入推进

成渝地区双城经济圈两翼协同发展体制机制进一步完善，毗邻地区合作发展功能平台加快建设，一体化发展动能加速释放，北翼振兴、南翼融合稳步推进。一是北翼一体化振兴动能加速释放。重大功能平台协同共建取得突破，《推动川渝万达开地区统筹发展总体方案》获国家发展改革委批复同意，明月山绿色发展示范带、城宣万革命老区振兴发展示范区建设稳步推进。万开云同城化进一步提速，南充临江新区等加速发展。重大基础设施逐步完善，开梁高速、万（开）达直线高速、城开高速加快建设，郑万高铁重庆段开通运行，成达万高铁、渝西高铁开工建设，达州金垭机场正式通航，万州五桥机场获批航空口岸对外开放，万州新田港、忠县新生港等航运节点联动成网。一体化产业平台载体逐步丰富，开江·梁平成渝现代高效特色农业带合作园区、万达开智能制造示范园区建设取得实效，万州综保区（一期）建成投运，成为区域开放发展的新窗口、新平台。二是南翼融合发展动能不断增强。《推动川南渝西地区融合发展总体方案》获国家发展改革委批复同意，泸永江融合发展示范区、内荣现代农业高新技术示范区建设加快推进，更加深度融入长江经济带发展和西部陆海新通道建设。川南渝西地区开通跨省公交7条，内荣现代农业高新技术产业示范区共建国家畜牧科技城，建成国家首个、目前唯一的畜牧单品种国家级大数据服务平台——国家生猪大数据中心，重庆荣昌—内江隆昌合作园区获批首批成渝现代高效特色农业带合作园区，荣昌高新区、隆昌经开区成为首批成渝地区双城经济圈产业合作示范园。泸永江融合发展示范区组建川南渝西大数据产业联盟，加快推进现代农业合作示范园建设，建成优质粮油及稻田综合种养产业带28万亩[①]、花椒产业带57.3万亩，川渝合江·江津（珞璜）新材料产业示范园区入选首批成渝地区双城经济圈产业合作示范园。三是毗邻地区合作多层次广泛开展。共同优化国土空间布局，10个毗邻地区合作平台全部获批，20个川渝毗邻地区产业合作示范园区加快建设。川渝第二批便捷生活行动事项全面落地，跨省公交线路增至20条，两地参保证明实现互认，养老服务、公共文化等资源实现共享。万达开三地签订产业协同招商战略合作协议和区域应急救援联动协议，推进协同合作进一步加速，泸永江融合发展示范区启动医疗保障联合监管，梁平区与达州市大竹县签订粮油（糯稻）产业示范带合作协议，推进共建明月山粮油产业示范带，开州区、城口县、宣汉县、万源市加强大巴山国际旅游度假区建设合作，推进文化旅游联合执法，各地共建合作功能平台走深走实。

（三）现代基础设施网络加快优化

成渝地区双城经济圈加快推进现代基础设施网络建设，一体化的综合交通网、多元化的能源保障网以及可持续的水利安全网持续完善，双城经济圈建设基础支撑更加稳固。

---

① 1亩≈666.67平方米。

1. 综合道路交通体系更加完善

加快推进轨道交通网、公路交通网建设，多层次、强融合、高可达的陆路综合交通体系更加健全。一是着力畅通高铁内外通道。成渝地区轨道网络更加织密，郑渝高铁建成通车，成达万高铁、渝万高铁实现全线实质性开工，重要控制性工程加快实施，渝昆高铁川渝段路基工程全部完成，"四电"工程正式启动，重庆至黔江铁路等建设提速，成渝中线高铁、渝西高铁正式开工建设。2022年，重庆、四川高铁通车里程分别为1023千米、1391千米。二是打造"轨道上的都市圈"。重庆轨道交通9号线二期、10号线二期开通运营，5号线北延伸段基本建成，18号线、15号线1期、24号线1期以及27号线加快建设，市域（郊）铁路江津至跳蹬线建成投运。成都轨道18号线三期、19号线二期、30号线一期、市域铁路成资S3线建设顺利推进，成都至眉山S5线启动建设。2022年，重庆、成都城市轨道交通运营里程达到434.7千米、557.8千米，双双位居西部前列。三是加快完善公路交通体系。区域内高速路网持续完善，泸州至永川高速公路全线通车，南充至潼南、内江至大足高速公路部分建成，资中至铜梁高速公路开工建设，铜梁至安岳、江津至泸州北线以及渝武高速扩能、渝赤叙、遂渝扩容（北碚至铜梁段）等工程加快推进。截至2022年底，建成及在建川渝间省际高速公路通道20条，其中川渝两省市高速公路通道14条、成渝双核间直连高速公路通道4条。

2. 协作共推长江上游航运枢纽建设

健全长江及其重要支流航运网络，构建现代化长江航运服务体系，积极推进长江上游航运中心建设。一是航运通道大为畅通。"一干两支"国家高等级航道体系基本建成，长江朝天门至涪陵段航道整治加快推进，长江涪陵至丰都段航道整治开工，涪江智能美丽航道前期工作加快推进，嘉陵江利泽航电枢纽船闸建成通航，涪江双江枢纽主体工程全面开工，渠江重庆段航道整治土建工程完工。截至2022年底，长江上游航运中心17个子项目已开工建设13个。重庆全市三级及以上高等级航道达到1111千米。二是枢纽体系加快形成。铁公水多式互联港口集群建设提速推进，果园大件码头等项目加快建设，川渝合资共建万州新田二期工程全面开工，寸滩邮轮母港工程提速推进，黄礅一期工程完成施工招标，陆域施工全面展开。

3. 合力共建世界级机场群

着力增强双核航空运输能力，大力构建"市内双枢纽协同、成渝四大机场联动"的世界级机场群。一是全力打造国际航空门户枢纽。成都天府机场与双流机场实现"两场一体"高质量运营，重庆江北机场T3B航站楼混凝土主体结构封顶、第四跑道建设进入冲刺阶段，重庆新机场前期工作加快推动。2022年，重庆江北机场旅客吞吐量达到2167万人次，货邮吞吐量42万吨，分别居全国第2位、第8位。成都双流国际机场、天府国际机场旅客吞吐量分别实现1782万人、1327万人，分别居全国第6位和第10位，货邮吞吐量分别实现53万吨、8.2万吨。二是区域机场体系逐步健全。重庆万州机场T2航站楼主体工程完工，黔江机场改扩建项目基本完成，巫山机场、武隆仙女山机场运营提档升级，达州金垭机场、绵阳机场T2航站楼正式投用，阆中机场基本完工，乐山机场加快建设。

4. 能源基础设施加快建设

打造一体化能源网络，川渝能源共商共建共享、互助互保互利格局更快形成。一是电力网络一体化取得突破。实施川渝电网一体化建设方案，川渝1000千伏特高压交流工程已获国家核准并开工建设，疆电入渝工程前期工作顺利推进，川渝一体化电力调峰辅助服务市场启动建设，新开工建设丰都栗子湾抽水蓄能电站、华能两江燃机、甘孜州南部光伏发电、凉山州风电基地等清洁发电项目。二是大力提升油气勘探保障力度。川渝天然气产能基地建设加速实施，西南百亿立方米储气库群相国寺储气库投用，天然气（页岩气）千亿立方米级产能基地加快建设，清溪地下储气库建成投运，接续推进铜锣峡、黄草峡、老翁场、牟家坪等储气库建设。中国航油西南战略储运基地项目开工建设，预计2024年建成投产。川气东送二线项目通过国家核准，天然气管网威永线、永江线、江南线互联互通项目建成投产。三是新能源设施跨越式发展。川渝合力建设"电走廊"11条，路域乘用车充换电、城市充换电一体化设施加快建设。"成渝氢走廊"建设提速，新建加氢站24座，撬装式加氢设施、"油电气氢"综合能源站等设施不断完善。

5.重大水利基础设施取得突破

统筹川渝两省市水利基础设施建设，构建一体连通、空间均衡的"引蓄调"水资源配置体系。一是通畅水利管网设施。有力有序推进渝西水资源配置工程的重要节点工程建设，建成毗河供水一期、武引二期灌区工程。引大济岷、毗河供水二期可研报告和长征渠引水工程规划编制完成，向家坝灌区一期项目加快建设，重庆中部水资源配置工程、涪江右岸引水、沱江团结水库等项目前期论证工作加快推进。二是着力实施重要水源工程。藻渡水库完成可研批复，先期工程已开工建设。向阳水库完成可研批复，临建工程已开工建设，跳蹬水库完成项目前期工作，年内已经开工建设，李家岩水库工程顺利推进，黄沙水库等完成下闸蓄水阶段验收。

6.新型基础设施建设加快推进

成渝国家数字经济创新发展试验区建设持续推进，双城经济圈数字经济底座更加牢固。一是数字基础设施不断完善。川渝加速推动千兆光纤网络覆盖城乡，重庆具备千兆光纤端口（10G-PON端口）23.06万个，四川千兆光纤网络覆盖家庭数超过3000万户，10G-PON端口占比达到54.17%。重庆乡镇5G网络到达率达到100%，四川省累计建成5G基站超过11万个，规模居西部第一。成渝被纳入国家"东数西算"工程算力枢纽节点布局，已建在建数据中心机架总量超过36万个。二是工业互联网发展高地更加凸显。工业互联网标识解析顶级节点（重庆）功能迅速增强，上线二级节点34个，较2021年底增加14个，标识注册量累计达到138亿个，累计解析量超过81亿次，接入企业节点4566家。工业互联网标识解析国家托管与灾备顶级节点落户成都，川渝上线综合行业标识解析二级节点11个。

（四）现代产业体系加快构建

产业是经济之本，产业链的现代化水平是经济高质量发展和全面现代化的决定性因素。川渝两省市持续增强产业协同，共抓产业建链补链延链强链，成渝地区双城经济圈现代产业体系持续优化，发展韧性不断凸显。

1.世界级先进制造业集群加快培育

制造业是推动高质量发展的"顶梁柱"，成渝地区产业门类齐全，是全国重要制造业基地，培育具有国际竞争力的先进制造业集群是成渝地区双城经济圈建设的重要任务，也是建设制造强国的重要支撑。川渝两省市持续做好产业"协同"文章，共扬优势、共育集群、共促升级，先进制造业产业集群持续壮大。一是制造业发展量质并升。2022年，川渝两地在区域疫情规模性反弹压力下，全力以赴促项目保生产，共计实现工业增加值2.47万亿元，同比名义增长6.0%，在全国工业大盘中占比为6.2%，占西部工业总量的30.9%，展示了强劲的工业发展韧性，对西部地区工业发展的引领力和全国制造强国建设的支撑力稳步增强。2021年川渝规模以上工业实现营业收入73700.27亿元，比上年增长16.9%；实现利润总额5589.57亿元，比上年增长35.8%；2022年工业营业收入超过8万亿元（其中四川5.25万亿元、重庆2.8万亿元），工业企业盈利保持增长。二是优势产业集群协同培育见新效。成渝地区双城经济圈新出台汽车、电子信息、特色消费品等产业协同实施方案，汽车、电子信息产业链供需对接平台累计上云企业超过3500家。2022年，川渝电子信息、汽车、装备制造、消费品产业规模分别达到2.2万亿元、7500亿元、1万亿元、1.48万亿元，成渝地区电子信息先进制造集群成为西部地区唯一入选的国家级先进制造业集群，获批国家超高清视频创新中心。全球2/3的iPad、50%的笔记本电脑、10%的智能手机为"成渝造"，成渝地区成为全球最大的OLED生产基地。三是产业协同重大载体建设取得新突破。成功获批建设成渝地区工业互联网一体化发展示范区、国内首个跨省域的国家级网络安全产业园区，启动第二批成渝地区双城经济圈产业合作示范园区申报创建工作。全国首个跨省域实体化运行的共建新区——川渝高竹新区累计入驻企业181户，竣工投产77户，培育规模以上企业43户，生产的汽车零部件90%为重庆配套。成渝电走廊、氢走廊和智行走廊加快建设，川渝两地累计投运氢燃料电池汽车400余辆，建成15座加氢站，国内首个国家级氢能动力质量检验检测中心（一期）在渝投入运营。

2. 数字经济活力加快集聚释放

数字经济已经成为引领全球经济发展和重塑全球产业格局的关键力量。川渝两省市积极把握数字经济发展趋势和规律，立足成渝地区产业优势，突出"以硬生软、以软促硬"，加快打造数字双城经济圈，数字经济蓬勃发展。

一是数字经济战略性平台加速布局。成渝纳入国家"东数西算"工程算力枢纽节点布局，国家数字经济创新发展试验区启动建设，重庆市、成都市获批国家新一代人工智能创新发展试验区，工业互联网标识解析国家顶级节点（重庆）服务覆盖重庆、四川、贵州、陕西等西部九省市19个行业，累计标识注册量143亿个，标识解析83.5亿次，接入企业节点5225家，川渝上线11个综合行业标识解析二级节点。成渝地区双城经济圈产业数字化赋能基地在渝投用，成渝地区工业互联网一体化公共服务平台上线运行。四川省工业云制造创新中心产业园区云、重庆建工建材物流工业互联等7个平台入选国家特色专业型工业互联网平台。二是数字经济体量持续壮大。网络安全、区块链等特色产业集群加快培育，积极实施企业上云专项行动，成渝地区累计推动企业"上云"39万余家，数字经济与实体经济加速融合。2022年，川渝两省市电子信息产业营业收入超过2万亿元，数字经济核心产业增加值达到6565亿元，增速超过5.8%。三是川渝数字经济协作持续深化。国家级重庆（荣昌）生猪大数据中心在自贡、内江建立分中心。组建西南数据治理、大数据产业生态、区块链应用创新等协作联盟，建立川渝应急通信保障联动协同工作机制。推出多款川渝共享专属优惠资费产品，取消川渝两地座机通话长途费，实现全国首例跨省级行政区域固定电话通信资费一体化。

3.现代服务业高地建设成效显著

我国经济已步入以服务业为主的时代，现代服务业已成为带动产业转型升级、促进生产生活方式转变的新支撑。成渝地区双城经济圈在重庆服务业扩大开放综合试点探路引领下，扎实推进服务业重点领域开放，现代服务业高地建设如火如荼，现代服务业发展质量和水平进一步提升。一是服务业稳步扩规升级。服务业规模持续扩大，结构不断优化，对区域经济的贡献和拉动作用强劲。2022年，川渝两省市实现服务业增加值4.51万亿元，同比名义增长4.6%，受疫情影响服务业对经济增长贡献率比上年下降6.2个百分点，但仍达到47.8%，是对经济增长贡献最大的产业。金融业和科技服务业稳健发展，是支撑区域服务业发展升级的中坚力量。二是西部金融中心协同建设突破显著。川渝联合发布《成渝共建西部金融中心规划联合实施细则》，重庆、成都分别获批设立国家绿色金融改革创新试验区、普惠金融服务乡村振兴试验区，两江新区和天府新区获批开展国家气候投融资试点，成渝金融法院挂牌运行，推出"科技跨境贷""汇保通""植物新品种权质押贷款新模式"等一批首创成果。2022年，川渝实现金融业增加值6331.1亿元，同比名义增长4.2%，占全国金融业增加值比重为6.5%。三是国际物流发展势头良好。成渝成功入围首批国家综合货运枢纽补链强链城市（群），获批建设重庆生产服务型、成都空港型国家物流枢纽，国家级物流枢纽增至8家（见表1-1）；重庆两江新区、成都青白江区获批国家进口贸易促进创新示范区。新开通重庆至新德里、成都至纽约等10条国际货运航线。合力共建西部陆海新通道，开通中泰、中越、中缅印班列，常态化双向开行中老国际货运班列（成渝—万象），线路辐射全球118个国家（地区）393个港口，总运量突破60万标准箱。2022年，中欧班列（成渝）累计开行超5000列，居全国首位，2021—2022年累计突破1万列，发运箱量近90万标准箱。

表1-1 成渝地区国家级物流枢纽名单

序号	物流枢纽名称	获批年份
1	重庆港口型国家物流枢纽	2019
2	成都陆港型国家物流枢纽	2019
3	重庆陆港型国家物流枢纽	2020
4	遂宁陆港型国家物流枢纽	2020
5	重庆空港型国家物流枢纽	2021
6	达州商贸服务型国家物流枢纽	2021
7	重庆生产服务型国家物流枢纽	2022
8	成都空港型国家物流枢纽	2022

4. 成渝现代高效特色农业带推进有力

农业是关乎国家安全和人民生命的基础性产业，是强国之基。川渝两省市立足自身农业基础优势，协力建设成渝地区现代高效特色农业带，取得新亮点新成绩。一是农业综合产能不断提升。2022年，川渝粮食播种面积12765.37万亩，粮食产量4583.34万吨，其中四川粮食播种面积居全国第6位，粮食产量居全国第9位，全国粮食主产区地位持续巩固。此外，成渝地区油料、蔬菜、水果等主要农产品在全国市场中所占份额稳步增加。二是特色农业产业集群加快形成。特色优势农业区域协作持续深化，集群效应加速显现。重庆市潼南、江津、合川、大足、铜梁和四川省遂宁、广安、达州、资阳（安岳县）等9个柠檬出产地共同成立了成渝地区双城经济圈国际柠檬产区联盟，潼南柠檬产业龙头企业汇达柠檬辐射带动川渝毗邻地区发展优质柠檬标准化种植80万亩，年深加工柠檬20万余吨，川渝柠檬产值在全国占比达八成，川渝千亿级柠檬优势产业集群加速形成。涪陵作为世界最大榨菜原产地，依托涪陵榨菜集团，以"公司+合作社+大户"模式带动涪陵之外的川渝地区建成榨菜、青菜等种植基地20余万亩，联结2万余户种植户，带动川渝地区榨菜出口80多个国家和地区。江津和泸州深化协作，共建"白酒产业带"。三是农业载体增加和农业创新协同提升。成功创建国家级农业现代化示范区17个，合川区、万州区、邛崃市、剑阁县入选第三批国家农业绿色发展先行区拟创建名单，国家现代农业产业园新增3家总计13家。邛崃市、蓬溪县、邻水县等16个县（市）开展农产品产地冷藏保鲜设施建设试点，自贡国家骨干冷链物流基地加快建设。成渝地区双城经济圈农业科技创新联盟联合组织实施了科技项目近40个，发布重点应用科技成果100余项，在川渝两地30多个市区县推广示范科技成果。

> **专栏1-1　川渝国家农业现代化示范区创建名单**
>
> **重庆境内**
>
> 第一批（2021年）：荣昌区、梁平区、南川区
>
> 第二批（2022年）：秀山县、垫江县、江津区、潼南区
>
> **四川境内**
>
> 第一批（2021年）：米易县、中江县、蒲江县、宣汉县、南充市高坪区
>
> 第二批（2022年）：雅安市名山区、三台县、射洪市、成都市郫都区、苍溪县

（五）科技创新中心建设提速

围绕共建具有全国影响力的科技创新中心，强化战略科技力量协同布局，主动服务国家高水平科技自立自强，成渝协同创新发展能力持续增强，为构建现代产业体系提供了有力的科技支撑。

1. 协同创新平台加速完善

聚焦战略性创新领域，川渝两地协同推动创新战略平台布局建设，区域创新生态进一步优化。一是西部科学城创新策源核心功能不断完善。以西部科学城为主平台，推进川渝两地联动联建重大科技基础设施，努力填补国家级大科学装置和重大前沿研究平台的空白，共同打造科技创新"策源地"、高质量发展"新引擎"，2022年，两地共同实施共建西部科学城项目达到30个，总投资750亿元。以"一城多园"模式共建西部科学城，共同推进成渝综合性科学中心建设，联合编制《成渝综合性科学中心建设方案》，共同打造兴隆湖和金凤科学中心，天府兴隆湖实验室、天府锦城实验室、天府绛溪实验室揭牌运行，金凤实验室首批9个科研团队入驻，华大时空组学中心完成挂牌。强化重庆大学城、重庆高新区与天府国际生物城、未来科技城和成都高新区协同发展，将成渝具有全国影响力的科技创新中心、成渝综合性科学中心纳入国家区域创新高地总体布局。二是战略创新平台建设持续加强。聚焦"国家队""大装置""实验室"等关键环节，加快科技创新平台建设，重庆获批建设国家科技成果转移转化示范区，四川获批全国科技成果评价综合改革试点省。重大科技基础设施建设加速推进，中国科学院成都科学中心、重庆科学中心加快建设，"科学之眼"即将投用。超瞬态实验装置、电磁驱动聚变、跨尺度矢量光场等大科学装置项目加快推进，柔性基底微纳结构成像系统研究装置、多态耦合轨道交通动模试验平台、天府宇宙线研究中心、国家川藏铁路技术创新中心等项目加快建设，成都智算中心正式运行。中国自然人群生物资源库一期投用，已采集样本15.4万人，长江上游种质创制大科学中心已创制新种质素材500余份。三是高水平科研机构引育成效显著。西永微电园公司与电子科技大学共建微电子产业技术研究院揭牌，上海交通大学重庆人工智能研究院落户西部（重庆）科学城。国家精准医学产业创新中心、生物靶向药物国家工程研究中心获批建设，重庆健康医疗大数据中心建设加快推进，重庆先进病理研究院的14个PI团队已率先入驻。推动共建国家"一带一路"联合实验室等科研平台，启动组建省际实验室，两地共建重点实验室等创新平台9个，南岸广阳湾实验室、沙坪坝五云实验室等前期工作加快推进。中国环境科学研究院西南分院落户重庆，清华四川能源互联网研究院、成都西电网络安全研究院、成都先进推进技术研究中心等研究机构加快建设，为成渝地区高质量发展提供有力的科研支撑。

2. 协同创新生态持续优化

协同推动科技创新人才共引共育共用，强化核心技术联合攻关，加快完善协同创新体制机制，科技创新合作共享格局持续深化。一是科技创新人才加速汇聚。协同集聚和引育科技创新人才，推进外国高端人才资源川渝两地共享共用，联合出台《川渝地区外国高端人才工作许可互认实施方案》等政策，实现外籍"高精尖缺"人才工作许可在川渝两地互认，川渝高竹新区外籍人才工作许可互认试点积极推进。全面上线"重庆英才服务卡"与"天府英才卡"6项互认共享服务。共育科技人才，实施千名高层次科研人员顶岗培养计划，川渝双向互派65名高层次科研人员顶岗锻炼，联合培养博士后9人，成渝专家团先后走进武隆等6个区县开展帮扶。二是协同推进关键核心技术攻关。围绕攻关"卡脖子"关键核心技术，推动科技自立自强，共同实施川渝联合项目45个。聚焦智能制造、集成电路、自动驾驶等领域，支持重庆京东方显示技术有限公司、招商局检测车辆技术研究院有限公司、北京理工大学重庆创新中心等8家单位联合四川相关领域优势创新资源开展"卡脖子"关键核心技术攻关。组建跨区域创新联合体，在智能网联汽车、高端制造装备、物联网等领域，组建成渝高新区协同创新战略联盟。三是创新合作范围逐步扩大。两地科技资源互通共享持续加强，2022年，建成川渝科技资源共享服务平台，整合两地大型仪器设备1.21万台（套）、价值约127亿元。加强国家超级计算成都中心、中新（重庆）超算中心等创新数据和算力互通共享，推动国家川藏铁路技术创新中心、硅基混合集成创新中心等面向区域内科研单位、高校和企业开放共享，合力申报科技部国际合作项目4个。聚力推动毗邻地区协同创新，联合起草川渝毗邻地区科技协同创新发展能力提升行动方案。共享智博会、西洽会、西博会等开放活动平台，2022年，四川来渝参加智博会、西洽会签约项目合同金额达到81.8亿元。

3. 协同创新能力不断提升

持续提升科技创新投入水平，协同推动科技成果转化应用，协同创新水平不断提升，科技成果转化能力不断增强。一是科技创新投入大幅提高。两地全社会创新投入进一步增长，2022年，川渝两地研究与试验发展（R&D）经费达到1901.6亿元，同比增长4.6%，总量占全国的6.2%，总体研发经费投入强度2.22%，继续保持西部前列。企业研发投入水平进一步提升，两地各类企业研究与试验发展（R&D）经费投入达到1281.8亿元，同比增长15.1%，占全社会研发投入的67.4%。四川发展与渝富基金共同发起成立总规模300亿元的"双城基金"，助力集成电路、软件信息、生物医药等产业发展。二是科技转化能力稳步提升。协同打造创新科技成果转移转化机制试验田，重庆、四川成德绵获批建设国家科技成果转移转化示范区。共同推进赋予科研人员职务科技成果所有权或长期使用权改革，促进科技转化和技术合同交易，成渝两地累计完成751项职务科技成果分割确权和知识产权转化，2022年川渝技术合同交易额超过2100亿元，联合开展技术经纪人培训累计培养技术经纪人1078人。三是科技创新产出水平稳步提升。区域协同创新和整体转化能力持续增强，2022年，两地高新技术企业总量达到2.09万家，科技型企业达到6.17万家，其中，四川高新技术产业实现营业收入2.7万亿元，重庆的液晶显示模组、工业机器人、光伏电池、新能源汽车等高新技术产品保持20%以上的高速增长，有力地推动重大创新成果产业化和关键技术产品突破。2022年，两地每万人有效发明专利拥有量稳步增长，其中重庆达到16.2件、四川达到13件，科技产出水平大幅提升。

（六）国际消费目的地建设加快推进

立足巴蜀文化特色、资源禀赋，以高质量供给引领和创造市场新需求，建设富有巴蜀特色的国际消费旅游目的地取得积极成效。2022年，成渝地区双城经济圈实现社会消费品零售总额34460.14亿元，比2020年增长16.7%，增速高于全国4.5个百分点，占全国比重为7.84%，较2020年提升0.3个百分点。

1. 消费空间持续优化

以国际消费中心城市建设为引领，推进巴蜀文化走廊建设，积极培育一批区域消费中心城市和知名商圈，高品质消费空间格局初具雏形。一是"双核带动、多域联动"消费格局加快构建。重庆、成都加快建设国际消费中心城市，分别入选2022年福布斯中国城市消费活力榜第3名、第4名。区域消费中心城市加快培育，万州已形成一个百亿级商圈、一个千亿级市场群，绵阳、乐山、宜宾等地入选第二批国家文化和旅游消费试点城市名单。二是巴蜀消费核心平台提档升级。世界知名商圈打造稳步推进，2022年解放碑—朝天门商圈社会消费品零售总额突破1000亿元，春熙路商圈贡献社会消费品零售总额794.5亿元，两大商圈均成功入选首批全国示范智慧商圈。夜间消费集聚区加快打造，川渝两地累计创建25个国家级夜间文化和旅游消费集聚区。三是巴蜀文化旅游走廊加快建设。川渝两省市联合印发《巴蜀文化走廊建设规划》，编制完成《长征国家文化公园（四川段）建设保护规划》。区域格局持续优化，形成以重庆主城都市区和成都市双核为驱动，以成绵乐、成渝古道、长江上游3条旅游带为串联，7个特色旅游区协同发展的格局。2022年，川渝两地A级旅游景区达到1105个，比2020年增加127家。284家旅游景区携手开展了为期半年的"川渝一家亲——景区惠民游"活动，为汇聚八方来客增添吸引力。

专栏1-2　川渝两地国家级消费平台情况

国家文化和旅游消费试点城市（10个）：沙坪坝区、北碚区、江北区、九龙坡区、南岸区；泸州市、南充市、绵阳市、乐山市、宜宾市。

国家级夜间文化和旅游消费集聚区（25个）：渝中区解放碑—洪崖洞街区、渝中区贰厂文创街区、江北区观音桥文娱休闲区、沙坪坝区磁器口古镇、南岸区长嘉汇弹子石老街、北碚区滨江休闲区、渝中区"十八梯·山城巷"传统风貌区、江北区江北嘴、沙坪坝三峡广场片区、九龙坡巴国城、南岸区龙门浩老街、永川区华茂中心；成都市春熙路

> 大慈坊街区、成都市成都音乐坊、自贡市中华彩灯大世界、绵阳市绵州记忆、乐山市烟火嘉州城、南充市阆中古城、成都市宽窄巷子、成都市灌县古城、成都市白鹿音乐旅游片区、泸州市郎酒小镇酒旅融合集聚区、绵阳市罗浮山温泉度假区、遂宁市灵泉水乡、眉山市东坡醉月地。

2. 消费供给不断升级

依托川渝两地在文旅、美食、商贸等方面的资源优势，推动消费供给升级，多元化消费活力得到有效激发。一是巴蜀消费品质提档升级。国际消费加快发展，"一带一路"进出口商品集散中心建设稳步推进，2022年川渝两地跨境电商交易规模达到1365.3亿元，同比增速在30%左右。以概念店、体验店、旗舰店等为代表的"首店经济"迅速兴起，2022年重庆、成都引进首店近900家。以洪崖洞、太古里、长江索道、宽窄巷子等"打卡点"为代表的"网红经济"蓬勃发展。二是巴蜀消费特色品牌持续做大。"渝货精品""川货精品"焕发新机，"川渝味道""川渝工艺""川渝制造"对国际消费者吸引力进一步增强，川渝两地累计培育中华老字号67个。智博会、西洽会、西博会、科博会、酒博会等国际会展品牌持续壮大，有力激发川渝消费活力。三是巴蜀消费融合升级。多元融合消费场景逐步形成，成都8大示范性消费场景、10大特色消费新场景、100个夜间经济示范点位加快推广应用，重庆"云端天台""惬意江岸""后街支巷"等特色消费场景持续涌现，引领消费提质扩容。以线上线下融合发展为代表的新零售加快发展。四是消费合作稳步推进。成立电商联盟、会展联盟、蚕桑产业联盟、成渝双城消费服务联盟等合作载体，共同举办成渝双城消费节、川渝好物进双城等消费促进活动，激发川渝两地消费活力。

3. 消费环境安全友好

完善消费促进政策，健全消费工作机制，加强消费者权益保障，成渝地区双城经济圈消费环境持续优化。一是放心消费工作机制逐步健全。川渝两地共同研究制定线下无理由退货相关工作机制，完善消费环节经营者首问责任制和赔偿先付制度，促进消费纠纷源头解决。共同建立消费维权信息共享、异地维权救助等机制，在消费教育、比较试验、消费体察、维权热点难点研讨等方面开展系列合作。二是消费服务质量明显提升。川渝两地已实现营业执照"互办互发、一日办结"，重点商标品牌、高价值专利、优质地理标志协同保护和企业信用报告同步互认、"红黑名单"共享互查，并在食品安全、广告监管、打击传销等方面开展交叉检查、联合执法。

（七）长江上游生态屏障建设成效显著

围绕"两中心两高地"和碳达峰碳中和目标，坚持把保护修复长江生态环境摆在压倒性位置，共推区域山水林田湖草一体化保护修复，生态环境共谋共建、共保共享成效显著，共筑长江上游生态安全屏障成效凸显。

1. 生态共建共保深入推进

川渝共同落实"共抓大保护、不搞大开发"方针，共抓生态管控、共建生态网络、共秀美丽家园，两地绿水青山更加美丽、生态本底更加厚实。一是生态修复协作持续加强。深入实施《成渝地区双城经济圈生态环境保护规划》，推动各项措施落地落实，共划生态修复重点区域，国土空间生态修复稳步推进。长江上游生态屏障（重庆段）山水林田湖草生态保护修复工程国家试点完成，入选中国十大特色生态修复案例，形成广阳岛、铜锣山、跳蹬河等系列生态名片。完成广安华蓥山区山水林田湖草生态保护修复工程国家试点任务，累计生态修复面积达到1934平方千米。协同推行林长制，毗邻地区森林城市群建设加快推进，长江主干流域营造林绿化、生态综合治理等工程加快推进。2022年，重庆、四川森林覆盖率分别达到55.04%、40.26%，两地林木蓄积量达到22.04亿立方米。三年来，两地累计完成长江干支流沿岸10千米范围废弃露天矿山生态修复面积超4100万平方米、新增治理水土流失面积超过1200平方千米，完成岩溶地区石漠化综合治理超过10平方千米，2022年川渝共同营造"两岸青山·千里林带"152万亩，确保一江清水永续东流。二是一体化生态网络加快构建。深化川渝河湖长制合作，联绘跨界河流水系图，长江、嘉陵江等六江生态廊道建设稳步推进。建立长江流域川渝横向生态补偿机制，设立川渝长江流域保护治理基金，联合修订两省市重点保护野生动物名录，建成水生生物自然保护区和水产种质资源保护区53个，保护长江鲟等珍稀水生动物40余种，龙泉山城市森林公园累计造林植绿16万亩，大熊猫国家公园正式设立。深化两地司法协作，建立起联合执法应急机制，首创生态环境联合执法稽查机制，联合开展环境执法达到70余次，川渝环境资源司法协作巡回法庭揭牌成立，推进跨省（市）环境联合执法工作机制在实践中落地生根。严格落实长江"十年禁渔"，建成长江上游珍稀特有鱼类国家级自然保护区川渝司法协作生态保护基地和长江上游珍稀动植物川渝司法协作生态保护基地，共同在跨界水域开展增殖放流活动，长江上游渔业资源得以进一步养护。三是生态环境一体化标准机制加快建立。共建矿山生态修复标准体系，《川渝矿山生态修复市场主体诚信管理办法》《川渝地区矿山生态修复技术规范》编制加快推进。实施成渝地区双城经济圈碳达峰碳中和联合行动，川渝毗邻地区森林火灾、林业有害生物防控省际沟通联络机制和川渝、川黔渝护林联防体系初步建立。共同制定生态环境标准编制技术规范，玻璃工业、陶瓷工业大气污染物排放标准等研究深入开展，形成一系列生态环境标准一体化机制示范研究成果。

2. 协同减污治污成效凸显

川渝两地着力破解跨界污染协同治理难题，坚决守护好巴山蜀水美丽画卷，区域生态同筑、污染共治、政策共商的整体合力进一步形成。一是跨界协同治水持续加强。深化嘉陵江、渠江流域气象联防联控机制，开展22条跨界河流及重要支流联合暗访，实施铜钵河、琼江流域水生态环境保护联防联治三年行动。两地联合实施96个治理项目共同推进琼江示范河流建设、铜钵河等跨界流域治理以及大清流河流域水污染防治和水生态环境修复，水生态持续好转。2022年，长江干流川渝段水质保持为优，重庆74个、四川203个国考断面水质优良比例分别为98.6%、99.5%，均高于国考目标。二是大气污染协同治理深入推进。出台川渝大气污染防治联动工作方案，修订重污染天气应急预案，开展火电、钢铁等行业超低排放改造和工业炉窑行业深度治理，"成渝地区大气污染联防联控技术与集成示范"国家重点项目加快实施。建立空气质量预警预报会商机制，推进生态环境大数据协同共享应用合作，共享空气质量监测数据超过1700万条。2022年，重庆、四川空气质量优良天数分别为332天、326天，其中重庆同比增加6天。三是协同开展固废危废协同治理。联合印发实施成渝地区双城经济圈"无废城市"共建的指导意见，在重庆全域和四川15个地市共同开展"无废城市"建设，共建国家级生活垃圾分类及资源化利用示范区县14个。共推危险废物跨省市转移"白名单"制度，并纳入国家相关制度设计，两地签订《危险废物跨省市转移"白名单"合作机制》，将废铅蓄电池、废荧光灯管、废线路板等3类危险废物、川渝两地共15家经营单位纳入首批"白名单"。推动实施范围扩大至云贵川渝等地，实现危废处置"绿色通道"进一步畅通，自2020年以来，川渝两地累计完成危险废物跨省转移审批300余批次14.4万吨。

3. 共同探索绿色低碳发展新路径

川渝两地持续加大绿色低碳行动，加快产业绿色低碳转型，协同推进双碳工作取得实质性进展，绿色低碳生产生活方式加快形成。一是协同实施碳达峰碳中和行动。出台成渝地区双城经济圈碳达峰碳中和联合行动实施方案，共同推动区域能源绿色低碳转型等10项重点任务，加快两江燃机电厂二期、凉山风电场等项目建设，打造协同"双碳"示范区。两江新区、天府新区携手入围全国首批国家气候投融资试点名单，气候投融资示范先行区建设稳步推进。发布推动川渝能源绿色低碳高质量发展协同行动方案，优质清洁能源基地建设等稳步实施，成渝氢走廊、电走廊建设加快推进。二是大力推进绿色低碳改革创新。成功创建重庆绿色金融改革创新试验区，为金融助推成渝地区双城经济圈绿色低碳发展树立典范。联手启动打造成渝地区双城经济圈绿色技术创新中心和绿色工程研究中心，协同实施重大绿色技术研发和示范工程，绿色低碳创新平台建设提速推进，在双碳领域联合开展关键核心技术攻关，形成一批行业双碳典型应用场景。共同探索开展跨省流域横向生态保护补偿试点，形成长江干流及濑溪河等跨省流域横向生态保护补偿等成熟机制。三是协同开展生态文明创建。川渝两地累计创建国家生态文明建设示范区县38个、"绿水青山就是金山银山"实践创新基地13个，建成省市级生态文明建设示范区县25个。协同挖掘两地生态资源价值，依托重庆广阳岛长江经济带绿色发展示范和四川天府新区可持续发展创新示范建设，开拓多元化新兴生态型业态，携手打造展示川渝两地绿色发展成果的示范样板间。

（八）内陆改革开放高地加快建设

川渝两地积极拓展参与国际合作空间，持续推进全方位开放，不断提升通道、平台、产业、环境等各类要素开放水平，以高水平开放推动高质量发展取得积极成效。

1. 开放型经济发展稳中有进

双城经济圈对外开放程度不断加深，外贸市场不断拓展，外资吸引力不断提升，在全球经济整体萧条的大背景下对外贸易规模维持在较高水平。一是对外贸易保持稳步增长。2022年，川渝两地外贸进出口总额达到1.82万亿元，比上年增长4.1%，占全国比重为4.3%，发展势头良好。其中，在汽车、集成电路、金属矿砂等大宗商品拉动下，川渝两地外贸进出口规模达到1.4万亿元，同比增长9.2%，占全国比重为4.4%，四川、重庆分别实现外贸进出口7349.6亿元、6259.5亿元，同比分别增长9.8%、8.5%，分别排名全国第8位、第9位。二是对外投资保持快速增长。以"一带一路"国家和地区为重点，川渝两省市大力支持优质企业到海外投资。2021年，川渝两省市对外直接投资额达到22.42亿美元，比上年增长约9.63%。2022年，川渝两省市对外投资完成41.73亿美元，同比增长46.3%，较全国平均水平高41.1个百分点。

2. 对外通道活力加快释放

川渝两地联合促进西部地区出海出境大通道逐步"结线成网"，共同推动开放通道互联互通水平进一步提升，加快完善多式联运物流体系，为建设内陆开放高地跃上新台阶打下坚实基础。一是西部陆海新通道建设取得重大进展。两地联合通道沿线省份，共同优化完善西部陆海新通道省际协商合作联席会议制度，共建国际贸易"单一窗口"西部陆海新通道平台，推动铁海联运、铁铁联运、跨境公路班车三种运输方式稳定运行，2022年底西部陆海新通道已辐射带动全国20个省市，运输网络通达119个国家和地区的393个港口，全年开行铁海联运班列8820列。2022年，川渝两地首发中越、中缅系列国际班列，成渝始发西部陆海新通道境外枢纽和集散分拨点持续拓展。两地组建跨境公路班车联盟,共建成渝跨境公路运输平台,探索建立定价协商合作模式,共同打通东南亚、中亚、欧洲、南亚双向往返路线,2022年底,成渝跨境公路运输平台已开行11条线路。二是中欧班列(成渝)品牌国际影响力不断提升。川渝两地逐步建立起政府、企业多层次多维度中欧班列(成渝)协同机制,通过"枢纽集散+干线直达+多式联运"模式共同做强品牌,从2021年1月1日中欧班列(成渝)列车开始运行到2022年底,开行数量超过5000列,开行量居全国首位。成功争取打破新能源汽车运输限制,实现国产新能源汽车整车通过中欧班列(成渝)出口欧洲,班列运输货品进一步丰富。以江津小南垭铁路物流中心为始发站,开行成渝地区双城经济圈公共货运班列,进一步优化两地市场资源配置。三是共同提升长江黄金水道运输效能。两地共同探索推进长江港口功能延伸和通关便利化,果园港在成都经开区布局建设"无水港",港务物流集团、民生轮船公司与成都经开区启动平台公司组建和公路专线测试。枢纽港合作不断加强,宜宾、泸州至果园港"小改大"航线逐步加密。嘉陵江长江干支联运稳步推进,联手实现嘉陵江航运历史性突破,广元港、广安港、南充港等成功开行至果园港的集装箱测试班轮。四是两地航空通道协同发展深入推动。成立成渝区域运行协调委员会,是全国第四个区域性航班协调平台,为促进成渝地区民航协同运行向更大范围、更高层次发展迈出重要步伐。川航物流货运基地公司落地重庆,陆续在渝投放2架以上全货机,增开至东南亚、欧洲的全货运航线,为进一步做大做强成渝航空货运创造有利条件。两地机场集团交叉持股稳步推进,双方机场集团就交叉持股事宜达成初步一致意见,形成持股方案。

3. 提升开放平台能级

川渝两地着力提升开放平台能级,持续推进开放平台创新发展、转型升级,两地开放平台发展加速从"有没有"向"好不好"转变。一是川渝自贸试验区协同开放示范区建设进展良好。川渝自贸试验区协同开放示范区是中央部署的首个跨区域自贸合作平台,川渝两地就推动示范区建设联合开展首批重大制度创新试验、共同复制推广首批制度创新成果、共建数据监测体系、共同编制自贸试验区营商环境指标体系等10项重点事项达成合作协议,在金融、科技、贸易、司法等领域深度融合,已形成"关银一key通"、一体化税收管理等一批跨区域、跨层级的制度创新成果，为川渝自贸试验区协同开放示范区建设注入强劲动力。两地联合发布《川渝新区（自贸试验区）涉外、涉港澳台商事典型案例》，通过联合发布典型案例完善国际商事裁判规则，统一成渝地区裁判标准，为从事国际商事活动的成渝地区市场主体提供有益的启示和参考。二是两地开放平台务实合作持续推进。中新（重庆）战略性互联互通示范项目、中日（成都）城市建设和现代服务业开放平台示范项目、"一带一路"对外交往中心和进出口商品集散中心加快建设，2022年底驻渝、驻蓉外国领事机构分别达到12家、23家，川渝开放合作的"朋友圈"越来越大。四川天府新区、重庆两江新区积极发挥国家级新区平台优势，围绕协同壮大八大产业联盟、推进科技成果转化、推进高水平开放、构建现代产业体系等10个方面深化务实合作，为区域开放合作领域协同发展积累了重要经验。三是统筹推动两地口岸物流建设取得积极进展。两地联合出台《共建成渝地区双城经济圈口岸物流体系实施方案》，成功举办川渝共建成渝地区双城经济圈口岸物流体系签约暨洽谈系列活动，发布《成渝地区双城经济圈协同共建重点物流园区名单（第一批）》名单，将重庆陆港型国家物流枢纽、成都国际铁路港等12个物流园区作为首批成渝地区双城经济圈协同共建重点物流园区，统筹优化两地口岸物流系统总体布局，深入推动物流融合一体化发展。

4. 深化重点领域改革取得积极进展

两地围绕大力提升发展质量，推动体制机制进一步完善，持续深化基础性关键领域改革取得积极进展。一是要素市场化配置改革向纵深推进。重庆市、成都市分别形成要素市场化配置综合改革试点实施方案、授权事项清单。重庆市全面启动绿色金融创新改革试验区建设，出台《重庆市政策性金融服务乡村振兴实验示范区建设工作方案》，联合推进成渝外债管理便利化试点、本外币合一银行结算账户体系试点。两地在川渝高竹新区试行建设用地指标、收储和出让统一管理机制，不断深化土地制度改革试点。重庆获批建设国家科技成果转移转化示范区，四川获批全国科技成果评价综合改革试点省，双城经济圈成为西部地区科技成果转移转化的重要承载地和辐射源。二是营商环境持续优化。两地联合印发《成渝地区双城经济圈"放管服"改革2022年重点任务清单》，统筹推动川渝"放管服"合作，健全完善"市场准入异地同标"便利化准入机制，推进成渝两地新经济包容审慎监管创新试点，实现两地企业信用信息互认共享。持续深化协同立法工作，两地铁路安全管理条例协商起草、同步提请审议、同步施行。建立健全多层次案件办理、信息共享等检察协作机制，推动川渝警用数字集群系统实现互联互通。三是经济区与行政区适度分离改革有序推进。联合印发《成渝地区双城经济圈经济区与行政区适度分离改革方案》，明确建立重大事项议题推进机制、创新政策协同联动机制等重点任务。创新双城经济圈一体化税收管理模式，印发实行税务行政处罚裁量权实施办法、税务行政处罚裁量基准，建立川渝税收协定待遇协同管理工作机制。加快推进成渝地区双城经济圈统计体系研究，积极争取国家统计局出台政策开展先行先试。出台关于支持川渝高竹新区改革创新发展的若干政策措施，鼓励其在土地、财税、人才等领域改革创新、先行先试，着力打造成为川渝合作高水平样板。

（九）城乡融合发展取得积极进展

以深化国家城乡融合发展试验区重庆西部片区、成都西部片区改革为牵引，积极促进城乡要素自由流动、公共资源合理配置，城乡融合发展取得积极进展。

1.城乡要素流动更加高效

川渝两地完善要素市场化配置体制机制，人口、土地和资金等要素在城乡间流动更加顺畅。一是城乡人口流动更加便捷。重庆、成都都市圈内户籍准入年限实现同城化累计互认，务工落户条件进一步放宽，2022年以来，重庆累计受理四川籍群众户口迁入重庆3.7万人次。川渝两地流动人员的居住证信息和暂住登记信息实现互通共享。探索在川渝毗邻发展示范区流动暂住人口实行居住登记后即可办理居住证的改革试点加快推进。二是城乡土地制度改革稳步推进。推动农民土地所有权、承包权和经营权确权颁证，基本完成集体资产股份合作制改革和村级集体经济登记赋码。"两区分离"土地改革积极推进，川渝高竹新区探索试行建设用地指标、收储和出让统一管理。三是城乡建设资金保障更加有力。重庆制定乡村振兴青年贷、农村产权抵（质）押融资风险补偿等政策，发起支农产业子基金6只、规模近30亿元。四川推出

"茶农贷"等特色涉农信贷产品61个,打通了农村金融服务"最后一公里"。

2. 城乡公共资源配置持续优化

聚焦城乡规划管理、基础设施、基本公共服务等领域,推动公共资源均衡配置,城乡公共服务质量和治理水平持续提升。一是城乡空间一体规划。重庆市国土空间规划加快制定,推动统筹区县空间规划和村庄规划,编制8015个行政村管控型规划。四川全省乡村国土空间规划编制稳步推进,全省县域内片区划分全面完成,共划分乡镇级片区809个,村级片区6812个。二是城乡基础设施一体化加快推进。城镇基础设施向乡村延伸,重庆水电路气信实现城乡全覆盖,四川实现"乡乡通油路,村村通硬化路"。美丽巴蜀宜居乡村示范带先行区建设加快推进,开工28个农村人居环境整治类项目,总投资约4.8亿元。三是城乡基本公共服务逐步实现普惠共享。教育合作共享稳步推进,渝西川南(泸永江荣)名师课博会等重大活动成功举办,九龙坡区和成都市新都区共同制定《2022年"新龙"教育合作十大项目》。基层医疗卫生机构标准化建设稳步推进,川渝标准互通互用加快探索。异地养老服务机制探索加快推进,在川渝高竹新区等毗邻地区开展养老服务合作试点示范。

3. 城乡产业协同发展推动有力

聚焦平台建设和多元乡村经济发展,推动成渝地区现代高效特色农业带建设,实现第一、二、三产业融合互动发展。一是城乡产业平台提质增效。重庆建成8个国家现代农业产业园、四川累计创建15个国家级农业园区。2021—2022年,川渝两地共有17个区县入选国家农业现代化示范区创建名单。荣昌·隆昌、大足·安岳、梁平·开江三个合作示范园建设稳步推进,西部农业种质资源保护利用高地加快打造。截至2022年底,川渝两地累计培育国家农业产业强镇113个。二是乡村经济加快发展。2021—2022年,累计创建国家级优势特色产业集群7个,累计达到11个,乡村经济发展内生动力进一步增强。农民工返乡创业效果持续,2022年川渝两省市新增返乡入乡创业人数超10万人。

(十)公共服务共建共享取得积极进展

立足两地群众需求,围绕创造高品质生活目标,两省市持续提升公共服务共建共享水平，扩大民生保障覆盖面，不断织密社会保障网。

1. 基本公共服务标准化便捷化程度持续增加

为有效促进各类公共资源在成渝地区双城经济圈区域间、城乡间高效配置，川渝两地明确基本公共服务保障标准，协同实施便捷生活行动，推动基本公共服务标准化便捷化不断完善。一是进一步明确基本公共服务保障标准。2021年4月，《国家基本公共服务标准（2021年版）》出台，其后重庆、四川对标国家标准，相继出台省市基本公共服务标准，要求按照基本公共服务实施标准，强化供给能力建设，合理规划建设各类基本公共服务设施，加快补齐基本公共服务短板，不断提高基本公共服务的可及性和便利性，两省市公共服务标准进一步加快协同，为促进公共服务协同共享奠定了基础。二是"川渝通办"、便捷生活行动持续向纵深推进。针对两地群众最急迫和共性的公共服务需求，川渝两地已联合推出三批次共311项"川渝通办"政务服务事项清单，截至2022年底累计办理跨省市事项超过1300万件。随着"川渝通办"、便捷生活行动事项的不断实施，推动优质公共服务共享体制机制加快建立，促进两地形成相互衔接的公共服务政策体系，使跨省市的公共服务更加高效便捷，效能不断提升，持续扩大服务共享范围，促进更多领域实现跨区域"同城待遇"。

2. 教育合作全方位推进成效显著

两省市以推动教育相关合作协议落实落地为基础，大力开展论坛研讨、教师交流、项目合作、联合培训、空中双选会等活动，不断推进教育领域互鉴互学交流合作走深走实。2022年，重庆、四川两省市人均一般公共预算教育支出分别达到2558.89元、2227.18元，较上年分别增长3.41%、7.59%。一是城乡义务教育融合发展持续推进。两地积极举办义务教育教学研讨活动，开展成渝两地中小学教学领域高层次人才示范引领项目，持续加强双城经济圈义务教育教学共研共进。双城经济圈内部各区域积极探索教育合作发展模式，包括渝西川南（泸永江荣）举办名师课博会、荣昌泸州合作开展高三教师复习备考能力培训、九龙坡区成都市新都区共同制定《2022年"新龙"教育合作十大项目》，积极协作努力探索教育教学质量提升路径。二是职业教育协同发展逐步深入。两地持续加强职业教育教学和科研交流，联合开展职业教育活动周、第三届西部职业教育论坛、中高职衔接协同发展交流座谈会、职业院校虚拟仿真实训基地建设工作推进会等。围绕两省市产业发展需求，已成立成渝地区大数据与人工智能产业职教集团等6个集团、成渝地区双城经济圈医药卫生职业教育联盟等4个联盟，激发职业教育办学活力，深化产教融合、校企合作。位于永川区的西部职教基地建设纳入部市共建，建立职教基地联席会议制度，努力建设成渝地区高素质技术技能人才供给区。三是高等教育共建共享进展良好。两地相关高校围绕优势学科联合开展课题研究、学术交流、人才培养、课程建设等，共创西部法学高地，打造成渝艺术走廊，赋能两地创新驱动发展，助推西部医学中心建设。积极探索以新机制新模式共同争取更多国家"双一流"学科，鼓励校校结对共建"双一流"学科，推动两地"双一流"高校与省市政府间战略合作。两地高校积极促进互相增加投放招生计划指标，2022年川渝双向本科招生计划投放名额均同比增长4个百分点。

3. 文化体育资源共享步伐不断加快

两省市立足文体资源共建共享，共同推进各领域文化交流，协同推进文物保护，努力加强文旅和体育事业共同发展。2022年重庆四川两省市人均一般公共预算文化旅游体育与传媒支出分别为190.01元、241.44元，较上年基本持平。一是文化艺术交流常态化推进。成功举办2022年川渝春节联欢晚会、2022年川渝新春云享音乐会、第三届成渝双城历史文化论坛、"5·18"国际博物馆日等活动，全面促进两省市文化资源共享共荣，不断开启川渝文化艺术融合发展新篇章。联合开展川渝杂技魔术合作交流研讨会、"看见——巴蜀石窟"川渝摄影联展、"巴蜀风云——川渝红色文献巡展"等会展活动，努力协作为两地提供高品质文化艺术供给，不断满足人民群众精神文化生活新期待。2022年4月起，川渝两地市民可以持社保卡（电子社保卡）在重庆主城九区全部公共图书馆借阅重庆图书馆、四川省图书馆以及成都图书馆的图书，其后分步骤、分阶段打通174家公共图书馆的图书资源网络，让两地文化资源更好地服务两地群众。二是文物保护协同发展进展良好。两省市充分发挥文保资源优势，加强以红色文化、石窟文化为核心的文保协同建设。长征国家文化公园（四川段、重庆段）重点项目建设扎实推进，红军飞夺泸定桥纪念馆提档升级、綦江石壕红一军团司令部旧址、酉阳南腰界红三军司令部旧址等项目建成并对外开放。共同建设川渝石窟寺国家遗址公园，签署战略合作协议，稳步推进乐山大佛、安岳石窟、大足石刻等文物保护利用重点项目，联合建立川渝石窟寺保护研究中心、川渝石窟保护研究联合实验室及科技创新基地，推动成立广元石窟研究所，积极探索文物展示利用融合发展和跨区域协同创新。三是推动体育事业协同发展进一步提速。签订《共同推进成渝地区双城经济圈促进体育发展合作协议》，在公共体育服务、品牌赛事、特色运动项目、青少年健身活动以及人才培育体系等领域开展交流与合作。组织召开首届中国成渝国际体育博览会，设置成渝体育、体旅融合、生态体育、健身康体、时尚运动五大展区，覆盖体育运动、文体产品、体育服务等多个类别，促进成渝地区体育"融合+"创新发展。川渝体育场馆"一卡通"数据平台上线并不断优化运营，促进川渝两地体育场馆互联互通，更好满足两地群众体育场馆服务需要。

4. 公共卫生和医疗协作发展持续推进

两省市持续深化公共卫生和医疗协作体制机制，大力推进跨区域就医取得积极进展，促进公共卫生和医疗融合发展走深走实。2022年，川渝两省市人均一般公共预算卫生健康支出分别达到1398.28元和1509.09元，分别比上年增长13.34%、12.12%。一是公共卫生和医疗融合发展机制不断夯实。两省市卫生健康部门成立卫生健康联合办公室，《推动成渝地区双城经济圈建设卫生健康一体化发展2022年工作要点》印发实施，明确年度重点工作任务，推进两地卫生领域合作深入发展，强化公共卫生服务共建共享。二是公共卫生协同防线不断筑牢。携手加强公共卫生领域疫情防控，《重庆市疾控机构等级评审管理办法（2022版）》将四川省专家纳入重庆市疾病预防控制专家库名单。每月开展突发公共卫生风险评估，互通风险评估结果。毗邻地区继续完善区域传染病联防联控及信息共享机制，自贡与綦江、永川、荣昌等持续每月通报突发公共卫生事件阶段风险每月评估摘要，并在应急药械、相关设备、应急队伍、专业技术、专家资源等方面给予支援，提升区域间突发公共卫生事件监测预警、协同处置能力。三是推动跨区域就医成果显著。川渝推动医疗检查结果互认取得阶段性进展，明确首批38家三级公立医院互认16项临床检验、41项医学影像检查项目结果。深化医疗信息互联互通，推进川渝远程会诊、远程影像、远程心电等远程医疗服务开展，实现川渝电子健康卡"扫码互认"。实施毗邻地区院前急救信息共享、工作衔接和跨界调度机制、川渝毗邻区县120联络员协调机制等，开展日常120跨界服务和重大事件应急联动。取消重庆市参保人员到四川跨省异地住院就医备案住院起付线提高5%、报销比例下降5%的政策。重庆市定点医疗机构及定点零售药店异地就医直接结算开通率达100%，新增定点医药机构同步开通异地联网结算。四是协同推进成渝医学科技平台建设取得积极进展。推进西南区域—省市—县域三级分级诊疗体系，推动"九个诊疗中心"建设，发挥国家级继续医学教育基地优势，试点推进"可验证自学多层次人才培养模式"。推进川渝共建感染性疾病中西医结合诊治重点实验室和国家中医临床研究基地（四川/重庆）建设，召开优势病种中医诊疗方案研讨会。

5. 社会保障互通共享初见成效

两地围绕织牢社会保障网，不断促进社会保障扩面提质。2022年重庆四川两省市人均一般公共预算社会保障和就业支出分别达到3183.29元、2672.1元，分别较上年增长0.3%、3.29%。一是养老服务共建共享扎实推进。养老服务普惠共享扎实推进，两地联合开展养老机构星级评定和养老服务设施服务质量评价，在高竹新区等毗邻地区积极开展养老服务合作试点示范，促进养老服务补贴异地结算机制，探索异地养老机制。完善川渝地区养老机构设立备案一网通办，协调开展城企联动普惠养老专项行动，支持两地养老企业异地建设、运营养老机构，已有数十家养老机构通过一网通办完成设立备案。二是促就业同频共振新格局逐渐形成。两地集中资源优势，连续举办多届职业指导模拟大赛，发挥线上便捷优势，开展川渝高校毕业生专场招聘、"川渝联动"云端招聘活动等系列网络招聘活动，依托两地直播招聘平台联动举办川渝专场招聘，为两地劳动者和用人单位搭建供需对接平台，推进高质量就业试点，共同打造西部就业高地。中国重庆人力资源服务产业园、中国成都人力资源服务产业园同时获批国家级人力资源服务出口基地，为形成人力资源服务领域国际竞争新优势打下坚实基础。两地聚焦成渝地区"协同建设现代产业体系"涉及的九大产业集群,发布《成渝地区双城经济圈急需紧缺人才目录》,进一步强化成渝地区双城经济圈人才政策支撑。三是社会保险协同互认加快推进。全面实现成渝地区养老保险关系无障碍转移接续、养老保险待遇资格认证等13项社保高频事项"川渝通办",两地"云签署"《优化川渝养老保险关系转移工作流程合作协议》,持续推进川渝社会保险服务协同,优化两地养老保险关系转移接续工作流程开展合作,成渝两地养老保险关系转移实现"网上办、一次办"。两地创新失业保险工作机制,确保川渝间成建制迁移的参保单位和职工、川渝地区就业的参保人员的参保关系能够无障碍转移接续,进一步简化申领流程,两地参保失业人员可以仅凭居民身份证或社保卡在最短五个工作日内异地申领失业保险金。四是住房保障共建共享成效斐然。两地积极落实《川渝住房保障工作合作备忘录》,联合开发"川渝安居·助梦启航"信息公开平台,统一公开川渝各城市住房保障政策和申请渠道,打通川渝省级住房保障信息平台共享通道,持续推动公租房线上申请受理。进一步打通川渝住房公积金系统信息壁垒,两地住房公积金缴存、提取、贷款等50余项信息实现实时在线共享。2022年公共服务类人均一般公共预算支出情况见表1-2。

表1-2 2022年公共服务类人均一般公共预算支出情况

地区	人均教育支出(元)	人均卫生健康支出(元)	人均文化旅游、体育与传媒支出(元)	人均社会保障和就业支出(元)	人均住房保障支出(元)
重庆市	2558.89	1509.09	190.01	3183.29	451.35
四川省	2227.18	1398.28	241.44	2672.1	461.73
川渝	2319.16	1429.01	227.18	2813.85	458.85
全国	2686.26	1580.74	264.92	2534.16	487.43

注:表中数据以《中国统计年鉴2023年》一般公共预算支出与常住人口数据计算得出。

(十一)协同建设合力逐步增强

双城经济圈建设实施三年来,川渝"一盘棋"携手唱好"双城记",一系列重大规划印发实施,一系列协同政策加快落实,以重大项目带动区域全面发展走深走实,推动各项工作取得重要阶段性成果。

1. 政策支撑体系加快完善

《成渝地区双城经济圈建设规划纲要》实施以来，围绕持续完善顶层设计、强化高位推动，国家相关部委和两省市积极谋划，一批重大规划陆续出台，持续深化各领域协同、全方位合作的规划体系初步建立。一是多领域专项规划（方案）印发实施。配合国家部委编制的生态环境保护规划、建设具有全国影响力的科技创新中心总体方案、巴蜀文化旅游走廊建设规划、水安全保障规划陆续印发实施，优化营商环境方案、川渝电网一体化建设方案、经济区与行政区适度分离改革方案、长江上游航运中心实施方案等两省市共同编制的规划（方案）陆续出台。《重庆都市圈发展规划》印发，重庆都市圈作为中西部首个跨省级行政区的都市圈，正积极探索成渝地区双城经济圈同城化、一体化协同发展的样板。二是十大川渝毗邻地区合作共建功能平台建设方案已全部印发。万达开川渝统筹发展、川南渝西融合发展两个国家级川渝毗邻地区合作共建发展功能平台方案，获国家发展改革委批复同意由两省市人民政府联合印发，至此，10个川渝毗邻地区合作共建功能平台建设方案已全部印发。川渝高竹新区、遂潼一体化发展先行区等8个省市共建平台按建设方案推动实施，促进毗邻平台在基础设施、产业发展、公共服务等方面取得实质性进展。三是"川渝通办"、便捷生活行动事项等政策措施继续出台。两地政策举措深入协同，累计实施三批次311项"川渝通办"事项，涵盖创业、交通、就业、医疗、生育等多个民生领域，推动两批次43项双城经济圈便捷生活行动措施全部实现，涉及交通通信、身份认证、就业社保、教育文化、医疗健康、住房保障、应急救援等领域，切实增强了川渝市场主体活力和人民群众获得感。

2. 重大项目带动发展成效初显

川渝两地大力促进重大项目加快实施，切实推动双城经济圈建设成果加快落地见效，努力夯实区域高质量发展基础支撑。一是两省市领导联系的重点项目高效推进。成渝两地建立省市领导联系重点项目工作机制，8个标志性重大项目建设取得重大突破，成渝中线、渝西高铁于2022年11月开工建设，成达万高铁实现全线实质性开工，重要控制性工程加快实施，渝昆高铁川渝段建设提速，整体工程进度过半，2022年底川渝省际高速公路已达14条，长江上游航运中心17个航运子项目已开工建设13个，川渝千亿方天然气基地全年完成投资超过400亿元，川渝1000千伏特高压交流工程获国家核准并已开工建设。二是跨省域重大项目储备库促进重点项目扎实推动。在全国率先探索建立跨省域重大项目储备库，2020—2022年，两省市共同滚动实施年度重点项目分别为31个、67个、160个，项目总投资分别达到5836亿元、1.57万亿元、2.04万亿元，项目数量、总投资额呈逐年翻番的高速增长态势。

二、存在问题及成因

对比"两中心两地"战略定位、高质量一体化发展要求和沿海发达城市群，成渝地区双城经济圈短板依然明显，究其原因，主要是创新驱动能力不足、高水平协调发展质量不高、川渝合作仍需加强等。

（一）主要问题

1. 双城经济圈综合实力依旧不强

受到客观条件以及建设发展基础的制约，相比京津冀、长三角城市群、粤港澳大湾区等国家级城市群，成渝地区双城经济圈综合实力短板明显，建设中国经济"第四极"存在较大压力。一是经济体量总体偏弱。2022年，成渝地区双城经济圈GDP总量7.7万亿元，为京津冀的77%、粤港澳大湾区的59.2%以及长三角城市群的32.1%。产业方面，双城经济圈第二产业增加值2.9万亿元，低于京津冀的3万亿元，仅为粤港澳大湾区、长三角城市群的55.8%、29%；服务业增加值4.1万亿元，为京津冀、粤港澳大湾区、长三角城市群的62.5%、53.2%、30.1%。二是经济密度相对较低。2022年，成渝地区双城经济圈人均GDP为7.94万元，仅为京津冀、长三角城市群、粤港澳大湾区的87.3%、78.4%、52.5%，而地均GDP为0.42亿元/千米^2，低于京津冀0.46亿元/千米^2、长三角城市群0.67亿元/千米^{2}以及粤港澳大湾区2.32亿元/千米^2。三是数字核心产业规模较小。2022年，川渝两省市数字经济核心产业规模仅为6524亿元，而同时期北京、深圳、杭州等三大城市群核心城市数字经济核心产业规模已分别达9958.3亿元、9000亿元、5076亿元，对比起来仍存在较大的差距。主要城市群对比情况见表1-3。

表1-3 主要城市群对比情况

主要城市群	GDP（万亿元）	第二产业增加值（万亿元）	第三产业增加值（万亿元）	常住人口（万人）	区域面积（万平方千米）
成渝地区双城经济圈	7.7	2.9	4.1	9700	18.5
京津冀地区	10	3	6.56	11037	21.6
粤港澳大湾区	13	5.2	7.7	8622	5.6
长三角城市群	24	10	13.6	23700	35.8

2."双核"辐射带动效应有待激发

重庆主城都市区和成都市作为双城经济圈的"双核"，是发挥辐射带动作用促进成渝地区双城经济圈高质量发展的核心区域，但目前"双核"辐射带动能力整体不强亟待提高。一是"双核"发展能级不高。2022年成渝地区双城经济圈两大极核GDP总量约为上海总量的96.7%，人均GDP、地均GDP均远低于北京、上海、广州、深圳、南京等城市，其中重庆极核、成都极核人均GDP约为北京、上海、深圳的1/2，重庆极核地均GDP每平方千米不足万元，北上广深差距巨大，甚至明显低于天津。二是高端生产要素区域辐射带动不足。川渝两地企业总部、高端研发机构、大科学装置、国家重点实验室等高端要素较少，对高端生产要素吸引力不足，难以发挥应有的龙头引领和辐射带动作用。成渝双核落户的高新技术企业数量还未满足本地发展需求，外溢出企业较多为污染较高效能较低企业。大量科技资源集中在"双核"的重点园区、重点企业和科研院所，对其他中心城市、周边地区的辐射有限。2022年成渝"双核"与我国东部部分城市发展比较见表1-4。

表1-4 2022年成渝"双核"与我国东部部分城市发展比较

地区	面积（平方千米）	GDP（亿元）	常住人口（万人）	人均GDP（万元）	地均GDP（万元/千米²）
上海	6340.5	44652.8	2475.89	18.04	70424.73
广州	7434.4	28839	1873.41	15.39	38791.29
南京	6587.02	16907.85	949.11	17.81	25668.44
深圳	1997.47	32387.68	1766.18	18.34	162143.51

续表

地区	面积（平方千米）	GDP（亿元）	常住人口（万人）	人均GDP（万元）	地均GDP（万元/千米²）
北京	16410	41610.9	2184.30	19.05	25357.04
天津	11966.45	16311.3	1363.00	11.97	13630.86
重庆主城都市区	28700	22352.42	2122.72	10.53	7788.30
成都	14335	20817.5	2126.8	9.79	14522.15

3. 现代产业能级不高

产业是成渝地区双城经济圈高质量发展的重要支撑和经济基础。然而相比东部沿海地区，双城经济圈还存在产业规模较小、产业竞争力不强、产业互补协作不够等问题。一是产业规模较小。长三角地区已经形成7个万亿级产业集群，而2022年川渝两省市仅有电子信息、装备制造、消费品产业产值规模达到万亿元。2022年川渝两省市工业增加值约2.45万亿元，占全国比重约6.15%，较上年下降0.1个百分点，总量低于京津冀地区的2.51万亿元。二是产业竞争力不强。汽车、电子信息、装备制造等支柱产业"大而不强"，整体处在全球产业链和价值链中低端，品牌竞争力弱。优质市场主体不多，市值过千亿的企业仅2家，500亿元以上企业仅8家，不足京津冀的1/4、长三角的1/10，且企业生产技术和创新、管理、营销等能力存在明显差距。三是产业互补协作有待加强。双城经济圈内部产业链供应链关联度不高，产业发展要素互动、生产制造环节互配、品牌营销渠道共用等融合不足。协同承接东部沿海产业转移机制不健全，产业承接平台规模较小。

4. 基础设施互联互通水平依然不高

成渝地区基础设施建设瓶颈依然明显，对双城经济圈一体化高质量发展的支撑作用亟待加强。一是轨道上的"双核""双圈"建设滞后。重庆中心城区和成都"双核"间仅开通运营1条高速铁路，直连直通水平较低，"双核"1小时通勤圈、生活圈便捷度不高。成渝中线高铁、渝西高铁等建设仅处于开工阶段，两大核心城市市域（郊）铁路建设缓慢，重庆仅璧铜线处于在建阶段，成都市域（郊）铁路尚未延展至其他地市，干线铁路、城市轨道交通等"轨网融合"发展不够，成渝主轴发展方向上各级重要枢纽衔接不畅，尚未形成高效的交通廊道，跨区域运输服务营运管理仅处于起步阶段，尚未形成规模化，轨道交通相向而行发展迟缓。二是公路互通畅联水平有待提升。高速公路省际通道仍然存在不少断头路，如潼南至南充高速、江津至泸州北线高速、永川至泸州高速等仍未贯通，毗邻地区部分区县城区之间尚未实现高速公路直连。国道、省道建设协同性不足，毗邻地区国省干道标准等存在不一致的问题，毗邻地区连接重要园区、旅游景区、交通节点的干线公路等级偏低，"断头路"和"瓶颈路"等问题仍然较为突出，阻碍了经济流通效率。三是多式联运集疏运体系有待完善。成渝两地物流口岸及平台联动不足，智能化水平不高，港口、机场、火车站、物流园区、工业园区等物流节点衔接不足。长江干流重庆港、宜宾港、泸州港功能分工不明晰，支流航道建设有待提升。公铁水空等交通方式高效衔接不畅，部分港区集疏运条件不完善、铁水联运发展不足，多次转运增加物流成本，抵消水运价格优势，航运"最后一公里"问题亟须解决，港口城市协同性亟待提升。四是出川出渝对外大通道瓶颈有待解决。西部陆海新通道境内外铁路和公路建设滞后，运输能力严重受制，渝汉高铁、兰渝高铁等仍处于前期谋划阶段，缺乏与京津冀、粤港澳大湾区的直连直通大通道，特别是重庆"米"字形高铁网建设任重道远，世界级机场群任重道远、重庆新机场尚未开工，两地航空港、铁路港协同不够。长江、嘉陵江水运服务能力有待提升，三峡船闸超负荷运转问题依然突出，双城经济圈融入国内国际大循环成本高效率低。

（二）原因分析

1. 创新驱动能力不足

成渝地区双城经济圈区域创新能力严重落后于京津冀、长三角和粤港澳大湾区，2021年川渝R&D经费投入强度仅为2.22%，2022年R&D经费投入强度也尚未达到全国2.55%的平均水平。一是创新平台较少。川渝两地国家级科研平台偏少，国家层面布局重大科技基础设施数量少，国家重点实验室数量不足京津冀的1/5、长三角的1/4、粤港澳的1/2。西部科学城、中国绵阳科技城等创新平台能级不高，战略科技平台尚未实现突破，国家级产业创新平台数量较少，功能服务平台服务本土作用发挥不够。二是创新主体较少且不强。缺乏一流科研机构、创新型企业，以企业为主导的产学研合作仍处于起步阶段，截至2022年底，"双一流"高校只有10所、"双一流"学科只有19个，分别仅为京津冀的1/4和1/6；国家级专精特新"小巨人"企业（600家）、高技术企业数量（2.1万家）分别仅占全国的6.7%、5%，远低于沿海主要地区。三是创新产出水平不高。科技创新成果转化渠道仍然不畅，科技成果转化政策落实不到位，科技服务业专业化服务不足，尚未构建起全链条全生命周期金融支持体系。2022年重庆、四川每万人发明专利拥有量分别为16.14件、12.99件，远低于北京、上海、广东等省市。四是区域协同创新有待深化。川渝两地尚未建立起一体化全域全面创新格局，科技合作广度和深度还有待拓展。川渝两地技术交易市场规则标准不统一，创新资源跨区域共建共享共用、创新人才共引共育共用、创新成果异地转化和互认互用水平等创新协同机制尚不健全。

2. 区域高水平高质量协调发展尚需时日

目前成渝地区双城经济圈"双核引领、双圈互动、两翼协同"的区域协同发展格局尚未形成，区域中心城市对周边城镇、城市对广大农村的辐射作用亟待加强。一是重庆、成都都市圈处于从培育期到发展期的过渡阶段。都市圈日益成为我国承载人口和经济的主要空间形式，资源要素向都市圈集聚，上海都市圈、广州都市圈等逐步发育成熟，成为带动区域发展的核心动力。重庆、成都两大都市圈作为成渝地区的核心，与我国东部都市圈发展水平差异较大，辐射带动作用仍需加强。二是成渝"双核"尚处于要素快速集聚发展的关键阶段。相比于周边及川渝毗邻地区的协作发展，现阶段成渝"双核"在交通区位、劳动力、资本、技术、数据等城市资源方面处于优势地位，大城市在吸引企业聚集、提供就业机会，生产效率和公共服务水平方面表现更好，在联动改革中更易创新改革模式、优化改革机制、形成改革示范，集聚效应更易发挥，辐射带动作用仍显不足。

3. 两地合作共建有待持续加强

两地协同合作的行政壁垒和体制机制障碍有待进一步破除，合作共建的进展和效率有待提升。一是合作共建项目协同管理调度不足。近年来，两省市部分协同调度会议受疫情影响导致项目现场调度不够，交流互动不足，影响项目开工、建设进度和时序。规划建设统筹协调不够，规划协同性不足，建设施工不同步，重大共建项目协同储备、共同管理、合作调度、多元化投融资机制有待深化，线上线下常态化协调调度运行机制有待完善，制约了成渝地区双城经济圈基础设施一体化建设发展。二是协同联动的多式联运体系机制不完善。在标准制定过程中存在多头推进现象，标准不统一、技术设备标准、信息化数据元标准、单证标准、作业标准等。如成渝都在制定铁海联运统一单证，但在流转机制、提货机制、转让交易等方面存在诸多差异，导致多式联运应用水平偏低。如果园港铁水联运货运量仅占港口吞吐量10%，远低于发达国家的30%~40%。三是合作共建平台运行机制亟须完善。目前仍有部分两省市共同编制的规划方案和毗邻地区合作共建区域功能平台建设方案批复较晚。已批复的发展规划、产业规划等尚未及时出台，双方产业协作、政策协同、重大改革落地、权限下放工作有待突破，制约了毗邻地区基础设施一体化融合发展。

三、2023年推动双城经济圈一体化发展的思路目标

（一）基本思路

2023年是全面贯彻落实党的二十大精神的开局之年，也是成渝地区双城经济圈乘势而上加快现代化建设的关键之年。必须以习近平新时代中国特色社会主义思想为指导，全面贯彻党的二十大精神和中央经济工作会议精神，完整、准确、全面贯彻新发展理念，全面把握以中国式现代化全面推进中华民族伟大复兴的使命任务，自觉把成渝地区双城经济圈建设放在中国式现代化的宏大场景中认识把握、部署谋划，胸怀"国之大者"、增强历史担当、保持战略定力，聚焦"两中心两高地"战略定位，统一思想、凝心聚力，拉高标杆、奋勇争先，深化落实《成渝地区双城经济圈建设规划纲要》，强化川渝两省市规划协同、政策协同、项目协同、平台协同，不断把成渝地区双城经济圈建设国家战略向纵深推进，在唱好"双城记"、共建"经济圈"上谱写新篇章，努力以成渝一域之光为全国高质量全局添彩。

要把双城经济圈建设放在中国式现代化的宏大场景中认识把握。中国式现代化是党的二十大的重大理论创新,是关于中国共产党领导人民建成社会主义现代化强国的系统理论,蕴含内容十分丰富,实现了从理论到实践、从制度到体制、从体系到能力等一系列创新和突破。必须把推动成渝地区双城经济圈建设工作主动放在中国式现代化的宏大场景中,谋深谋实、追赶跨越、加压奋进。坚定不移以中国式现代化推进双城经济圈高质量发展,让中国式现代化在成渝地区充分展现可观可感的现实图景。

要奋力推动双城经济圈建设走深走实。三年来,川渝两地认真落实习近平总书记重要指示精神,紧扣"两中心两高地"战略定位,紧密协作、相向而行,走过了从开局起步到全面提速的不平凡历程。新时代新征程,必须按照党的二十大精神指引,努力在《成渝地区双城经济圈建设规划纲要》确立的重点任务上有更大的突破和进展,切实形成"增长极"功能、发挥"动力源"作用,不断提升对全国发展大局的"贡献度",奋力推动双城经济圈建设走深走实。

要在重点领域和关键环节上取得更大突破性进展。三年来,川渝两省市始终坚持"一盘棋"思维、"一体化"理念,不断深化全面合作,双城经济圈一体化发展取得显著成效。新时代新征程赋予双城经济圈建设新使命新要求。必须以重大引领性带动性项目建设和体制机制优化为重点,不断探索、加快实践,聚焦强化"双核"联动联建、打造世界级产业集群、建设西部陆海新通道、高水平共建西部科学城、深化毗邻合作、提升群众获得感、构建高效协同合作机制上实现更大突破性进展,持续推动两省市全方位合作走深走实。

(二)主要目标

全面贯彻党中央决策部署,按照"远近结合、循序渐进、分步实施、突出重点"原则,推进两省市全方位合作走深走实,奋力提升双城经济圈经济总量、发展质量和全局分量,形成有实力、有特色的双城经济圈,加快打造带动全国高质量发展的重要增长极和新的动力源。2023年,经济实力、发展活力、国际影响力进一步提升,一体化发展水平明显提高,区域特色进一步彰显,支撑全国高质量发展的作用显著增强。

双城引领双核联动空间格局加快形成。重庆、成都作为国家中心城市的发展能级继续提升，区域带动力和国际竞争力明显增强，在双城经济圈建设中发挥更强支撑作用。重庆都市圈、成都都市圈发展能级迈上新台阶，同城化发展取得重大突破，特色优势更加彰显，区域带动力和国际竞争力显著增强，都市圈带动周边区（市、县）一体化发展格局基本成型。辐射带动川渝全域发展能力显著提升，疏密有致、集约高效的空间格局进一步优化。

现代化产业体系建设提速。优势产业区域内分工更加合理、协作效率大幅提升，形成相对完整的区域产业链供应链体系，世界级先进制造业集群加快打造，万亿级产业集群、特色优势产业集群和高成长性未来产业集群加快形成。数字经济蓬勃发展，数字产业集聚发展态势基本形成，涌现出一批数字经济新的增长极。西部金融中心建设迈出重大步伐，现代物流、研发设计、科技服务、商务商贸、信息服务等现代服务业优势进一步加强，现代服务业集群式发展态势进一步巩固。

基础设施联通质量大幅提升。西部国际综合交通枢纽效应凸显，对外运输大通道、城际交通主骨架、都市圈通勤网进一步完善。现代化多层次轨道交通网络加快建成，出渝出川四向通道建设提速，"轨道上的都市圈"建设成效显著，国际航空枢纽地位日益凸显，长江上游航运中心功能进一步完善。5G网络实现城镇和重点场景全覆盖，新型基础设施水平明显提高，能源保障能力进一步增强。

改革开放成果更加丰硕。制度性交易成本明显降低，跨行政区利益共享和成本共担机制不断创新完善，阻碍生产要素自由流动的行政壁垒和体制机制障碍进一步消除，营商环境达到国内一流水平，统一开放的市场体系基本建立。重庆、四川自由贸易试验区等重大开放平台建设取得突破，协同开放水平显著提高，对共建"一带一路"支撑作用显著提升。

人民生活品质持续提高。川渝两地公共服务一体化覆盖范围更广、服务质量更高，民生福祉持续增进，群众获得感、幸福感、安全感和认同感显著提升。生态安全格局基本形成，环境突出问题得到有效治理，生态环境协同监管和区域生态保护补偿机制更加完善，城市基础设施和公共服务设施网络日趋完善，智能化、人性化、便捷化水平大幅提高，宜居、韧性、创新、智慧、绿色、人文等新型城市特征逐步显现。

四、2023年推动双城经济圈一体化发展的重点任务

（一）努力在融入和服务新发展格局上实现更大突破

着眼于一体谋划和协调共进，共下区域联动"一盘棋"，加强成渝"双核"联动联建，深化川渝毗邻地区合作，辐射带动两省市全域发展，加强与国内外重点区域合作，在密切区域合作中加快融入和服务新发展格局。

1. 强化成渝"双核"联动联建

突出双城引领，强化双圈互动，努力在强化成渝"双核"联动联建上实现更大突破。一是加强重庆中心城区与成都功能衔接。瞄准创新链产业链价值链高端，强化金融、商务、研发等高端服务功能，加快集聚国际人才、全球资本等高端要素，携手推出一批重大项目、重大平台、重大改革和重大政策，集成产业引领、科技创新、门户枢纽、综合服务等核心功能，增强"双核"发展能级和综合竞争力。二是推动广安全面融入重庆都市圈。强化与广安全方位深度合作，在推动成渝地区双城经济圈建设合作机制框架下，搭建广安全面融入重庆都市圈工作专班，构建实质运行、高效顺畅的合作机制。以川渝高竹新区、合广长协同发展区为重点，促进广安与重庆主城都市区同城化。抓好合作领域多元化拓展，营造广安融入重庆都市圈良好社会氛围。三是推动重庆都市圈与成都都市圈协同互动。加快重庆西扩、成都东进，强化招商政策协同、服务体系共通。发挥"桥头堡"城市带动作用，协同引导重庆、成都中心城区非核心功能沿成渝主轴疏解，推动周边城市积极承接"双核"产业转移和功能外溢，共建一批现代化郊区新城，促进重庆都市圈和成都都市圈相向发展、规划共绘、设施共建、生态共保、产业共兴、品牌共创，协同建设现代化都市圈。

2. 深化川渝毗邻地区合作

加快推动产业分工协作平台共建，强化毗邻地区合作共建功能平台承载能力，加大合作共建功能平台支持力度，全面提升川渝毗邻地区合作水平。一是扎实推进共建产业园区。发挥两江新区、天府新区、西部科学城等龙头

带动作用，在毗邻地区选择一批条件较好的园区，共建集生产、研发、居住、服务、生态、消费等多功能于一体的新型产业园区，创新"一区多园""飞地经济"等建园方式，推动各类开发区和产业集聚区政策叠加、服务体系共建，把毗邻平台产业园区建设成为成渝地区双城经济圈先进制造业集群的重要载体。二是提高发展功能平台综合承载能力。支持各毗邻平台承接成渝"双核"产业外移、融入产业链。引导重庆、成都市内高校、医疗等优质资源和功能设施向毗邻地区转移，鼓励毗邻平台积极争取成为重庆中心城区、成都市非核心功能疏解区。发挥毗邻平台职教优势、人力成本优势、改革优势，吸引更多先导型、牵引性重大产业项目落地，引导人口和产业向毗邻平台集聚。三是加大合作共建功能平台支持力度。深化经济区与行政区适度分离改革，支持川渝毗邻地区合作共建功能平台在招商引资、项目审批、市场监管、成本共担、利益共享等重点领域开展先行示范，同时给予平台必要的政策要素倾斜，如细化政策支持清单、建立专项资金池、创建毗邻平台基金、发行债券等。围绕各平台自身特色，因地制宜，引导更多省市级试点落地毗邻平台。积极争取国家级试点落地毗邻平台，如国家数字化绿色化协同转型发展综合试点、生产服务型国家物流枢纽承载城市等。

3. 加强区域合作联动发展

以双城经济圈为引领，辐射带动川渝两省市全域发展，主动对接长江经济带等国家重大战略和"一带一路"倡议，更好地服务国家发展大局。一是辐射带动两省市全域发展。推进重庆"一区两群"与四川"五区共兴"战略对接，探索建立重大政策协同、重点领域协作、市场主体联动、利益共享机制，完善产业、人口、土地、基础设施、公共服务等配套政策，引导秦巴山区、武陵山区、乌蒙山区、涉藏州县、大小凉山等周边欠发达地区人口向双城经济圈集中，共同促进两省市欠发达地区高质量发展。二是积极融入共建"一带一路"。围绕丝绸之路经济带建设，联动关中平原城市群、哈长城市群、天水城市群、天山北坡城市群，重点加强与俄罗斯、中亚、西亚在大宗原材料供给、能源保障、现代农业等领域合作，增强产业链、供应链韧性。围绕西部陆海新通道建设，联动北部湾城市群、黔中城市群、滇中城市群，深化与东盟、东南亚地区在特色农产品、工业互联网、跨境金融、跨境电商、区块链等领域合作，丰富完善"中脊带"产业链供应链体系。三是加强与长江经济带合作。强化与长三角、长江中游城市群互动合作，大力引进"链主"企业、关键核心部件配套企业，有序承接承载生物医药、高端装备、新材料、绿色环保等战新产业，带动西部地区产业梯次发展和整体跃升。

（二）努力在建设具有全国影响力的重要经济中心上实现更大突破

完善现代化基础设施，提高参与全球资源配置能力和整体经济效率，培育具备国际竞争力的现代产业体系，发展富有巴蜀特色的多元消费业态，高标准打造"三地一中心"，建设具有全国影响力的重要经济中心。

1. 构建完善具备世界领先水平的现代化基础设施网络

持续完善现代化基础设施体系，强化先导性、基础性作用，大力提升内通外联互达水平，加快建设畅通互联、高效绿色、一体协同的交通网、能源网、水利网和数字网。

抓紧在织密综合交通运输网上实现更快进展。大力推进公铁水空基础设施建设，打造"四向连通、四式联运"的高等级综合交通系统。一是加密高速铁路网络。加快成渝中线高铁、成都至达州至万州高铁、渝昆高铁、西渝高铁安康至重庆段、川藏铁路雅安至林芝段、川藏铁路引入成都枢纽天府至朝阳湖段建设，新开工建设重庆至宜昌高铁，力争开工绵遂内铁路绵阳至遂宁段，加快推动成渝铁路成都至隆昌段扩能改造、启动达万铁路扩能改造工程和南充至广安铁路前期工作，推进黔江至吉首高铁等项目前期规划研究。二是提速建设"轨道上的都市圈"。加快重庆中心城区至永川、重庆中心城区至南川、璧山至大足、重庆中心城区至綦江—万盛、龙泉至天府机场市域（郊）铁路前期工作，加快成都至资阳线、成都至眉山线等成都都市圈市域（郊）铁路实施，开工建设成都至德阳市域（郊）铁路。持续推进在建线路建设，实现3条（段）35千米（18号线28千米、10号线二期剩余段4千米、5号线一期中段3千米）线路建成通车，开工建设大足线、綦万线2条城轨快线。三是建设川渝互联互通公路网络。重点完善重庆"三环十八射多联线"以及四川"十八射九纵九横"高速公路网，打造双城经济圈通道集群，加快梁平至开江、江津至泸州北线、重庆经叙永至筠连、资中至铜梁至安岳、渝遂高速公路扩容、大足至垫江至丰都至武隆、内江至大足、南充至潼南等高速公路建设，力争开工建设成渝高速公路扩容等高速公路。四是增强国际航空门户枢纽功能。加快实施重庆江北国际机场T3B航站楼及第四跑道建设工程，推进重庆新机场建设前期工作，优化成都天府国际机场与双流国际机场"两场一体"运营机制，加快实现"市内双枢纽协同、成渝四大机场联动"格局，合力打造辐射全球的世界级机场群，建成阆中机场，加快万州机场、乐山机场等建设。五是共建长江上游航运中心。开展长江朝天门至涪陵段、涪陵至丰都段航道整治，加快岷江、嘉陵江、乌江等航道建设，推进渠江风洞子、岷江龙溪口、岷江老木孔、岷江东风岩、嘉陵江利泽航运枢纽工程和万州港区新田作业区二期、岷江龙溪口至宜宾段航道整治工程一期等项目建设，开展嘉陵江水东坝、井口梯级生态航运研究论证。

努力在实现能源水利一体保供上实现更大提升。抓紧推动川电入渝、疆电入渝，共同建设"气大庆"，实施"一核两网·百库千川"水利工程，力求在能源共保、水利共治方面形成突破。一是健全电力基础设施。推动川渝1000千伏特高压交流工程（甘孜—天府南—成都东、天府南—铜梁）、哈密—重庆±800千伏特高压直流输电工程等项目建设，持续推进金沙江、雅砻江、大渡河水电基地建设。新开工合川双槐电厂三期，加快建设丰都栗子湾、云阳建全抽水蓄能电站工程。开展"藏电入渝""西北电入渝"前期工作。二是完善油气基础设施。加快中石化和中石油页岩气开采等项目建设，推进天然气（页岩气）千亿立方米级产能基地建设，推动渝西、长宁—威远等区块页岩气规模化开发，建设百亿级西南地区储气调峰基地、中国航油西南战略储运基地。三是建设成渝可持续现代水利体系。加快渝西水资源配置、向家坝灌区一期一步、跳蹬水库、亭子口灌区一期、李家岩水库、土溪口水库、三坝水库、向阳水库等大型水利工程建设，推进大中型灌区续建配套与现代化改造，力争引大济岷、毗河供水二期工程开工建设，开展长征渠引水工程、渝南水资源配置、涪江右岸引水、沱江团结水库等项目前期论证工作，推动开展川渝东北一体化水资源配置工程研究论证。

着力在共同夯实数字底座上实现更快进步。围绕发展数字经济，加快打造一流信息通信枢纽，推动双城经济圈西部领先的新型数字基础设施标杆和西部云网高地建设。一是增强新型网络接入能力。提升5G网络、千兆光纤覆盖范围，拓展双千兆网络跨行业融合应用，统筹部署低中高速协同发展的移动物联网基础设施。四川重点实施"双千兆"网络覆盖提升工程，布局卫星互联网、量子信息设施。重庆聚焦扩容提质国家级互联网骨干直联点、工业互联网标识解析国家顶级节点、域名F根镜像节点、国家"星火·链网"区块链超级节点，深化拓展中新国际数据通道应用。二是共建全国一体化算力网络成渝枢纽节点。积极推动成渝参与"东数西算"工程，高标准打造重庆数据中心集群，开展数据中心应用示范，探索创建算力调度平台。加快天府数据中心集群、重点城市边缘数据中心建设，推进大型、超大型数据中心直联网络建设，加快行业数据中心节能改造。

2. 协同构建具有国际竞争力的现代化产业体系

抢抓全球产业链重塑机遇，突出区域协作和三次产业并进，加快构建现代产业体系，做大总量、做强链条、做高价值，全面提升成渝地区双城经济圈产业能级，以产业现代化赋能全面现代化。

携手推动世界级先进制造业集群建设实现更大突破。世界级制造业集群是现代化产业体系的重要载体，一般要求具有较高全球市场份额，占据全球价值链高端，能够引领全球产业创新和组织生产，是制造业竞争力的核心体现。成渝地区应把共抓特色优势产业集群和共育高成长性未来产业集群作为主攻方向，推动制造业向高端升级，打造优势显著的世界级先进制造业集群。一是提升既有优势产业集群的全球竞争力。扎实落实专项产业高质量发展实施方案，优化"研发中心、配套周边"的制造业城际分工，发挥以两江新区、天府新区为龙头的平台体系的集聚辐射效应，推动汽车、电子信息、装备制造、特色消费品、铝等产业深度对接和高质量发展。重点优先打造汽车和电子信息两大万亿级世界产业集群，提速推进成渝氢走廊、电走廊、智行走廊等"三走廊"应用场景建设，推动川渝新能源和智能网联汽车实现规模提档，推动"芯屏器核网"优势产业提质增效。二是共育高成长性未来产业集群。未来产业是代表未来科技和产业发展新方向的前瞻性、先导性产业，也是世界各国抢占未来先机、加速布局的重点领域。结合成渝地区要素禀赋和产业基础，川渝两地应协同前瞻谋划区块链、人工智能、空天信息、生命科学、未来材料、氢能新型储能等一批未来产业集群。例如，依托重庆卫星互联网产业园、成都空天产业功能区、两江航投集团等园区和重点企业加快集聚空天信息领域企业、资金和人才，大力推进东方红全球低轨卫星、低轨卫星星座产业化等标志性项目。川渝协同研究制定推动成渝地区未来产业发展的支持政策，推动政产学研深度融合，深化前沿基础理论研究、颠覆性技术攻关和需求场景创新，解决未来产业关键共性基础问题。三是聚焦强链延链深化协同招商。共同完善"成渝地区双城经济圈制造业图谱"，聚焦产业短板和弱项，形成招商清单、补缺清单、替代清单、培育清单等协同招商重点任务清单，加大招商引育力度，促进川渝两地招商引资数据共享，通过协同招商提升区域产业协同能力和产业链供应链现代化水平。加快建设毗邻地区产业合作示范园区，协同招商引育龙头企业以及优质工业项目，高质量承接国内外先进制造业。

推动区域服务业能级实现更大提升。成渝地区双城经济圈应立足服务业的国民经济"第一产业"地位，发挥重庆服务业扩大开放综合试点的区域服务辐射作用，突出重点领域，协同培育壮大区域服务业。一是推动西部金融中心建设实现新突破。加快建设国家绿色金融改革创新试验区（重庆）、普惠金融服务乡村振兴试验区（成都）、数字人民币试点地区（重庆和成都）、成渝金融法院等牵引性功能平台，协同深化金融改革创新，在绿色金融、数字金融、普惠金融、金融司法等重点领域落地一批标志性项目、取得一批标志性成果。推动两江新区和天府新区标准体系互认、系统平台互通、项目信息共享，联动打造成渝地区双城经济圈气候投融资示范先行区，广泛开展重庆、成都各领域数字人民币试点。依托中新（重庆）金融互联互通示范项目，加快外资和涉外金融机构引进培育，支持境内外金融机构在成渝地区设立后台服务中心。共同推动金融机构跨区域提供服务，依托川渝共同产权市场互联网平台，推动川渝两地企业开展挂牌、投融资对接等业务。推进金融司法一体化，完善区域金融风险防控联动机制。二是提升国际物流服务能力。迭代升级西部陆海新通道省际协商合作机制，发挥重庆的通道物流和运营组织中心作用，培育壮大跨区域综合运营平台，探索共建海外仓，统筹优化回程货源和空箱调运，积极开拓东盟市场。协同做好与中欧班列（成渝）、长江黄金水道统筹衔接，共同探索开展通道物流全程一体化衔接组织，推动线路、班次对接和信息共享，推行多式联运"一单制"，提升通道联运组织效率。强化重庆、成都国家物流枢纽功能，加快打造万州、涪陵、长寿、遂宁、达州、泸州、自贡等区域性物流中心，深化川渝两地港口合作，提升多式联运和城乡货运物流服务水平，推动物流与制造业融合发展，合力强化国际物流服务网络。三是推动软件与信息服务业发展成势。数字经济时代，软件与信息服务业和制造、农业等其他产业的渗透融合日益深化，在重塑产业流程、提升产业生产效率中发挥着越来越重要的作用。成渝地区应注重突出软件产业与制造业融合，大力发展软件智造，力争将其打造成为我国软件产业发展的"第四极"。高水平建设并依托成渝国家网络安全产业园区、成渝地区工业互联网一体化发展示范区等"国字号"平台，引育软件产业企业和人才队伍，完善成渝地区软件与信息产业生态。扎实推进重庆市软件和信息服务业"满天星"行动计划、四川省软件与信息服务业三年行动计划，推动成渝地区数据目录互挂互享，建设联动融合的"数字成渝"。推动成都中国软件名城建设经验举措、科研成果在成渝地区共享，推动成都软件园与重庆两江软件园深化合作，促进优秀软件人才在成渝地区自由流动。

推动成渝现代高效特色农业带取得更大进展。成渝地区是西部地区农业生产条件最优、集中连片规模最大的区域之一，应聚焦带动西部农业现代化，深化川渝农业合作，提升成渝地区现代农业发展质效和竞争力，在国家粮食安全大局中发挥更大作用。一是增强区域优质农产品供给能力。突出重庆与成都"双核"引领，推动成渝中部崛起，以毗邻地区为先导，加快建设优质粮油、生猪、蔬菜、中药材、柑橘、柠檬、蚕桑、全球泡（榨）、长江上游渔业等特色产业带（基地）。压紧压实耕地保护责任，坚决遏制耕地"非农化"、严格管控"非粮化"，成片推进高标准农田建设，推进"千年良田"工程建设。统筹川渝两地国家现代农业园区、农业现代化示范区等既有国家级农业平台建设，深化荣昌·隆昌、大足·安岳、梁平·开江三个川渝农业合作示范园建设，积极创建农业产业强镇、全国"一村一品"示范村镇，支持四川打造更高水平"天府粮仓"，合力共建"川渝粮仓"。协同培育"川菜渝味"品牌，大力发展川渝预制菜和川渝特色食品加工业，加强成渝地区农产品质量安全追溯体系一体化建设,对"四川泡菜""安岳柠檬""峨眉山茶""蒙顶山茶""巫溪洋芋"等已列入中欧地理标志互认产品的品牌进行重点宣传推广及开发利用。二是强化农业科技创新支撑。依托成渝地区科教资源,增强农业科技协同创新发展能力,协同实施种业振兴行动,加强农业种质资源保护利用,共同推进国家畜牧科技城、国家区域性畜禽基因库和西南特色作物种质资源库等平台建设,协同建设一批农作物、畜禽水产种质资源(场、圃),构建川渝种质资源共享利用平台,联合实施种业创新攻关,培育一批突破性新品种,共同加强种业知识产权保护,合力打造西部种业高地。引导川渝涉农科研院所、企业等聚焦成渝地区现代农业品种培优、品质提升、品牌打造和标准化生产,强化共性关键核心技术攻关,不断推出具有重大科学价值的原始创新成果,大力推进农科推结合、产政研协作,促进农业科技成果转化,促进农业创新链与产业链、价值链衔接贯通。依托西南大学丘陵山区农业装备重庆市重点实验室、四川省农业机械研究设计院等科研院所,加强丘陵山区农机装备研发制造,提高农业机械化、信息化水平。三是健全新型农业经营体系。健全家庭经营、集体经营、合作经营、企业经营等共同发展的新型农业经营体系,提高农业集约化、专业化、组织化、社会化水平。积极培育种粮大户、家庭农场、农民专业合作社、农业产业化龙头企业等新型粮食生产经营主体,培育现代新型职业农民。推广农业社会化服务,支持农业服务公司、农民合作社等开展农技推广、土地托管、代耕代种、统防统治、烘干收储、农产品初加工等农业生产性服务。

3. 加快建设富有巴蜀特色的国际消费目的地

立足巴蜀文化特色、资源禀赋,以重庆、成都培育建设国际消费中心城市为重点,加快建设富有巴蜀特色的国际消费目的地,促进川渝实现经济循环流转和产业关联畅通,更好地服务融入新发展格局。

强化消费载体建设。高品质消费空间是增强区域市场消费活力的有力支撑。川渝两地要加快构建全域联动的消费格局,高水平打造一批消费载体和平台,加快集聚优质消费资源,提升成渝地区双城经济圈消费能力和辐射能力。一是优化区域消费空间格局。推动重庆、成都加快培育国际消费中心城市,做靓"不夜重庆、美食之都、山水旅游、生态康养、户外运动、文化消费"六大名片，打响"成都休闲、成都消费、成都创造、成都服务"四大品牌。继续支持万州、涪陵、永川、黔江、江津、合川等区和绵阳、德阳、宜宾、泸州、乐山、南充、达州、遂宁、内江等市培育建设巴蜀特色的区域消费中心城市。二是提档升级消费平台。扩大解放碑、观音桥、春熙路、交子公园等重点商圈的影响力和美誉度，建设"商品+服务+体验"多功能消费体验场所，开展智慧商圈、智慧商场、智慧商店示范创建，引领商圈创新转型发展。聚焦夜间经济、假日经济，积极创建国家级夜间文化和旅游消费集聚区。依托巴蜀人文资源，打造一批特色消费集聚区。三是共建巴蜀文化走廊。推进"资阳大足文旅融合发展示范区""万达开红色旅游融合发展示范区""渝东南武陵山区文化产业和旅游产业融合示范区"建设，争创国家文化和旅游改革实验区。继续推进长征国家文化公园、长江国家文化公园、川渝石窟寺国家遗址公园等建设，推动运行巴蜀文化旅游走廊高铁旅游专列。协同推进"天府文化旅游中心"+"重庆国际文旅之窗"交流展示平台建设，支持联合举办重大活动。

培育消费新业态新模式。提升消费供给品质，壮大本土消费品牌，促进消费创新升级，不断提升双城经济圈消费供给质量。一是提升消费供给品质。推进"一带一路"进出口商品集散中心、跨境电商保税零售中心等建设，促进进口商品展示和集散，壮大国际消费规模。大力发展"四首"经济，积极引进品牌首店、体验店、旗舰店。积极发展小店经济，推动小店便民化、特色化、数字化、集聚化，创新业态模式，打造"吃喝玩乐购看"一站式消费的新体验、新标杆。二是做强巴蜀消费特色品牌。围绕打造国际美食中心，支持重庆、成都建设各具特色的美食地标，放大"国际美食名城""国际美食之都"品牌效应，推动成渝美食走出国门，走向世界。围绕打造国际会展中心，持续提升智博会、西洽会、西博会、科博会、酒博会、体服会等重点展会的国际影响力，增强会展对消费带动能力。培育巴蜀消费知名企业，振兴重庆、四川老字号品牌。三是推进巴蜀消费创新升级。共同发展数字信息消费，运用大数据、智能交互、通信感知等新技术搭建5G全景应用生态体系，升级重构教育、医疗、健身、零售、家居等消费新场景。创新新型消费平台，健全"互联网+服务"公共平台，鼓励跨境金融、供应链金融等金融服务类平台企业发展。

深化川渝消费领域合作。整合川渝两地消费活动、产品等资源，推动优质消费跨区域发展，协同优化消费环境，不断提升成渝地区双城经济圈消费影响力、集聚力、吸引力和带动力。一是打造成渝双城消费促进活动平台。联合举办成渝双城消费节，宣传推广两市消费新场景、新业态、新模式、新热点，打造"成渝消费"全新IP。二是推进优质消费跨区域发展。合力搭建两地消费载体、市场主体、特色产品、精品文旅宣传推介和对接交流平台，支持两地优质商业项目运营商、开发商、首店品牌、特色小店、中华老字号等跨区域发展。三是成立成渝双城消费服务联盟。整合零售、文旅、体育等有关协会商会、行业专家、龙头企业等资源，搭建对接平台，促进市场主体知识共享、资源互联、产业互动。四是持续健全消费政策体系。持续优化营商环境，开展城市服务质量和价值提升行动，加快提高公共服务能力，完善城市功能，提升城市国际化水平和消费舒适度。规范发展消费金融，稳妥开发适应新消费趋势的金融产品和服务。拓展移动支付使用范围，提升境外人员在境内使用移动支付便利化水平。

（三）努力在建设具有全国影响力的科技创新中心上实现更大突破

奋力在高水平共建西部科学城上实现更大突破，共同打造高能级创新平台，共同强化关键核心技术攻关，共同促进科技成果转化应用，构建良好创新生态，努力让科技创新"关键变量"成为双城经济圈高质量发展的"最大增量"。

1. 在高水平协同共建西部科学城上取得更大突破

围绕建设具有全国影响力的科技创新中心的目标，从新型基础设施支撑、重大平台承接、创新生态打造等方面精准发力，以城聚势，加快共建西部科学城创新生态。一是高标准共建成渝综合性科学中心。共同加大西部科学城资金和项目投入，加快在四川兴隆湖片区、重庆金凤片区协同推进成渝综合性科学中心建设，着力完善科研机构集聚区基础设施配套，争取国家战略科技力量布局，加快建设中国科学院重庆科学中心、成都科学中心。围绕前沿领域、交叉领域和战略性领域加快布局战略创新平台，引导更多国家科技平台、技术创新中心以及大团队、大项目入驻成渝综合性科学中心。加快建设重大科学装置，重庆金凤片区重点加快建设中国科学院汽车软件创新平台、超瞬态实验装置、长江模拟器、中国自然人群生物资源库等重大科技基础设施，谋划建设重庆实验室，四川兴隆湖片区重点加快建设电磁驱动聚变、跨尺度矢量光场时空调控、多态耦合轨道交通动模试验平台、天府宇宙线研究中心等重大科技基础设施，打造重大科技基础设施和研究基地集群，加快形成支持成渝综合性科学中心科技创新的"四梁八柱"。二是协同布局重大科技创新平台。以"一城多园"模式协同布局重大科技创新平台，共建共享大科学装置，联合推动成都超算中心、中国自然人群生物资源库等跨区域共享共用。在新兴前沿交叉领域联动共建重点实验室，高水平建设和运行天府实验室、金凤实验室，加快建设天府兴隆湖实验室、天府永兴实验室、广阳湾实验室等平台，推动金凤实验室和天府绛溪、锦城实验室合作，推动双方在实验室建设模式、运营管理机制、平台和技术共建、课题联合申报攻关、人才联合培养等方面实现合作。加快建设分布式雷达验证试验场、国家川藏铁路技术创新中心、同位素及药物国家工程研究中心、高端航空装备技术创新中心等创新平台，启动培育长江模拟器、积声科学装置、无限能量传输与环境影响科学工程等后备项目论证研究。高标准打造两江协同创新区、广阳岛智创生态城、成都未来科技城、中国（绵阳）科技城等协同创新平台，形成梯次布局、星罗棋布、众星拱月、高效协同的创新发展新格局。三是加速集聚优秀科技创新资源。联合争取国家战略科技力量、创新资源和科技创新基础设施优先在科学城布局，推动一批"国字号"创新资源落户。深化成渝科技圈跨区域合作，加强与京津冀、粤港澳、长三角等地科技交流，吸引优秀科技创新人才、资金、项目流入西部科学城。立足招大引强、招新选优加速集聚高端要素，着力引育一批中字头、国字号、500强等大型企业为科学城高质量发展注入强大动能，布局一流科技创新资源，吸引各类创新主体入驻。优化人才评价和使用环境，完善揭榜挂帅等政策，充分发挥川渝高校特色和优势，促进科学城与大学城联动，依托既有平台和产业，加大"筑巢引凤"力度，加强世界级科学家、两院院士、外籍专家、创新领军人才引进，吸引一批具有国际领先水平的基础研究人才、科技领军人才和创新创业团队。

2. 在推动区域协同创新能力提升上取得更大成效

发挥西部科学城创新平台优势和引领示范作用，联合开展关键核心技术协同攻关，协同推动科技成果转化，健全产业协同创新体系，增强双城经济圈协同创新发展能力。一是协同推进关键核心技术攻关。围绕经济社会发展重大需求，共同布局应用基础研究、前沿技术研究重大项目，联合实施川渝科技创新合作计划，着力解决产业发展中的"卡脖子"关键技术难题。聚焦新一代信息技术、人工智能、航空航天、量子科技、生物医药、轨道交通、现代农业、长江上游生态环境修复等重点领域，加强川渝科技创新合作，建立川渝两地产学研单位联合申报和承担国家科技计划项目组织实施机制，共享共用科技创新平台和大型科研仪器设施设备，组织实施2022年川渝联合实施重点研发项目，谋划好2023年重点研发项目，强化在电子信息、碳中和领域联合开展产学研协同攻关。协同建设国家新一代人工智能创新发展试验区，共同打造人工智能军民融合创新平台，推动成立成渝地区科研院所联盟。挂牌成立川渝绿色技术创新中心，狠抓绿色低碳技术攻关，增强前瞻性和原创性研究创新能力。二是协同推动科技成果转化。协同建设国家科技成果转移转化示范区，推动重庆、四川成德绵国家科技成果转移转化示范区协同共建。协同探索科技成果管理改革，深化赋予科研人员职务科技成果所有权或长期使用权改革，扩大职务科技成果转化前非资产化管理试点，联合探索科技成果转化国有资产管理新模式，推进两地科技成果信息共享。协同建设成渝地区双城经济圈技术转移、创新创业、大学科技园联盟，联合开展成果对接、赛事活动等，推动高校院所科技成果与企业需求实现信息共享，促进成渝两地高校科技成果交易。推动两地高能级技术转移转化机构深度合作，共建成渝地区国家高新区一体化技术交易市场，探索建立拍卖、挂牌、招投标等市场化的科技成果定价机制和交易模式，促进两地科技成果双向转移转化。三是共建产业协同创新体系。围绕重点产业链上下游加强创新主体培育，以产业链链主企业为中心，强化创新链产业链协同，健全产学研用深度融合的科技创新体系。协同建设一批产业关键共性技术研发平台、创新公共服务平台，鼓励行业领军企业牵头建设产业创新平台和检验检测平台，成立川渝地区企业技术创新联盟，共同承担科技项目、共享科技创新成果，促进产业创新深度合作。围绕先进制造业、战略性新兴产业、未来产业等重点领域，系统梳理关键核心技术攻关重点，重点突破智能传感互联、区块链核心算法、自动驾驶系统、生物安全等一批高新产业发展关键核心技术。建立健全科技型企业链式培育体系，合力实施创新型企业梯队培育工程，大力引进"世界500强"企业、"专精特新"企业研发机构，加大"政策支持+投资孵化+科技服务"定向扶持，创新通过"研发资助+项目孵化+融资服务"相结合等方式，加快提升企业自主创新能力，促进产业迈向价值链中高端。

3. 在持续优化区域协同创新生态上实现显著提升

建立健全跨区域协同创新机制，打造跨区域高能级协同创新共同体，打破区域空间分割和行政壁垒，促进创新资源优化配置，构建区域协同科技创新生态。一是协同优化科技创新服务体系。强化系统集成、协同高效，深化新一轮全面创新改革，优化财政科技计划，强化财税、信贷等政策工具运用，共同引导多方加大研发投入和技术创新力度。协同开展科研项目"揭榜制"和科研经费"包干制"试点，共建"里程碑式"的考核制度，深化科研项目评审、科技人才评价、科研机构评估改革，建立以科技创新质量、贡献、绩效为导向的分类评价体系。共同完善"川渝科技资源共享服务平台"，推进科技创新资源共享共用，深化成渝科普基地联盟合作，探索建立川渝两地科普基地、科普专家等科普资源开放共享机制。发挥川渝技术转移联盟功能，共同打造区域性技术转移平台，推进国家技术转移人才培养基地建设，完善成渝地区科技成果交易信息联合发布机制，建好一体化技术交易市场，形成科研成果转移市场一体化体系。加大知识产权保护力度，完善跨部门跨区域快速协同保护机制，推动川渝专利授权制度一体化，开展知识产权联合执法，共同打击知识产权侵权行为。依托两地大学科技园协同创新战略联盟，合力打造环大学创新生态圈，建立成渝地区创业孵化"双城联动"合作机制，共同推动高校与海内外高水平教育科研机构建立联合研发基地，构建成果转化常态化对接机制。协同发展科技金融，完善支持科技创新的财税金融服务体系，推动多元化、跨区域的科技创新投融资体系建设，构建覆盖科技创新全过程的财税资金支持引导和银行业保险业服务机制，提升金融赋能科技创新发展的服务水平。二是加快提升区域协同创新水平。加强成渝科技创新"双核"联动,全面落实重庆与成都双核联动行动方案和重庆与成都共建科技创新中心合作协议,推动两地科技资源开放共享、科技人才共引共培共用。加快实施人工智能领域关键核心技术联合攻关等31个共建科技创新中心重大项目,完善川渝共建实验室建设机制,推动出台《川渝共建重点实验室建设工作方案》,按照"共同论证、共同批复,共同建设、共同管理"的模式布局建设。依托共建西部科学城、共建成渝综合性科学中心,进一步做实协同发展共同体,确保成渝两个核心城市在科技创新领域规划衔接、政策协同、资源共享、配合密切,共同提升"双核"能级,增强辐射功能。共同增强川渝毗邻地区科技协同创新发展能力,共同出台《川渝毗邻地区科技协同创新发展能力提升行动方案》(2023—2025年),联合谋划成渝国家技术创新中心,重点推动万达开技术创新中心、长江上游生态安全技术创新中心等区域协同创新平台建设。支持川渝毗邻地区建设一批科技成果转移转化示范区,联合打造川渝特色研究成果对接活动品牌,促进科技成果跨区域转移转化。加强非毗邻地区科技创新合作,推动形成区域科技创新平台共建、资源共享、项目共促、政策共通、成果共享局面。三是共同融入全球创新网络。精准对接"一带一路"创新需求,充分利用外资企业和各类机构的科技创新资源,支持外资研发机构建设,做强做实成渝两地中瑞、中意、中德、中法等国别产业园,加快创新资源、人才、成果的承接和转移。大力推进欧洲重庆中心、成都中国—欧洲中心等平台建设,吸引国际知名技术转移机构在双城经济圈落户,联合建设国际联合实验室和国际科技合作基地,共建川渝国际科技合作基地联盟,共同打造国际技术转移中心。协同推动"一带一路"科技创新合作区和国际技术转移中心建设,打造辐射西部、面向全球的"一带一路"科技创新合作区,推进两地重点科技成果场景机会开放。共同筹办首届"一带一路"科技交流大会,打造共建"一带一路"国家政府、国际组织和中外学者的交流平台以及新科技新理念的前沿引领平台、科技成果展示对接平台、民间科技人文交流平台,形成成渝科技创新对外开放合作名片。共同参与办好智博会、西洽会等展会活动,进一步搭建川渝与全国、全世界科技合作交流的桥梁。

（四）努力在建设改革开放新高地上实现更大突破

统筹推进开放通道、平台、枢纽建设，协同推进体制机制改革创新，共同打造国际一流营商环境，努力在建设改革开放新高地上实现更大突破。

1. 高水平推进开放通道建设

以共建"一带一路"为引领，推动开放通道"补短板、提效率"，打造陆海互济、四向拓展、综合立体的国际大通道。一是合力建设西部陆海新通道。发挥重庆通道物流和运营组织中心、成都国家重要商贸物流中心作用，迭代升级省际协商合作机制，加强与南宁、钦州、贵阳、遵义、昆明等城市对接协作，共同建设跨区域平台，推动物流交易、跨国供应链、跨境电商等领域合作，以高端贸易、技术、金融为纽带，共同拓展南向国际市场。深入推进"一单制"，加强铁路与海运规则对接，推动西部陆海新通道与中欧班列（成渝）、长江黄金水道高效衔接。二是共同做强中欧班列（成渝）品牌。加快中欧班列集结中心示范工程建设，完善集装箱中心站功能，推进次级节点建设，开辟"一带一路"重点区域国际新线路。联合打造国家多式联运示范工程，推进重庆内陆国际物流枢纽、成都"一带一路"国际多式联运综合试验区建设。统筹优化中欧班列（成渝）去回程线路、运力，整合电子产品、机械零件、智能家电等去回程货源，拓展冷链产品品类及运输范围，共同争取班列年度线路计划保障、带电产品铁路运输试点等政策支持。三是共建长江上游港口联盟。在成渝关区试行上海—重庆水水联运中转业务"离港确认"模式，推动重庆枢纽港在川布局无水港，鼓励支持通过设立合资公司的形式，带动港口航运物流发展。

2. 高质量推进开放平台建设

加快推进开放平台建设提档升级，助力构建新发展格局，努力实现更高水平开放合作。一是协同建设高水平对外开放平台。推动建设川渝自由贸易试验区协同开放示范区，探索开展陆上贸易规则、物流金融、多式联运等改革。引导成渝两地企业共同参与中新（重庆）战略性互联互通示范项目、中日（成都）城市建设和现代服务业开放合作示范项目建设，继续扩大金融、科技、医疗、贸易和数字经济等领域开放。有序推动潼南、铜梁、涪陵、宜宾、资阳等创建国家级高新区。加快建设两江新区、天府新区进口贸易促进创新示范区，推动重庆服务业扩大开放综合试点，协同开展服务贸易创新发展试点，共同打造"一带一路"进出口商品集散中心。二是全方位推进海关特殊监管平台提质升级。加强重庆西永综合保税区、两路寸滩综合保税区、成都高新综合保税区、成都国际铁路港综合保税区等海关特殊监管区域与国家开放口岸之间的功能协作，争取在符合条件且确有需求的地区新设综合保税区和保税物流中心。推广铁路"快速通关模式"，扩大"船边直提""抵港直装""离港确认"便利措施实施范围，开展优化口岸营商环境促进跨境贸易便利化专项行动。三是共同推进高层级国际交流平台建设。创新模式共同举办中国西部国际博览会、中国国际智能产业博览会、中国西部国际投资贸易洽谈会、川渝民营经济合作峰会、成渝地区双城经济圈商会合作峰会等重要国际展会，提升成渝地区国际资源要素链接能力。依托中法、中意、中韩、中德、中瑞（士）等双边合作园区，发展对外贸易、拓展国际市场。

3. 推动高标准市场体系建设

加快推动高标准市场体系建设，建立健全高效协同合作机制，争取在重点领域和关键环节上实现更大突破，助力建设全国统一大市场。一是实施市场准入异地同标行动。加快构建营业执照异地"办、发、领"服务体系，探索市场主体跨区域迁移"无障碍一次办"、跨省市公平竞争审查交叉互评。探索开展"川渝开放合作区"虚拟地址注册登记，对住所（经营场所）采用"川渝开放合作区+实际生产经营地址"的方式予以登记。二是推动土地市场一体化建设。统筹推进农村宅基地制度改革试点和承包地、集体经营性建设用地等改革，支持重庆农村土地交易所与成都农村产权交易所开展跨区域合作，探索建设成渝地区统一的农村产权交易市场。三是推动资本市场一体化建设。落实《成渝共建西部金融中心规划联合实施细则》，推进重庆国家级绿色金融改革创新试验区、成都国家级普惠金融服务乡村振兴改革试验区建设，探索建立跨省市联合授信机制。四是推动人力资源市场一体化建设。探索在川渝毗邻地区共建博士后园区工作站（科研站），建设"巴蜀工匠"协同培养融合区。发布川渝地区人力资源市场工资价位和行业人工成本信息，开展流动人员人事档案管理服务标准化试点。

4. 打造国际一流营商环境

围绕激发市场活力、体制机制创新，共同打造市场化、法治化、国际化营商环境。一是深化政务服务"川渝通办"。推动跨省市通办提质扩面，推动商贸流通、对外合作等领域电子证照跨区域互认共享。二是推动信用体系协同发展。共同开发信用应用场景，促进公共信用信息平台互联互通，推动守信激励和严重失信主体名单共享互认。三是完善川渝行政执法联动响应和协作机制。建立成渝地区反垄断、反不正当竞争、规范直销、打击传销等方面的案件线索互联互通机制。建立行政执法人员培训专家库，发布轻微违法行为不予处罚清单，举办成渝地区双城经济圈法治论坛。四是建立健全司法协调监督工作合作机制。高标准推进成渝金融法院建设，加强对成渝金融法院法律监督，推动重庆中央金融法务区、天府中央法务区建设，争取设立长江上游生态保护法院。推动川渝毗邻地区合作共建功能平台内司法办案尺度统一。

（五）努力在建设高品质生活宜居地上实现更大突破

全面提升区域生活品质能级，推动生态优先绿色发展，促进城乡融合、区域协调发展，实施高品质生活惠民富民行动，不断增强人民群众获得感、幸福感、安全感和认同感。

1. 全面推进生态优先绿色发展

强化"上游意识"、担起"上游责任"，深入践行绿水青山就是金山银山理念，加快建设山清水秀美丽之地，实现生态环境保护能级大幅提升，长江上游重要生态屏障更加牢固，打造人与自然和谐共生的美丽中国先行区。一是深化环境治理协作联动。不断健全合作机制，加强环境影响评价会商，开展川渝高竹新区"三线一单"生态环境分区管控试点。共同制定发布重点行业水污染物、大气污染物排放标准。推动生态环境监测网衔接融合，联合实施空气质量预警预报和治霾科技攻关，开展生态环境保护协同综合展示平台建设。深化生态环保督察联动及司法保护协作，推动设立长江上游生态保护法院，联合开展生态环保执法检查、应急演练和隐患排查整治，共同预防和处置突发环境事件。二是巩固绿色生态屏障建设。实施山水林田湖草沙生态保护修复重大工程，推进重点区域修复和支撑体系建设，推进成渝地区双城经济圈"六江"生态廊道建设,协同深化落实"林长制",提质"两岸青山·千里林带"建设项目,落实长江十年禁渔政策,加强毗邻地区自然保护地和生态保护红线监管,制定实施川渝地区矿山生态修复技术规范,持续提升生态系统质量和稳定性。三是加强污染跨界协同治理。促进两地加强细颗粒物和臭氧协同控制,强化工业废气、汽车尾气、扬尘等污染控制,基本消除重污染天气。加快实施"清水绿岸"治理提升工程,在长江、嘉陵江一级支流开展水环境治理试点示范,持续协同推进琼江、大陆溪等跨界流域水环境治理,制定实施南溪河流域水生态环境保护联防联治方案。协同推动川渝两地工业污染治理,强化$PM_{2.5}$、臭氧协同控制及移动源和扬尘源联合治理。制定实施两地"无废城市"建设实施方案,深化危险废物跨省市转移"白名单"制度,推动毗邻地区固体废物设施共建共享和跨省市协同应急处置。四是共促绿色低碳转型发展。持续实施碳达峰碳中和联合行动,制定减污降碳协同增效实施方案,完善能源消耗总量和强度调控。两地协同推动工业、交通运输、城乡建设等重点领域绿色低碳发展,开展节能降碳新技术、污染防治新方法、新型环保材料、绿色低碳循环利用等关键核心技术联合攻关研发与推广应用。深化两江新区、天府新区气候投融资国家试点,积极探索气候投融资省市级试点。强化跨区域绿色低碳财税政策协同,加大区域绿色低碳发展财政投入支持力度,加强金融支持绿色低碳发展,有序推动川渝碳普惠机制建设和互认对接,探索相互认可的核证减排量,积极推动"碳惠通""碳惠天府"生态产品价值实现平台推广应用并深度融入全国碳市场。

2. 深入推动城乡融合发展

以深化国家城乡融合发展试验区重庆西部片区、四川成都西部片区改革为牵引,积极促进成渝地区城乡要素自由流动、公共资源合理配置,加快重塑城乡空间,全面促进区域协调发展。一是促进城乡要素高效配置。全面促进区域内人口、人才自由流动,持续推进户籍制度改革,推动成渝地区双城经济圈内实现户籍转入年限同城化互认,推动居住证互通互认等重点领域改革突破,在重庆主城区与成都市、广安市之间先行先试。探索共建就业创业载体,联合培育全国性劳务品牌。成立川渝博士后人才发展联盟,探索共建区域性继续教育基地、留学人员创业园、博士后创新创业园等人才平台,共同争取国家将川渝两地纳入专业技术一级岗试点范围。全面深化农村土地改革，探索在川渝高竹新区等合作区域试行跨区域建设用地指标和出让统一管理，统筹推进农村宅基地、承包地、集体经营性建设用地等"三块地"改革，推动共建农村产权流转交易市场，探索建立常态化的协作共建机制。引导社会资本和金融资本参与城乡融合发展，推动金融创新与城乡融合发展改革联动，创新"三农"金融产品供给。完善农村资产抵押权能，积极引导城市资本入乡发展。二是全面推进乡村振兴。大力实施千万亩高标准农田改造提升、千亿级优势特色产业培育、千万农民增收致富促进、千个宜居宜业和美乡村示范创建"四千行动"，加快推进农业农村现代化。积极推动国家乡村振兴示范县建设，创建100个市级乡村振兴示范镇村。深入实施乡村建设行动，开展未来乡村建设试点，推动城市基础设施和公共服务有序向乡村延伸覆盖，加快实现城乡基础设施一体化、公共服务均等化。深化国家数字乡村试点，着力打造"数智乡村"。大力推进全域土地综合整治，优化乡村生产、生活、生态"三生"空间格局，深入开展农村人居环境整治提升行动。建立健全农民增收长效机制，拓宽农民经营性收入渠道，促进农民工资性收入增长，激活农民财产增收潜能，强化农民转移性收入保障，持续提高农民生活水平。完善防止返贫精准监测帮扶机制和巩固脱贫攻坚成果长效机制，全面推动城口、巫溪等国家乡村振兴重点帮扶县发展，整体实现巩固拓展脱贫攻坚成果同乡村振兴有效衔接。

3. 全方位提升公共服务供给水平

围绕人的全生命周期公共服务共性需求，立足增进民生福祉、促进共同富裕，大力提升公共服务保障能力，促进川渝两地基本公共服务提标提质。一是推进文化教育合作发展。围绕办好人民满意的教育，促进基础教育公平优质、职业教育提质领跑、高等教育突破跃升，加快实施一批教师及校园长、名师名校长联合培训培养项目，组建"成渝双城中外人文交流专家库"，协同推进城乡义务教育一体化发展试验区试点、中外人文交流教育实验区、成渝双城（荣昌）国际教育小镇建设。实施社会主义核心价值观融入工程，推行全民科学素质提升行动计划。提质升级一批历史文化街区、红色文化公园，加强川剧、竹编、漆艺、蜀绣、夏布、年画等非遗项目传承发展，共同争创国家文旅改革实验区。二是推进公共医疗卫生合作发展。健全重大疫情防控机制,加快优质医疗资源有序扩容和均衡布局,共同创建重庆国家儿童区域医疗中心、四川省儿童医学中心等国家医学中心、区域医疗中心,推动中医药传承创新发展,组建跨区域专科联盟,打造国家临床重点专科群,共建国家食品药品检测基地。开展川渝卫生专业技术人才"双百"培养行动,推动两地职称互认和专家资源共享。三是促进高质量充分就业。积极推动两地健全常态化就业联动机制,共商共建就业服务标准、就业服务平台、就业服务事项。建立健全就业失业统计监测预警体系。逐步构建精细化毕业生就业帮扶机制,建立川渝两地离校未就业高校毕业生数据库,为两地毕业生提供同等就业创业服务。促进招聘信息互通共享,举办多样化求职招聘活动,促进高水平职业指导服务,推进标准化就业服务试点,打造一批川渝特色高品质劳务品牌。加强专业技能人才终身职业技能培训,新增培养"智能+技能"双能人才。四是织密织牢社会保障网。实施社保扩面提质专项行动,保持基本养老保险、基本医疗参保率稳定在95%以上,深化企业职工基本养老保险全国统筹,开展工伤保险跨省异地就医结算,完善医疗、失业保险市级统筹机制和动态监测救助帮扶机制。强化妇女、儿童、残疾人等重点群体权益保障,推动区县标准化妇幼保健机构全覆盖,困难残疾人生活补贴、重度残疾人护理补贴实现全覆盖。加快建立多主体供给、多渠道保障、租购并举的住房制度,进一步推进筹集保障性租赁住房。

五、政策建议

(一)构建高效协同合作机制

建立健全区域协同合作机制是促进区域协调发展向更高水平和更高质量迈进的战略需要。在成渝地区双城经济圈持续加强协同合作机制创新,共谋"一盘棋",将全面促进成渝地区双城经济圈建设跑出"加速度"。

1.建立高效的共同向上争取机制

推动成渝地区双城经济圈建设是我国区域协调发展的重大国家战略部署,在我国西部地区甚至全国社会经济发展中具有举足轻重的战略地位。推动成渝地区双城经济圈建设乘势跃升,需要两省市紧扣双方共同关注、需要争取中央支持的重大问题，建立高效的向上争取机制，呼吁加强中央统筹，设立国家层面推动成渝地区双城经济圈建设的议事协调机构，全面协调跨省、跨部门重大事项。

2. 优化完善两地定期交流机制

推动成渝地区双城经济圈建设三年多以来，两地建立起四级合作机制，签署了一系列合作协议，召开了多层次多领域协同会议，构建了多类型的合作联盟，全面畅通了两地定期交流的渠道。要优化落实好成渝地区双城经济圈建设重庆四川党政联席会议、常务副省市长协调会议、联合办公室、专项工作组合作机制，全面提高实质性促进成渝地区双城经济圈发展、解决重大问题的能力，不断完善两地交流合作机制。

3. 建立健全落实机制

聚焦两地合作中面临的新形势、新要求、新问题，不断优化调整成渝地区双城经济圈建设的短期目标任务和工作举措，实行清单化、项目化管理，以适应数字化方式集成反映任务进展情况，加强动态跟踪、科学评估，认真总结提炼实践经验、复盘分析典型问题案例，形成示范带动作用，带动区域全面高质量协同发展。

（二）大力促进重点领域协同

打破行政壁垒束缚，强化区域协同发展，建立和完善区域政策举措协同落地机制，加快推动重点领域、关键领域协同发展。

1. 促进招商引资政策协同

全面落实《成渝地区产业协同招商战略合作协议》，积极探索建立财政、税收、金融、土地、要素保障等方面招商引资政策协同发展。强化资源相似度高的毗邻地区着力破除招商内卷，在招商过程中积极捕捉有效信息，及时进行对接研判，对符合区域产业发展规划但难以在本行政区域内落地的项目，及时对接符合承接条件的区域，积极协助促成项目落地。努力实现毗邻区域招商同推进、产业同发展、园区同建设、财税同分享、人才同培养。

2. 促进科技创新协同布局

以强化科技创新资源的增量投入为重点，协同促进在更大范围、更宽领域、更深层次上推动战略科技力量在成渝地区双城经济圈集中布局，努力争取在重大科技基础设施和国家实验室布局、国家科技创新基地建设、国家科技重大专项实施等方面优先予以成渝地区支持。支持中国科学院等在成渝布局更多的创新资源和科研平台，推动高起点高标准建设中国科学院重庆科学中心。

3.促进开放通道协同建设

发挥重庆通道物流和运营组织中心、成都国家重要商贸物流中心作用，合力共建西部陆海新通道。推动完善中欧班列（成渝）通道运行网络，加快实施中欧班列集结中心示范工程，共同做强中欧班列（成渝）品牌。依托长江黄金水道和沿江铁路，构建通江达海、首尾联动的东向国际开放通道，积极争取国家尽快启动三峡水运新通道建设，共同推动长江上游航运枢纽建设，优化畅通东向开放通道。织密国际航线网络，开辟"一带一路"区域国际航线航班，提高与全球主要城市间的通达性，协同打造国际航空门户枢纽。合力推进多式联运发展，加强成渝地区国家物流枢纽建设。

（三）加强重大项目谋划储备

项目是推动发展的第一动力，是拉动有效投资的主要力量。瞄准"项目带动"，以大项目促进大发展，做好成渝地区双城经济圈建设重大项目谋划、储备和实施。

1.加强重点项目策划储备

发挥重大项目对成渝地区双城经济圈建设的支撑带动作用，紧扣《成渝地区双城经济圈建设规划纲要》和国家有关部门、川渝两省市政府印发的相关规划，聚焦交通、产业、生态、水利、能源、城乡、开放等领域，联合谋划一批重大项目。完善成渝地区双城经济圈重大项目储备库，合理安排重大项目纳入年度投资计划，共同争取重大项目进入国家项目储备库。

2.确保重大项目顺利实施

建立重大工程、重大项目推进机制，压实主体责任。围绕生态修复、污染防治、水土保持、节水降耗、防洪减灾、产业结构调整等领域，创新融资方式，积极做好用地、环评等前期工作，做到开工一批、建设一批、竣工一批。

做好重大项目调度管理，建立重大项目信息报送机制，对项目推进过程中卡点难点问题早发现、早协调，情况复杂、协调难度大的事项早报告、早研究。

（四）完善资源要素保障机制

资源和要素是经济发展的基础，要加快产业、人口及各类生产要素合理流动和高效集聚，增强成渝地区双城经济圈建设的要素支撑保障。

1. 强化用地保障

优化土地资源配置，坚持土地要素跟着项目走，对项目用地计划指标实行分级分类保障，鼓励项目建设用地指标跨省域调剂。探索研究川渝毗邻地区合作功能平台试行跨区域统一指标、收储、出让机制以及跨区域交易。推进土地利用方式向集约型转变，盘活存量用地，通过规划控制、空间预留等举措为未来"留白"。稳步推进农村集体经营性建设用地入市，探索宅基地所有权、资格权、使用权"三权分置"的有效实现形式，加快建立产权流转和增值收益分配制度。

2. 强化资金保障

积极争取相关资金支持，引导产业发展、研发创新、人才等专项扶持资金支持成渝地区双城经济圈建设。探索对文化旅游、生态产业等项目实施财政补贴支持政策，对生态环境保护实施奖励政策。发展农村数字普惠金融，开展金融科技赋能乡村振兴示范工程，完善"三农"绿色金融产品和服务体系。加大基础设施和公用事业领域开放力度，充分挖掘项目商业价值，创新工程项目投融资方式，大力撬动社会资本和金融资本投入成渝地区双城经济圈建设。

3. 强化人才保障

按照成渝地区双城经济圈发展实际，制定更加优惠和便捷的高层次紧缺人才引进政策，建立健全协同共享的人才服务保障政策，破除区域性劳动力流动壁垒，更好吸引和配置人才资源。建设成渝地区双城经济圈人力资源产业园和就业信息平台，引导培育人力资源服务企业，建设专业性、适用性人才培养基地。强化区域性劳动技能培训，全面探索提升劳动力素质和供给保障的政策。强化科技人才支撑，引导高等院校、科研院所的科技资源和人才向川渝两地集聚。

分报告一

重庆市推动成渝地区双城经济圈一体化
发展研究（2021—2022年）

推动成渝地区双城经济圈建设，是习近平总书记、党中央赋予重庆的重大使命任务，是加快建设现代化新重庆的重要战略机遇。双城经济圈战略实施三年多来，重庆全市上下深入贯彻习近平总书记重要指示精神，牢记"国之大者"，围绕"两中心两高地"战略定位，全面贯彻落实《成渝地区双城经济圈建设规划纲要》和年度重点任务，不断推动双城经济圈建设更好地服务国家区域发展大局、内陆改革开放大局、长江经济带绿色发展大局、促进共同富裕大局，一批创新举措、经验做法和标志性成果相继落地，双城经济圈经济实力、发展活力和国际影响力得到快速提升。

2023年是全面贯彻落实党的二十大精神的开局之年，也是成渝地区双城经济圈乘势而上加快现代化建设的关键之年。新春伊始，习近平总书记对重庆工作作出重要批示，明确要求"推动成渝地区双城经济圈走深走实"，为新时代新征程做好重庆工作指明了方向。春节后上班第一天，重庆市建设成渝地区双城经济圈工作推进大会把双城经济圈建设作为"一号工程"和工作总抓手总牵引。新时代新征程，重庆将全面贯彻落实党的二十大精神和习近平总书记重要讲话和重要指示批示精神，认真落实重庆市推动成渝地区双城经济圈建设十项行动（2023—2027年），争当西部地区高质量发展排头兵、打造数字化引领重要科创基地、勇当内陆省份改革开放探路先锋、创造高品质生活，推动双城经济圈建设取得更多标志性成果，奋力打造带动全国高质量发展的重要增长极和新的动力源。

一、发展基础和比较优势

（一）综合经济实力稳步增强

2022年以来，重庆着力稳增长、促改革、调结构、防风险，加快推动发展动力转换，带动全市综合竞争力和辐射带动力不断提升，在推动双城经济圈建设中的核心引领作用加快释放。

1. 经济竞争力不断增强

重庆坚持锚定高质量发展目标，聚焦经济"主战场"，全力推动稳住经济大盘一揽子政策措施效果加速释放，全市经济运行持续较快恢复，经济发展能级和核心竞争力进一步提升。一是经济规模继续较快增长。2021年，全市实现地区生产总值2.79万亿元，比上年增长8.3%，高于全国0.2个百分点；2022年，全市经济规模继续扩大，地区生产总值突破2.9万亿元，达到2.91万亿元，同比增长2.6%。二是经济发展质量稳步提升。2021年、2022年，全市人均GDP分别连续突破8万元、9万元大关，分别达到86879元、90663元，分别同比增长7.8%、2.5%，均高于全国平均水平，按年平均汇率折算，连续两年保持在1.3万美元以上。三是人口集聚能力持续增强。随着全市经济活力和城市承载力进一步提升，市外人口来渝意愿逐步增强，带动全市常住人口总量持续呈现增长态势。2021年，市外迁入重庆人口较2020年增加3.41万人，2022年末，重庆市常住人口达到3213.3万人，较2021年、2020年分别增加0.9万人、4.4万人。2016—2022年重庆市地区生产总值及其增长速度见图2-1。

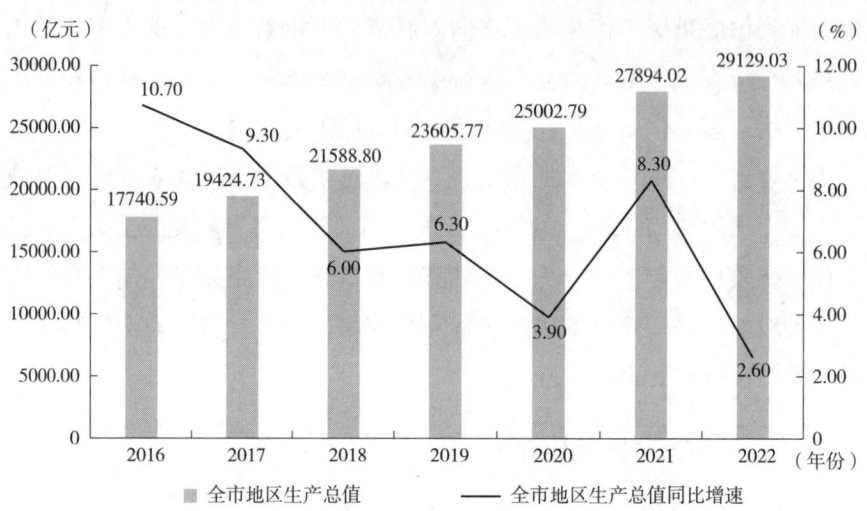

图2-1 2016—2022年重庆市地区生产总值及其增长速度

2. 经济结构持续优化

重庆加快推进经济结构战略性调整和经济转型升级，着力构建现代化经济体系，产业结构持续优化，发展新动能不断增强。一是产业结构持续调整。重庆深入推进供给侧结构性改革，加快推动发展动力转换取得明显成效，2022年，全市三次产业结构由2020年的7.2∶40.0∶52.8逐步调整为6.9∶40.1∶52.9，持续呈第一产业下降，第二、三产业提升的产业结构良好发展态势。二是投资结构不断优化。全市有效投资持续扩大、结构不断优化，2021年，新型基础设施投资占全部基础设施投资比重突破5%；工业技改投资增长26.2%，高于工业固定资产投资17.1个百分点；民间投资增长9.3%，高于整体投资3.2个百分点。2022年，全市工业技改投资继续保持在12.6%的高位增长速度，成为带动有效投资增长的关键动力。三是新兴动能加速发展。2022年，全市工业战略性新兴产业增加值比上年增长6.2%，增速快于全市规模以上工业3.0个百分点，占规模以上工业增加值的比重达到31.1%。制造业向价值链中高端攀升态势更加明显，2022年，全市新能源汽车、光伏电池、工业机器人产品产量分别同比增长1.4倍、40.1%、31.8%。2016—2022年重庆市三次产业增加值占地区生产总值比重见图2-2。

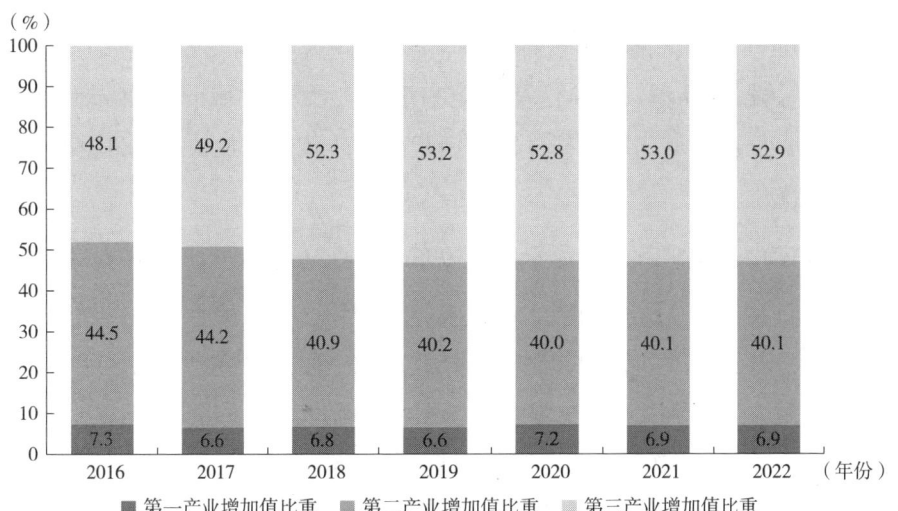

图2-2　2016—2022年重庆市三次产业增加值占地区生产总值比重

3. 民生保障全面加强

始终将增进人民福祉、提高人民生活品质放在突出位置，坚持在发展中保障和改善民生，人民群众获得感、幸福感、安全感不断增强。一是居民收入增速快于经济增速。2021年、2022年，全市居民人均可支配收入分别同比增长9.7%、5.5%，均快于人均GDP增速。其中，城镇居民人均可支配收入分别增长8.7%、4.6%，农村居民人均可支配收入分别增长10.6%、6.7%，农村居民收入增速始终快于城镇居民，城乡居民收入差距稳步下降。二是民生事业稳步推进。2021年，重庆市财政教育支出占公共财政的比例达到16.4%，高于2020年1.0个百分点；重庆市每千常住人口拥有养老机构床位数达到3.8张，比2020年增加1张。2022年，重庆市每万人拥有卫生技术人员数在2021年基础上继续增加1.9人，达到78.67人，较2020年高4.59人。三是保障覆盖面持续扩大。全市医养保障日趋健全，"社保网络"越织越密，为经济发展起到了"稳定器"作用。2021年，全市城镇职工基本养老保险、城镇职工基本医疗保险参保人数分别比上年增长12.5%、3.8%，社会保障覆盖率连续保持100%。2022年，全市城镇职工基本医疗保险参保人数较上年继续增长3.8%，城乡基本医疗保险综合参保率实现99.7%。

（二）空间发展格局持续优化

深入推进"一区两群"发挥优势、彰显特色、协同发展，"一区"发展能级不断提升，"两群"特色化发展成效明显，区域中心城市辐射带动作用进一步强化，以区县城为重要载体的城镇化建设步伐不断加快，促进空间发展格局更加优化。

1. 国家中心城市核心功能承载能力不断增强

聚焦科技创新、先进制造、现代服务、国际交往等核心功能，加速集聚高端要素资源，加快建设创新之城、开放之城、便捷之城、宜居之城、生态之城、智慧之城、人文之城，加快形成具有国际影响力的活跃增长极和强劲动力源。2022年，中心城区地区生产总值11356.47亿元，占全市比重达到38.99%。一是现代服务功能更加完善。中西部国际交往中心、西部金融中心、国际消费中心城市、国际旅游目的地等核心功能不断强化，集聚全市11家驻渝总领事馆、70%外资银行保险机构，引入国际知名品牌50个，新增首店品牌占全市的1/3，解放碑中央商务区地均产出居全国中央商务区首位，解放碑、洪崖洞、长江索道、李子坝等成为中外游客打卡热地。一座开放、便捷、宜居的现代化城市大幕徐徐展开。二是生态之城建设全面提质增效。广阳湾智创生态城提速建设，重庆东站主体结构工程全面开建，成功获取长江经济带绿色发展示范、"两山"实践创新基地、绿色产业示范基地、智能产业密码应用示范与科技创新基地等一批国字号"金字招牌"，南山城市山地公园建设加快推进。三是创新之城建设加速。超瞬态实验装置、长江上游种质资源库、种质创制大科学中心等一批大科学装置建成投用，中国自然人群生物资源库、电子科技大学重庆微电子产业技术研究院等一批科研平台投入运营，逐渐攻克了一批"卡脖子"难题。截至2022年底，已引进中国科学院重庆科学中心、北京大学重庆大数据研究院、重庆国家应用数学中心等高端研发平台，集聚国家重点实验室7家、市级重点实验室近140家，市级以上研发机构近540个，新增科技型企业2428家、总量达到5499家，引进海外高层次人才57名，重庆英才持卡人数增至3043人。四是人文之城建设全面铺开。全力推动长江文化艺术湾区和钓鱼嘴音乐半岛建设，长江音乐厅、钓鱼嘴音乐大道等重大功能性项目有序推进，茄子溪长江音悦港、万吨商旅融合总部等重大项目开工建设，钓鱼嘴音乐半岛历史风貌项目完成设计，博物馆、古镇、公园、江滩等景区景点加快打造，滨江多元立体景观带初具形态。五是智慧之城更具活力。阿维塔科技总部入驻两江数字经济产业园，"中国复眼"一期正式开机，首个国家级氢能检验检测中心——国家氢能动力质量检验检测中心建成投用，两江协同创新区成功入选全国首批国家级专利导航服务基地。截至2022年底，引进设立研发机构50家，获批市级高端研发机构21家、市级以上博士后科研工作站22家，集聚院士团队25个、科研团队166个、创新人才2900余人，创新资源集聚能力快速提升。

2. 渝西地区一体化高质量发展质效显著提升

主城新区加快推进一体化高质量发展，发展能级和综合承载力全面提升，工业化和城镇化主战场地位进一步夯实。2022年，主城新区地区生产总值10995.95亿元，占全市的37.7%。一是工业化主战场地位更加凸显。围绕智能化、数字化、绿色化，主城新区加快推动产业转型升级，培育壮大新兴产业，江津区成功创建国家新型工业化产业示范基地（工业互联网），璧山区获批"东数西算"成渝枢纽节点，南川区打造中新（重庆）国际绿色发展示范基地，大足区获批全市智能电梯产业示范园、新能源摩托车产业园。2022年，第二产业增加值达到5561.62亿元，占全市的47.6%。二是承接中心城区外溢功能明显增强。推动中心城区优质公共服务资源向主城新区延伸，持续优化公共服务供给，公共服务均衡性和可及性进一步增强。璧山重庆中医药学院如期建成，綦江引进德国埃森应用技术大学、重庆经贸学院等8所高校，科技学院、重庆二师、医药高专落地铜梁；心血管国家区域医疗中心落户綦江，涪陵、江津中心医院划转为重庆大学附属医院，大足"智慧养老"成为全国样本。三是城乡融合发展全面走深走实。推动国家城乡融合发展试验区重庆西部片区破题起势，潼南在全市率先出台城乡人口双向流动办法，全面取消城镇落户限制；永川、大足完成宅基地使用权确权颁证52.43万宗，基本实现全覆盖。成功创建重庆柠檬、荣昌猪2个国家级农业产业集群和潼南柠檬、江津花椒2个国家现代农业产业园。2022年，主城新区城镇化率达到66.6%，较上年同期高0.7个百分点，较全国平均水平高1.4个百分点。

3. 山区库区开启协同联动发展新篇章

立足区县城功能定位资源环境承载能力和产业发展基础，加快推进以区县城为载体的城镇化建设，空间布局持续优化，功能品质明显提升，城乡融合向纵深推进，促进山区库区协同联动发展。一是城镇空间布局不断优化。万州、黔江区域中心城市发展能级稳步提升，"万开云""三峡库心·长江盆景"等重点功能板块加快建设，促进"两群"内部、"区群"之间协同发展。2022年，万开云地区生产总值达到2338.15亿元，占渝东北三峡库区城镇群地区生产总值的45.4%。其中，万州生产总值达到1118.43亿元，占渝东北三峡库区城镇群地区生产总值的21.7%。二是城市功能品质不断提升。"江城""山城"特色城镇建设加快推进，产城景一体、山水林融合的城镇风貌风情更加浓郁。城口、云阳国家生态园林城市建设全面启动。高质量推动城市更新，完成老旧小区改造1392.6万平方米、棚户区改造68.1万平方米，实施13个市级城市更新试点示范项目。教育服务保障体系不断完善，渝东北、渝东南学前教育普惠率分别达到95.4%、94.3%。公共卫生与养老服务能力持续增强，"三通"医共体建设实现全覆盖，片区三级医院达到17所，渝东北、渝东南城乡社区养老服务设施覆盖率分别达到91%、82%。三是乡村振兴稳步推进。建立防止返贫动态监测和帮扶机制，推动4个国家重点帮扶县"一县一策"落地落实。推动产业、人才等振兴，累计建成"一村一品"示范镇577个，占全市的50%；市级乡村振兴示范镇村26个，占全市的43.3%，建成就业帮扶车间326个、吸纳贫困人口就业3096人，建成宜居村庄447个，

"三变"改革试点行政村覆盖率超过30%。

（三）基础设施体系逐步完善

1. 综合交通运输体系加快构建

加快建设公铁水空交通基础设施，打牢成渝地区双城经济圈互联互通基础。一是合力打造世界级机场群。推动构建"市内双枢纽协同、成渝四大机场联动"的世界级机场群。重庆江北国际机场成为中西部首个拥有3条跑道、3座航站楼同时运行的机场，年旅客吞吐量保持全国前10强、进入全球前50强。加快推进江北机场T3B航站楼及第四跑道建设，加快谋划推动重庆新机场建设。有序推进支线机场建设，建成投用巫山机场、武隆仙女山机场，加快推进万州机场改扩建等项目建设，有序发展通用航空，推动干线机场、支线机场、通用机场联动发展。二是加速共建轨道上的双城经济圈。以高速铁路、普速干线铁路建设为重点，联合推动对外运输通道加速形成。强力推进"米"字形高铁网建设，渝西高铁、渝宜高铁、渝湘高铁黔江至吉首段等前期工作加快推进，成渝中线高铁启动建设，渝万高铁、成达万高铁已实质性开工，渝湘高铁重庆至黔江段、渝昆高铁重庆段已全线施工建设，郑渝高铁全线通车。深入实施城市轨道交通成网计划，江跳线建成通车，中心城区至永川、南川、大足、綦江（万盛）4条市域（郊）铁路前期工作启动，全市轨道交通运营及在建里程达到732千米，其中运营里程达到478千米，中心城区"环+放射"轨道交通运营网络正式形成。三是加快建设长江上游航运中心。长江上游航运中心建设成效显著，基础设施内河领先。"一干两支"国家高等级航道体系基本建成，长江朝天门至涪陵段、渠江等航道整治加快推进，长江涪陵至丰都段航道整治开工，乌江白马至彭水等航道整治前期工作加快推进，嘉陵江利泽航电枢纽船闸建成通航，乌江白马、涪江双江枢纽主体工程全面开工。铁公水联运枢纽型港口集群基本形成，果园大件码头等项目加快建设，川渝合资共建万州新田二期工程全面开工，寸滩邮轮母港工程提速推进，黄磏一期工程开展陆域施工。四是公路网络织密建强。梁平至开江等4条在建高速公路项目加快实施，建成及在建川渝间省际高速公路通道达到20条，其中成渝、渝遂、渝蓉、合川至潼南至安岳等4条"双核"直连高速公路通道全部建成。垫江至丰都至武隆高速公路建设、成渝高速公路原路改造加快推进。主城都市区高速公路和快速路一体化衔接，两江新区—长寿区快速通道已开工建设，中心城区—荣昌、中心城区—合川等快速通道前期工作正有序开展。提质川渝毗邻普通公路通道，推进省际待贯通路段建设，统筹建设标准和建设时序，消除川渝省际通道"瓶颈"路段。

2. 能源水利保障能力稳步提升

初步构建起清洁低碳、安全高效、开放融合的现代能源水利基础设施网络，能源输送网络、能源储运设施和调峰应急体系持续完善，水利水资源调配能力显著提高。一是加快建设能源基础设施。实施推动川渝能源绿色低碳高质量发展协同行动，"疆电入渝"新疆配套煤电项目和川渝特高压交流工程均获得批复并开工建设，丰都栗子湾抽水蓄能电站、华能两江燃机、甘孜州南部光伏发电、凉山州风电基地等多个清洁能源项目同步新开工。推动实现川渝"一张网"，铜锣峡、黄草峡、老翁场、牟家坪等储气库建设接续推进，川渝千亿立方米天然气产能基地建设加速实施，川气东送二线等项目前期工作有序推进，川南—渝西、万源—城口天然气管道加快建设，西南百亿立方米储气库群已投用相国寺储气库。二是持续推进重大水利基础设施建设。加快推进涪江右岸、长征渠引水、渝南及重庆中部水资源配置工程项目研究论证，藻渡水库、向阳水库完成可研批复，跳蹬水库开工建设。岷江、沱江、涪江、渠江、嘉陵江等主要江河及中小河流防洪治理加快实施。建立健全雨水工情信息共享、水库河流联合调度机制，成功联合应对长江、嘉陵江洪水，调度水库削峰错峰。

3. 新型基础设施加快完善

合力开展智慧应用、数字化平台建设，新型基础设施架构体系初步形成，供给能力和供给质量不断提升，数字经济发展基础进一步夯实。一是数据通道更加畅通。加速推动千兆光纤网络覆盖城乡，全市千兆光纤端口（10G-PON端口）达到23.06万个。中新（重庆）国际互联网数据专用通道应用推广，已接入重庆两江新区数字经济产业园、渝北区仙桃数据谷等7个产业园区。加快乡镇5G网络建设，乡镇5G网络到达率达到100%。二是枢纽节点功能持续增强。积极支持中国移动成渝（重庆）江南数据中心一期等数据中心项目建设，努力构建"1+3+N"的新型数据中心发展布局。持续增强工业互联网标识解析顶级节点（重庆）功能，上线二级节点34个，较2021年底增加14个，标识注册量累计达到138亿个，累计解析量超81亿次，接入企业节点4566家。

（四）现代产业体系建设承压前行

经济体系现代化是现代化的重要维度，产业体系是经济体系的关键，建设现代化产业体系是中国式现代化的重要内容和举措。2022年以来，重庆市努力克服疫情反弹、高温缺电等非预期性因素，以成渝地区双城经济圈建设为统领，承压推进现代产业体系建设，三次产业保持定力升级增效，产业集聚度和影响力稳中有升。

1.制造业高质量发展取得新实效

重庆积极发挥制造重镇优势，锚定双城经济圈"培育具有国际竞争力的先进制造业集群"战略任务和自身建设"国家重要先进制造业中心"总体目标，突出高端化、集群化、智能化和绿色化，稳步推动制造业迭代升级。2022年全市工业增加值达到8276亿元，占全市经济总量比重较上年上升0.1个百分点，达到28.4%，稳居全国第4位，其中规模以上工业增加值同比增长3.2%，制造业主体地位更加巩固。一是制造业高端化升级步伐稳健。制造企业尤其加速集聚，2022年全市规模以上工业企业数量7743家，较上年增加645家，占西部地区（6.6万家）比重达到11.7%，国家级专精特新"小巨人"企业288家、国家单项冠军企业13家、市级高新技术企业6348家、市级科技型企业4.3万家。工业持续转型，战略性新兴产业增加值同比增长6.2%，高于全市工业平均增速（2.9%），占全市工业比重较上年提高2.2个百分点达到31.1%，规模以上数字制造业增加值稳步提升，高新技术产品产量保持快速增长，新能源汽车、工业机器人、液晶显示模组产量分别较上年增长1.4倍、31.8%、21.4%，有力带动全市工业经济结构优化升级。二是优势制造业集群市场规模稳定扩大。汽车、摩托车、微型计算机设备、手机等优势产业集群保持全国较大影响力，产量占全国比重分别为7.6%（其中轿车占比5.2%）、

20.9%、19.9%、4.8%,智能手表产量超过2000万只,约占全球的两成,是全球重要的智能手表制造基地。受国际市场需求萎缩、产业转移等因素影响,2022年重庆笔记本、手机等电子产业产品产量较上年有所降低,但依然居全国前列,电子产业的市场优势依然存在,全球每3台PC(含笔记本电脑、平板、一体机)、每5台显示器、每6块智能手表,就有1台(块)产自重庆,重庆是全球最大的笔电生产基地。三是智慧制造绿色制造向纵深推进。截至2022年底,全市累计实施6080个智能化改造项目,建设958个数字化车间、144个智能工厂,建成40个市级智能制造示范标杆、30个创新示范工厂、30个"5G+工业互联网"先导示范场景,7家企业获评国家级智能制造示范工厂,推动建设600余个网络化协同、个性化定制、服务化延伸等新模式项目,忽米网、广域铭岛、中冶赛迪成功创建国家跨行业、跨领域"双跨"平台,全市"上云用数赋智"企业超过11.5万家。2021—2022年,累计24家企业入选国家智能制造示范工厂揭榜单位和优秀场景名单。累计建成国家级绿色工厂52家、市级绿色工厂171家、绿色园区15个(其中国家级5个)、绿色设计产品48种、绿色供应链5条,规模以上工业单位增加值能耗较上年下降0.8%,大宗工业固废利用率达到80%。四是制造业效益稳步改善。企业效益稳步增长,2022年,全市规模以上工业企业实现营业收入2.8万亿元,较上年增长约4.0%,其中主营业务收入2.64万亿元,与上年大致持平(2.68万亿元),实现利润总额1829.68亿元,其中,大中型工业企业实现利润总额超过1000亿元,占比超过六成。工业企业全员劳动生产率达到45.78万元/(人·年),比上年提高3.9万元/(人·年)。

2. 内陆现代服务业先行区加速成型

重庆积极发挥服务业扩大开放综合试点优势,大力推动内陆国际物流枢纽、国际消费中心城市、西部金融中心等重点任务建设,现代物流、金融、商贸等重点服务业带头开放发展优势稳中有升,内陆现代服务业先行区雏形加速显现。2022年重庆市服务业克服本地疫情反弹、极端天气频发等超预期因素冲击,实现增加值1.54万亿元,比上年增长1.9%,占全市经济总量比重为53.0%,与上年持平。一是服务业扩大开放综合试点建设落实有力。自2021年4月重庆获批成为全国四个之一、中西部地区唯一开展服务业扩大开放综合试点省市以来,重庆以任务落实、制度创新、项目落地为抓手,扎实推动服务业扩大开放走深走实。2022年11月,经国家批复同意,重庆落地全国第六个海峡两岸产业合作区①,为促进对台经贸、承接台资西移提供了重要示范平台。截至2022年底,已实施试点总体方案任务82项(共86项),实施率为95.3%,开展首创性差异化改革探索104项,出台支持服务业开放创新发展的市级配套政策措施107个,推动国家部门出台配套支持举措13个,带动600余个现代服务业项目落地。二是内陆国际物流枢纽建设提速推进。重庆入选2022年度生产服务型国家物流枢纽建设名单,成为全国唯一的"水陆空生产服务"四型国家物流枢纽城市。首创"以航空公司为单元"保税航材海关监管模式,成功落地新加坡航空(重庆)保税航材分拨中心,国际物流通道和国际班列效能持续提升,万州机场正式获批对外开放,成为全市第二个航空口岸。截至2022年底,西部陆海新通道物流网络覆盖全球120个国家和地区的473个港口,累计运输货物近55万标准箱,货物品类超过900种,货值超过900亿元,对内辐射我国18个省(区、市)69个城市。重庆成为全国首个中欧班列进口运邮城市和铁路邮件进口第一口岸,中欧班列(渝新欧)累计开行近1.4万列,累计运输国际邮包超过2800万件,货值超过20亿元,2022年邮政快递业务总量达到189.5亿元,同比增长16.1%,增速居全国第二。社会物流总额约3.82万亿元,同比增长4.5%,物流业总收入3245.6亿元,同比增长2.7%,居内陆前列。三是西部金融中心建设按下"快进键"。2022年重庆实现金融业增加值2491.02亿元,较上年增长2.4%,占全市GDP比重为8.6%,与上年基本持平。金融机构总数超过1900家,金融机构牌照全覆盖,其中,银行、保险法人金融机构数量居西部首位,建成金融要素交易市场12家。跨境融资通道覆盖中国西部10个省份,跨境人民币收付金额领跑内陆。2022年,重庆新增获批区域性股权市场制度和业务创新试点、国家数字人民币试点、绿色金融改革创新建设试验区、全国首批铁路运输单证金融服务试点地区,金融开放发展制度动力更加强劲。四是国际消费中心城市提速建设。建成百亿级商圈12个,其中,解放碑—朝天门商圈入选全国示范智慧商圈,

---

① 重庆海峡两岸产业合作区实行一区三园的模式,由重庆高新区产业园(西永微电园、金凤电子信息产业园)、涪陵区产业园(涪陵高新技术产业开发区)、永川区产业园(永川高新区凤凰湖产业园)组成。

落户西部首个核心商圈保税展示交易中心——"陆海新通道国际消费中心"。截至2022年底，累计引进首店超过300个、国际知名品牌超过1000个，培育中华老字号19个、重庆老字号291个，重庆火锅企业超过2.2万家，并走出国门在20多个国家和地区布局开店，"买全球、卖全球""重庆味、国际范"城市消费吸引力持续上升。此外，重庆还积极谋划提振软件和信息服务业，2022年7月出台"满天星"行动计划以来，软信企业和人才加速集聚，中心城区全年新增软信企业3500余家、新增从业人员5万余人，全市全年实现软件业务收入2750亿元，同比增长约10.5%。

3. 现代山地特色高效农业提质增效

紧扣成渝现代高效特色农业带建设，提质发展现代山地特色高效农业，2022年重庆第一产业在疫情、火情、旱情"三情叠加"的不利因素下坚韧发展，同比增长4.0%，实现增加值2012.05亿元，农业稳产保供和现代化水平稳步提升。一是粮食稳产保供和农业"接二连三"能力提升。2022年，全市粮食种植面积达到3070.07万亩，较上年增长1.7%，粮食总产量达到1072.84万吨，连续5年持续稳定在105亿公斤以上。农业"接二连三"加快推进，农产品加工业实现规模以上产值超过3000亿元，同比增长1.2%，农产品网络零售额达到185.9亿元，同比增长21%。二是农业科技创新成效显著。累计创建10个国家级现代农业产业园、7个国家级农业现代化示范区、2个全国农业科技现代化先行县（荣昌、潼南），获批国家生猪技术创新中心、长江上游种质创制大科学中心等国家级农业科技创新平台。建成全球最大家蚕基因库和全球最大、国内唯一的无菌猪培育转化平台，成功培育全国领先、含油量高达51.54%的"庆油8号"油菜新品种。2022年末，全市农业科技进步贡献率提高到62%、主要农作物耕种收综合机械化率提高到55.2%，主要农作物良种覆盖率超过96.5%。三是农业数字化和绿色化水平稳步提升。扎实推进"智慧农业·数字乡村"建设工程，初步建成"三农"大数据平台，汇聚涉农数据超过4亿条，获批建设生猪、蛋鸡、柑橘、渔业等4个国家数字农业创新应用基地项目，建成市级智慧农业试验示范基地262个，农业农村信息化发展总体水平达到43.3%，位居西部第一、全国第七。持续推进有机肥替代化肥试点和农药减量控害，农业生产领域化肥农药使用量同比均减少

0.3%左右。四是农业品牌形象更优竞争力更强。扎实推进农业生产"三品一标"建设,以"巴味渝珍""三峡柑橘"为引领,涪陵榨菜、奉节脐橙、永川秀芽等区县级区域公用品牌为支撑的农业品牌体系加速构建,2022年"巴味渝珍"累计授权主体达到292家,授权产品701个,授权产品实现销售收入突破60亿元。汇达柠檬、鱼泉榨菜、派森百橙汁、凯扬农业分别跻身全国农业行业蔬菜类、水果类、林特类排名10强龙头品牌。奉节脐橙、荣昌猪、涪陵榨菜等3个农业品牌入选2022年全国农业品牌精品培育计划名单,品牌价值分别达到182.8亿元、36.8亿元、147.32亿元,依托国际物流大通道实现出口多个国家和地区。

(五)科技创新发展活力迸发

围绕推动创新链、产业链、资金链、人才链深度融合,以西部(重庆)科学城建设为主平台、产业科技创新为主战场,推动创新生态环境持续优化,区域、产业协同创新能力进一步提升。

1. 科技创新资源加速汇聚

持续汇聚创新型人才和企业,促进创新研发主体稳步增长,创新型企业加速发展,全市创新潜能进一步释放。一是创新型人才加速集聚。以"重庆英才"品牌为统揽,构建起"近悦远来"人才生态,人才集聚"磁场效应"显著增强,人才创新活力持续释放。2022年,全市引进人才6.3万人,技能人才达到503万人,高技能人才占比增至31.4%、居西部领先地位,其中数字技能人才66万人,在渝两院院士增至18人,R&D人员总量超过20万人,全市外国高端人才1310人,新增国家杰出青年2人、累计56人,新增国家优秀青年13人、累计69人,首次获得国家创新研究群体2个。依托高层次人才培育计划,培养技术转移专业人才1500余名,充实形成一批成果转化"摆渡人"。二是创新平台主体持续壮大。创新研发平台基地进一步增长,2022年,全市市级及以上重点实验室、工程技术中心分别达到220个、364个,其中国家级达到20个。新型研发机构179个,其中高端研发机构82个,国家质检中心18个。新引进国内外知名创新机构5家、累计达108家。企业创新平台进一步丰富,建成国家级企业技术中心40家、市级企业技术中心1014家,新获批国家级科技企业孵化器和众创空间18家、累计95家,认定市级技术转移示范机构5家、累计35家。建成国家级科技企业孵化器99家、众创空间307个,联合微电子中心成功获批国家级制造业创新中心,实现国家级制造业创新中心"零的突破"。三是创新型企业加速发展。全市大力推动科技型创新型企业发展,高新技术企业和"专精特新"中小企业大幅增长,2022年,全市高新技术企业达到6348家、累计入库科技型企业4.3万家,同比分别增长24.3%、16%。2022年以来,全市新增市级"专精特新"中小企业1579家,为前4年总数的1.8倍,新增国家专精特新"小巨人"企业139家,创历史新高。目前全市国家专精特新"小巨人"企业累计达到257家,数量居西部第2位、全国城市第5位。2016—2022年重庆市高新技术企业增长情况见图2-3。

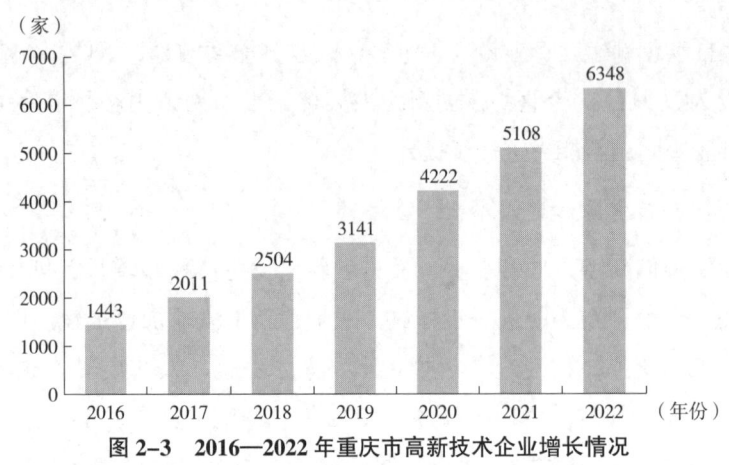

图2-3　2016—2022年重庆市高新技术企业增长情况

2. 协同创新能力大幅提升

持续完善创新链,优化科技创新生态,具有全国影响力的科技创新中心和科技创新"策源地"雏形逐步显现。一是西部(重庆)科学城加快建设。以100平方千米的成渝综合性科学中心(金凤)为牵引,初步形成大学城、科研港、科学谷、生命岛、科创街"五大创新支撑"。累计引进高端研发平台312个,建成科技创新基地184个,会聚两院院士30多人、高水平人才1500余人,引育科技型企业近1400家。种质创制大科学中心、金凤实验室、中国科学院重庆科学中心、北京大学重庆大数据研究院、上海交大重庆人工智能研究院、重庆医科大学国际体外诊断研究院、超瞬态实验装置等一批创新平台陆续落地。中国自然人群生物资源库招募样本采集人群超过15.4万人，种质创制大科学中心开启家蚕、杨树、青蒿3个物种的创制工作，金凤实验室入驻20个科研团队，药物仿真及生物合成中心、金凤·华大时空组学中心等公共技术平台建成投运。二是两江协同创新区加快发展。重大创新平台建设成效初显，2022年新引进科研院所10家，高端研发机构达到50家，集聚各类创新人才近3000人、院士团队25个、科研团队166个，建成市级重点实验室等创新平台110余个。重庆卓越工程师学院揭牌开学，"中国复眼"一期项目建成开机，分布式雷达验证试验场启动建设，武汉理工重庆研究院等8家机构已正式入驻，西工大重庆科创中心投入运营。产业协同创新水平进一步提升，整合中汽研、北理工重庆创新中心等13家机构，启动组建智能网联产业创新联合体，成功创建全国第四个、西部第一个国家级车联网先导区。三是区域创新协同能力大幅提升。高能级区域创新平台加快建设，国家精准医学产业创新中心获批组建，重庆健康医疗大数据中心加快建设，重庆先进病理研究院14个PI团队已率先入驻开展科研工作。推动在渝国家重点实验室优化重组，南岸区广阳湾实验室和沙坪坝区五云实验室前期论证加快推进，广阳湾智创生态城长江模拟器、野外科学观测站启动建设。与四川科技资源互通共享持续加强，推动重庆大学、陆军军医大学、重庆医科大学加入成渝地区双城经济圈高校联盟。优化科技资源共享平台功能，2022年，推动"川渝科技资源共享服务平台"整合开放两地大型仪器设备1.21万台（套），其中重庆9000余台（套），总价值约127亿元。

3.投入产出水平稳步提高

持续加大科技创新投入，加强科技成果转化应用，初步形成"点、线、片、网"成果转化体系，创新投入产出水平进一步提升。一是科技创新投入稳步提高。全市科技创新资本投入稳步增长，2022年，共投入研究与试验发展（R&D）经费686.6亿元，全社会研发经费投入强度在2.36%左右、比上年提高0.2个百分点，居全国第10位、西部第1位。企业研发投入水平进一步提升，累计建成10个国家级和101个市级工业设计中心，入选全国首批"工业设计特色类示范城市"，中国软件特色名城创建进入试点。2022年，全市企业R&D经费占全市R&D经费的比重达到80%，规模以上工业企业R&D经费达到479.3亿元，较上年增长12.9%，投入强度达到1.76%，较上年提高0.22个百分点，高于全国平均水平0.37个百分点，位居全国前列。二是科技成果转化成效显著。初步形成共性技术研发和成果中试孵化支撑平台网络，获批国家科技成果转移转化示范区和国家级知识产权运营中心，西部地区科技成果转化的重要承载地和辐射源逐步显现。深化科研人员职务科技成果所有权或长期使用权改革试点，推进揭榜"以先投后股方式支持科技成果转化"等10项任务，累计完成201项知识产权转化，转化合同金额超过2.4亿元，吸引社会投资5.7亿元。在全国率先搭建科技服务大市场等技术成果转化交易平台，加速完善"易智网"线上线下交易平台，建立技术合同登记站31个，推动实现全市技术合同交易额666.8亿元，同比增长114.5%。三是创新产出水平大幅提升。科技创新能力稳步提升，2022年，万人发明专利拥有量16件，增长21.1%。滚动实施重点新产品研发和产业化项目，有力推动重大创新成果产业化和关键技术产品突破，130纳米硅光、12英寸电源管理芯片等领域关键工艺在国内率先实现突破，规模工业企业新产品产值率保持在25%左右。2022年，全市高技术制造业占规模以上工业增加值比重达到19%，高技术产业投资比上年增长16.6%，16个高新区工业总产值占全市的40%以上。全市综合科技创新水平指数继续保持全国第7位，居世界知识产权组织发布的"2022全球创新指数"全球城市创新集群百强第49位。2016—2022年重庆市R&D经费支出与投入强度情况及万人有效发明专利数量见图2-4、图2-5。

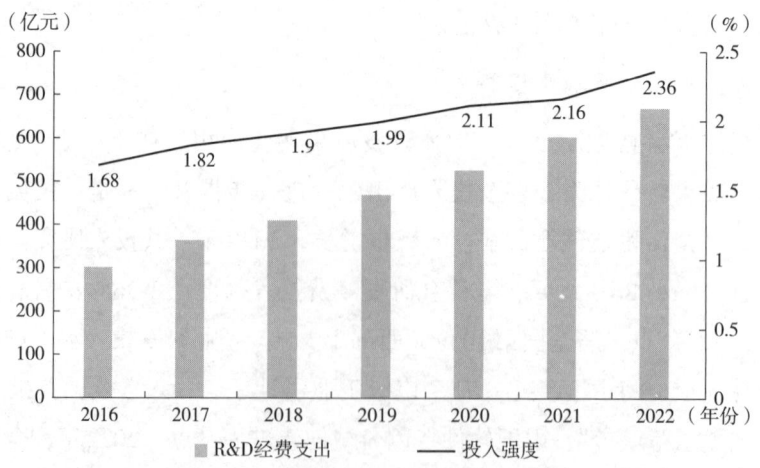

图2-4 2016—2022年重庆市R&D经费支出与投入强度情况

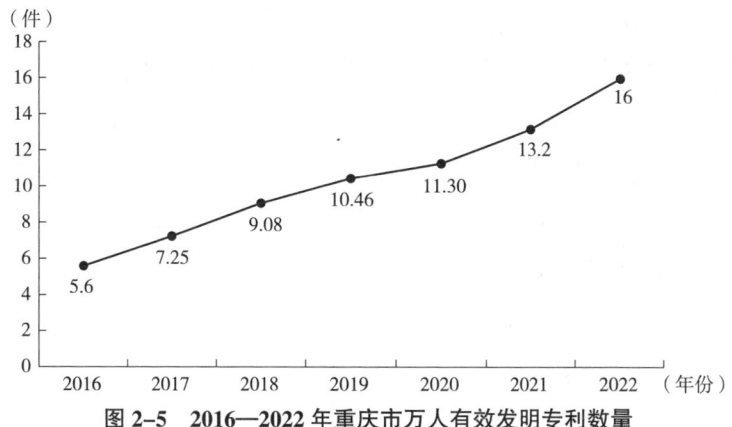

图 2-5 2016—2022 年重庆市万人有效发明专利数量

（六）市场消费活力不断增强

聚焦"国际"目标，紧扣"消费"主题，突出"中心"功能，彰显城市特色，重庆培育建设国际消费中心城市取得积极成效。受疫情等因素影响，2022年实现社会消费品零售总额1.39万亿元，消费市场规模与上年大致相当。

1. 全球优质消费供给加快集聚

聚焦"国际"，突出"引进来""走出去"并重，汇聚"国际优品"，做优"渝货精品"，国际国内"两个市场"实现开放共享。一是"世界名品"不断汇聚。首店经济加快发展，据不完全统计，2021年引进首店200余家，2022年共引进首店148家。国际中高端消费品牌、跨国企业区域中心持续落户重庆，重庆累计引进国际知名品牌700余个，"老佛爷"等国际知名商业运营商落户重庆。2022年陆海新通道国际消费中心开业，首期引入新加坡、泰国、日本、德国、英国、东欧、澳新等7个国际馆和佰酿美酒等4个专业馆，为重庆的"国际范儿"增添了更多色彩。二是"渝货精品"焕发新机。"重庆味道""重庆工艺""重庆制造"对国际消费者吸引力进一步增强，累计培育中华老字号19个、重庆老字号291个，2022年"渝产"笔记本电脑出口量居全国第一，汽车出口全国领先。重庆梅见青梅酒出口20多个国家，2022年销售规模达到10亿元，成为中国新酒饮赛道跑出的第一个10亿级品牌。中新（重庆）多式联运示范基地如期启用，巫山脆李首次走出国门、潼南柠檬拓宽了在新加坡的销售渠道,为"渝货精品"打开东南亚市场增添了信心。三是"服务品质"接轨世界。以服务业扩大开放综合试点为契机,建设全球优质服务引领地取得积极成效,研发设计、培训咨询等领域知名专业服务机构加快汇集,与国际接轨的服务体系日益完善。普华永道、毕马威、德勤、安永全球四大会计师事务所相继落户重庆。其中,德勤将全球审计交付中心设在重庆,2022年销售收入增长约60%。

2. 消费融合发展动能更加强劲

聚焦"消费",统筹实施"巴渝新消费"八大行动,引领国际时尚的城市消费活力持续提升。一是多元融合消费场景持续涌现。国际消费核心承载区加快打造,"两江四岸"、中央商务区、寸滩国际新城、解放碑—朝天门和观音桥商圈提档升级。联动鳞次栉比、错落有致"城市肌理","云端天台""惬意江岸""后街支巷""宝藏洞穴"等特色消费场景持续涌现,推出来福士"横天摩天轮"等"城市之巅"多元化消费地标,建成光环购物公园、十八梯特色商业街区等"网红"新地标、新场景,消费吸引力进一步增强。推广解放碑步行街成功创建首批"全国示范步行街"典型经验,培育市级改造提升试点步行街10条。二是消费模式更趋智能化。解放碑—朝天门商圈获评首批全国示范智慧商圈,环球购物中心、来福士购物中心2家商场获评首批全国示范智慧商店;推进实体商业线上线下融合发展,试点建设市级智慧商圈10个、智慧菜场30个。"互联网+社会服务"消费业态持续壮大,网上商场(店)、云家政、云旅游等业态加快发展,2022年全市限额以上批零单位通过互联网实现的商品零售额701.45亿元,较上年增长31.1%。三是"爱尚重庆"消费氛围日益浓厚。以"爱尚重庆·渝悦消费"为主题,实施跨越全年、联动全域、融合全行业的中国(重庆)国际消费节、不夜重庆生活节、成渝双城消费节、网上年货节、汽车消费节等系列主题节庆活动1000余场,营造了全民"乐"享消费、"惠"享消费的浓厚氛围,促进了市场回暖和消费回补。

3. 特色消费品牌加快塑造

发挥"优势",厚植依托重庆历史文化、民俗风情、生态美景等特色元素，商文旅体消费扩容提质、融合发展。一是"不夜重庆"品牌更靓。"大九街"等夜市街区加快发展，渝中洪崖洞、南山壹华里、江北鎏嘉码头等网红夜间经济消费地标提档升级，累计培育夜间经济示范创建集聚区16个、市级夜市街区33条，重庆连续三年位居中国十大夜经济影响力城市榜首。"不夜重庆"品牌活动更加丰富，连续举办四届"夜市文化节"，升级举办三届"不夜重庆生活节"；其中，"2022不夜重庆生活节"期间推动近200场夜间特色主题活动，吸引市民游客超过1.6亿人次，带动销售额超过73亿元。二是"美食之都"品牌更响。"重庆火锅""重庆小面"等特色美食产业链持续壮大，"重庆味道"国际影响力进一步增强。"重庆火锅"遍布全国，并在20多个国家和地区布局开店；重庆6家火锅企业进入全国火锅企业前20名，企业数量居全国之首。重庆11家餐饮企业入选全国前100名，打造美食地标11个，累计培育市级美食街（区）53条（个）、国家美食地标城市9个。2022年评选出首批145道"重庆地标菜"，助力美食名城叫响中国。三是"山水旅游"品牌更优。"大都市、大三峡、大武陵"旅游名片加快打造，网红景点洪崖洞年销售收入过亿元，"山水重庆"开发百余条精品旅游线路，长江三峡游船票年销售超5000万元，奉节白帝城·瞿塘峡2022年获评国家5A级旅游景区。2021年重庆主城都市区、渝东北三峡库区城镇群、渝东南武陵山区城镇群分别实现旅游增加值775.08亿元、189.89亿元、81.45亿元，同比分别增长8.8%、14.1%、12.8%。

（七）生态环境保护取得明显成效

围绕"两高""两地"建设和碳达峰碳中和目标，统筹山水林田湖草系统治理，努力在推进长江经济带绿色发展中发挥示范作用，山水之城"颜值"更高，"气质"更佳，山清水秀美丽之地更加秀美。

1. 生态保护建设持续深化

不断筑牢长江上游重要生态屏障，山清水秀的生态优势加速彰显，"山水之城·美丽之地"魅力持续提升。一是生态保护修复扎实推进。以生态系统性保护修复推动生态环境持续向好，长江上游生态屏障（重庆段）山水林田湖草生态保护修复工程国家试点完成，入选中国十大特色生态修复案例，形成广阳岛、铜锣山、跳蹬河等系列生态名片。长江主干流域营造林绿化、岸线生态修复等工程加快推进，2022年，完成"两岸青山·千里林带"建设50万亩，国土绿化营造林500万亩，全市森林覆盖率达到55.04%（见图2-6），林木蓄积量达到2.6亿立方米。严格落实长江十年禁渔政策，联合四川等周边省份在跨界水域共同开展清理取缔"绝户网"和涉渔"三无"船舶等巡查执法行动。加强生态文明示范创建，累计建成国家生态文明建设示范区6个、国家"绿水青山就是金山银山"实践创新基地5个。二是自然生态多样性更加凸显。加强生物多样性保护，出台全市生物多样性保护行动计划，发布全市2022年珍贵濒危水生野生动物保护计划，协同省际毗邻地区开展自然保护地"绿盾"行动，推进涪陵等16个区县外来入侵物种调查。全市累计建成自然保护区58个，面积达到8040平方千米，占全市面积的9.8%，其中国家级自然保护区7个。创建世界自然遗产地3处，湿地公园26个，黔江阿蓬江、梁平双桂湖、巫山大昌湖入选首批市级重要湿地，国家重点保护陆生野生动物达到112种，野生维管植物6000余种。

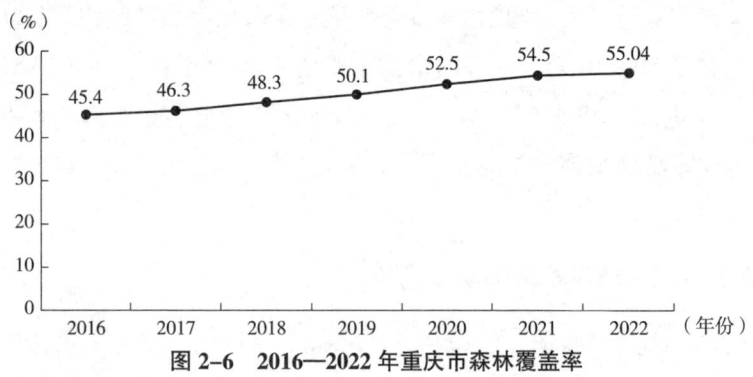

图2-6　2016—2022年重庆市森林覆盖率

2. 减污治污成效显著

坚决打好污染防治攻坚战，保护好碧水蓝天净土，全市公众生态环境满意度在95%以上，人民群众生态环境幸福感、获得感不断提升。一是水环境综合治理持续加强。全面落实长江保护法，坚持把修复长江生态环境摆在压倒性位置，多点发力治理长江水系生态，河流总体水质保持为优，2022年，全市地表水国考断面水质优良比例为98.6%，长江干流重庆段水质持续为优，实现"一江碧水向东流"。全市入河排污口整治率达到80%，192个地表水监测断面Ⅲ类以上水质的占96.4%，65个城市集中式饮用水水源地水质达标率保持100%，城市"清水绿岸"累计达到386.9千米。永川临江河成功入选水利部"幸福河湖"建设项目。二是大气污染防治持续强化。实施"一区一策"精细管控和空气质量精准预报，强化联动治污和区域协作，2022年，全市空气质量优良天数达到332天（见图2-7），同比增加6天，比国家考核目标多4天，空气质量基本指标全部达标，$PM_{2.5}$平均浓度降至31微克/立方米，同比下降9.4%，实现全市"蓝天常驻"。两江新区入选国家气候投融资首批试点城市。三是矿山和固废治理进一步加强。2022年，完成历史遗留矿山和关闭矿山生态修复760万平方米，新增治理水土流失面积350平方千米。全市城市生活垃圾无害化处理率持续保持100%，生活垃圾实现"日产日清"。全面禁止"洋垃圾"入境，全面推进"无废城市"建设，全市创建"无废学校""无废医院"等682个"无废城市细胞"，引领作用逐步凸显。与周边省份固废联防联控机制更加健全，"白名单"制度实施范围扩大至云贵川等地、种类达到32种。截至2022年底，川渝两地纳入"白名单"危险废物审批量超过15万吨，审批时间由1个月以上缩短为5天左右。

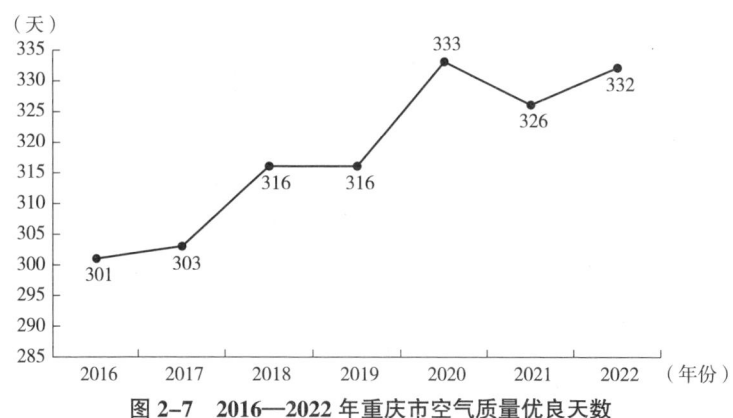

图2-7　2016—2022年重庆市空气质量优良天数

3.绿色低碳发展提速推进

坚持生态优先，绿色发展，加快全市产业和能源结构调整，绿色低碳发展水平大幅提升。一是绿色转型发展加快推进。深入推进重点行业、领域绿色化改造升级，2022年，全市继续加强"两高"项目整改，锰行业落后产能实现全面淘汰，万元地区生产总值能耗比上年下降2.7%，单位工业增加值能耗下降0.8%，节能降耗减排成效持续显现。全年新建绿色工厂78家、绿色园区5个，形成国家级绿色工厂29家、绿色园区3个、绿色设计产品12种、绿色供应链5条，累计分别达81家、8个、60种、8条，绿色低碳发展能力显著增强。在全国率先上线建设项目环境准入自助查询系统，实现项目"云上选线选址"。二是稳步推进碳达峰碳中和工作。制定碳达峰碳中和工作方案，大力推进重点领域节能降碳，上线全国首个生态产品价值实现平台"碳惠通"。2022年重庆碳市场碳排放配额（CQEA）年度成交量75.91万吨，截至2022年底，累计成交量达到1056.72万吨，累计成交额达到9906.70万元。组建全国首个区域性气候投融资产业促进中心，在全国率先将碳排放管理纳入环评和排污许可。制定应对气候变化白皮书，编制形成温室气体排放清单，实现全市区县"全覆盖"。大力发展绿色金融，创建绿色金融改革创新试验区，认定首批绿色金融机构，推动开展碳排放权质押贷款等气候投融资业务超过200亿元。推动两江燃机电厂二期等区域能源绿色低碳转型重点项目建设，全市清洁能源电量消纳占比超过44%。

（八）内陆开放能级加速提升

围绕内陆开放高地建设，深入推进改革开放，对外开放步伐不断加快，开放水平不断提升，营商环境持续优化，重点领域改革蹄疾步稳。

1. 开放型经济高质量发展稳中提质

积极推进贸易促进、补链强链、"渝商出海"等八大行动，多措并举稳外贸、稳外资，扩大国际国内经贸合作，全市开放经济展现出较大发展韧性。一是对外贸易保持平稳增长。在服务业扩大开放、大宗商品进口及新能源汽车、智能手机等国潮商品出口带动下，重庆进出口贸易保持较快增长。2022年，重庆实现进出口8158.35亿元，同比增长2%，居全国第十位；实现出口5245.32亿元，同比增长1.5%，高于全国水平1.6个百分点；实现进口2913.03亿元，同比增长2.9%。其中，对共建"一带一路"国家进出口3331.4亿元。二是外资吸引力持续增强。2022年，全市新增备案外资项目154个，备案总投资额517.84亿元，主要涉及计算机、通信和其他电子设备制造业以及汽车制造业等领域。其中，奥特斯半导体高端封装载板生产基地和康宁玻璃基板熔炉生产线2个外资项目被纳入第五批国家重大外资项目工作专班协调机制，获得国家政策支持。2022年，重庆实际使用外资18.57亿元。其中，中国香港仍是重庆外资主要来源地，占全市外资利用总量的80%左右。从行业看，商贸服务成为外商直接投资的主要来源，占外商直接投资总额的69.45%。三是对外投资保持较快增长。2022年，全市境外投资项目备案33个，较上年增长43.48%，累计投资额约3.82亿美元，较上年增长91.96%。从投资主体看，民营企业继续成为重庆市企业赴境外投资的主力军。民营企业对外投资项目31个、占全市项目总数的93.94%，投资额约3.79亿美元、占全市境外投资项目备案中方投资额的99.08%。从投资领域看，主要覆盖制造业、批发零售、进出口贸易、股权投资等行业。从投资区域看，美国、中国香港、越南是重庆企业主要的境外投资目的地，投资占比约32.26%。2022年重庆市对外投资项目备案情况见表2-1。

表2-1　2022年重庆市对外投资项目备案情况

投资区域	投资额（亿美元）	占比（%）	主要行业	投资方式
东南亚国家	3.07	80.31	制造业、进出口贸易、商业服务	新建、增资
中国香港、新加坡	0.28	7.23	批发零售、进出口贸易	新建、并购
欧美	0.37	9.64	制造业、批发零售、投资管理、游戏开发	新建、并购、增资

2. 对外开放通道平台不断优化拓展

加快推进大通道、大平台、大枢纽建设，开放通道进一步畅通，枢纽平台能级不断跃升，国际交往能力持续提升。一是出海出境大通道更加畅通。西部陆海新通道中老班列实现常态化运行，成功开行中泰、中缅铁公联运班列，新开通线路达到78条，辐射全球113个国家（地区）335个港口，重庆经西部陆海新通道运输14.8万标准箱，增长32%。中欧班列（成渝）号开行超过4000列，占全国开行总量近30%，新增3处境外集散分拨中心，运输线路覆盖欧亚近40个国家超100个城市节点，运输货值、重箱率等主要运营指标继续保持全国前列。开通广安—重庆、南充—重庆集装箱班轮航线，稳定开行泸州港、宜宾港至重庆港"水水中转"班轮，宜宾、泸州至果园港"小改大"

航线逐步加密，累计开行590班次，运输集装箱1051标准箱。二是枢纽平台能级进一步提升。重庆成为拥有港口型、陆港型、空港型、生产服务型四种类型国家物流枢纽承载城市。深化自贸试验区改革探索，创新培育形成工业项目"标准地"出让新模式、"一站式""一体化"移民事务服务体系等创新成果30项，在全市复制推广改革经验案例23项，落户中西部首个国家商标审查协作中心。高标准实施中新（重庆）互联互通示范项目，累计落地政府和商业合作项目234个、总金额252.6亿美元，金融服务项目235个、总金额291.3亿美元，新加坡航空公司（重庆）保税航材分拨中心落地，中新多式联运示范基地建成投运，重庆中新肿瘤医院开诊运营。两路寸滩综合保税区正式调整为两路果园港综合保税区，万州综合保税区正式封关运行。获批中医药服务出口基地和人力资源服务出口基地，重庆国家级服务出口基地实现"零的突破"。三是中西部国际交往中心加快建设。缅甸驻渝总领事馆开馆，驻渝外国领事机构达12家，新增4对国际友好交流城市，高职院校非独立法人中外合作办学机构实现"零的突破"，开放合作的"朋友圈"越来越大。智博会、西洽会、中新金融峰会、陆海新通道国际合作论坛等重大活动国际影响力不断提升。

3. 重点领域改革不断取得积极进展

大力推进更深层次改革，营商环境持续优化，要素市场化配置改革向纵深推进，重点领域和关键环节改革不断取得新突破。一是营商环境创新试点城市建设取得新成效。深化"证照分离"改革，办理涉企经营许可事项63.8万件，惠及企业35.2万户。上线运行"全国中小企业融资综合信用服务平台（重庆站）"，在全国范围内率先实现银政企数据全域互联互通。深入开展经营者集中案件反垄断审查试点工作。深化招标投标领域优化营商环境的做法，被中央全面深化改革委员会办公室作为典型案例在全国推广。二是要素市场化配置改革取得新突破。西部数据交易中心正式投用，顺利完成国企改革三年行动94项重点任务，重庆渝富控股集团、三峰环境集团入选全国国有企业公司治理示范企业，重庆农商行数字化平台、庆铃集团分别入选国务院国资委管理提升标杆项目、标杆企业。毫不动摇鼓励、支持、引导非公有制经济发展，民营经济增加值占GDP比重在59.4%左右。三是社会信用体系建设不断深化。出台《重庆市关于推进社会信用体系建设高质量发展促进形成新发展格局的实施意见》《重庆市公共信用信息服务工作规范》，探索建立违章建筑、政务诚信诉讼执行等信用管理机制。持续优化市公共信用信息平台枢纽功能，各类信用信息归集量超过5.5亿条。建成并上线"信易贷·渝惠融"平台，累计成功授信金额21.83亿元。推动在"渝快办"政务服务平台上线告知承诺服务专区，全市累计办理告知承诺事项超过21万件。

（九）城乡融合发展积极推进

重庆工农互促、城乡互补、协调发展、共同繁荣的新型工农城乡关系加快构建。2022年重庆市城乡居民人均可支配收入35666元，增长5.5%，城乡居民收入比由2020年的2.45∶1缩小至2.36∶1。

1. 城乡要素流动更加通畅

城乡要素自由流动有利于劳动力等要素流向城市、推进新型城镇化，也有利于高端要素回流乡村、促进乡村振兴。重庆完善要素市场化配置体制机制，城乡要素自由流动和平等交换加快实现。一是城乡人口迁徙制度加快建立。全面放宽城市落户条件，取消普通劳动者务工年限（2~3年）限制，允许符合条件的返乡就业创业人员在原籍地或就业创业地落户，2021年，全市办理非户籍人口落户城镇50.3万人，其中农业转移人口27.2万人。市内跨区县、跨乡镇街道流动人员保持较快增长，2022年市内流动人口达1139.76万人，占全部流动人口的64.6%，比2021年增加16.21万人，增长1.4%。二是土地制度改革更加深入。推动农民土地所有权、承包权和经营权确权颁证，基本完成集体资产股份合作制改革和村级集体经济登记赋码。探索建立农村产权交易合作机制，截至2022年底，重庆土交所公司累计交易地票36.9万亩、724.42亿元；累计组织农村实物产权流转交易112.77万亩、40.85亿元，开展农村产权抵押融资交易11.02万亩、19.87亿元。三是城乡发展资金保障更加有力。创新推出"信易贷·渝惠融""渝快保"等普惠金融线上应用服务场景，推出"富民贷""渝快振兴贷""江津花椒贷""巫山脆李贷"等金融产品，实现中小微企业和新型农村经营主体的融资需求与银行信贷产品的自动撮合对接。制定乡村振兴青年贷、农村产权抵（质）押融资风险补偿等政策，发起支农产业子基金6只、规模近30亿元。延续脱贫人口小额信贷政策，确保脱贫人口应贷尽贷。重庆市财政衔接资金用于产业发展的比重高于全国平均水平。

2. 城乡公共资源均衡配置步伐加快

促进城乡公共资源均衡配置，是破除城乡二元结构的关键之举，也是城乡居民共享现代化建设成果的必然选择。重庆着力推动城市基础设施和公共服务向乡村延伸覆盖，城乡公共服务质量和治理水平逐步提升。一是城乡一体化规划体系更加完善。统筹编制《重庆市国土空间总体规划（2021—2035年）》、区县空间规划和村庄规划，提升村庄编制质量，实现区县乡村功能衔接互补，全市8015个行政村管控型规划实现"应编尽编"。坚持国土空间唯一性，强化底线约束，统筹布局农业、生态、城镇等功能空间，科学划定"三区三线"，重庆成为率先通过审查并获准正式启用"三区三线"划定成果的10个省市之一。二是城镇基础设施加快向乡村延伸。建成全国首个5G新型基础设施大数据平台，实现所有区县重点区域和部分重点乡镇广覆盖，每万人拥有5G基站数（13.46个）居西部第一、全国第六。水电路气信实现城乡全覆盖，高速公路实现县县通、通车里程突破4000千米，建成"四好农村路"7万千米，行政村客运通达率、邮政快递覆盖率和自然村宽带覆盖率均达到100%。实施"绿色家园"建设工程，推进"千村宜居"计划，累计建成宜居村庄1239个，农村卫生厕所普及率、行政村垃圾治理率分别达到84.2%、100%。三是城乡基本公共服务普惠共享。推行义务教育阶段教师"县管校聘"，义务教育基本均衡发展区县实现全覆盖，2022年义务教育巩固率达到95.7%。医共体"三通"试点实现全市全覆盖，行政村卫生室标准化建设稳步推进。2022年城乡养老保险、基本医保参保率分别达到97%、99.7%，城乡社区居家养老服务实现全覆盖。全面推行规划师、建筑师、工程师和艺术家"三师一家"下乡，乡村建设人才、技术支撑更加有力。

3. 城乡产业融合发展成效明显

产业是推进新型城镇化、促进城乡融合发展的重要支撑。重庆积极搭建城乡产业平台、构建多元化乡村经济，城乡产业融合取得积极成效。一是城乡产业平台功能优化提升。建成8个国家现代农业产业园、30个国家级农业产业强镇、60个市级农民工返乡创业园区，累计培育7个100亿级、8个50亿级农产品加工业示范园区（基地），为乡村产业高质量发展奠定了基础。2021—2022年全市累计有7个区县成功入选农业农村部等部委发布的农业现代化示范区名单，潼南、永川、万州、涪陵、梁平、荣昌6区成功入选首批国家农村产业融合发展示范园创建名单。二是乡村经济提质增效。乡村产业加快发展，累计发展柑橘、榨菜、柠檬等优势特色产业3200余万亩，创建脆李、榨菜、柑橘、柠檬、荣昌猪5个国家级优势特色产业集群。开展农村致富带头人培养行动，引导农民工返乡就业创业累计31.2万人次，累计培育高素质农民22.2万人，累计发展家庭农场3.3万个、农民合作社3.7万个，累计培育农业生产社会化服务组织11052个。三是特色小镇规范健康发展。制定出台《重庆市促进特色小镇规范健康发展的实施方案》，公布《2022年度重庆市特色小镇清单》，正式命名荣昌安陶特色小镇、忠县新立柑橘特色小镇，其中荣昌安陶特色小镇建设经验获全国推广；万州甘宁农科特色小镇、涪陵816小镇等20个特色小镇入选"创建类"重庆市特色小镇。

（十）公共服务质量显著提升

全市不断优化基本公共服务资源的配置模式，持续深化川渝交流合作，全力推动成渝地区双城经济圈公共服务共建共享，教育、医疗、养老、社保等与人民息息相关的民生事业稳步推进，公共服务质量水平显著提升。

1. 高质量教育体系建设加快推进

以办好人民满意的教育为目标，努力破解人民群众急难愁盼教育问题，以签署协议、召开研讨会、教师交流、联合培训、项目合作等形式，推进两地互鉴互学交流合作，促进川渝优质教育资源共建共享。重庆市教育投入大幅增长，2022年全市人均一般公共预算教育支出达到2558.89元，较上年增加3.41%，教育公平惠民取得新成效。一是基础教育质量实现新突破。全市基础教育阶段升学率和入学率均保持较高比例，学生受教育机会稳步提升，2022年全市学前教育毛入园率达到92.35%，普惠性幼儿园覆盖率达到93.99%，九年义务教育巩固率达到95.79%，高中阶段教育毛入学率达到98.99%。小学、普通初中每一教师负担的学生数均比上年下降0.2人，基础教育阶段师生比进一步下降，基础教育阶段教师队伍结构不断优化，中小学校教师研究生学历教师占比逐步提高。持续加强成渝两地教学共研共进，积极搭建互鉴展示平台，为两地基础教育协同高质量发展提供了多元渠道。二是现代职业教育体系建设步伐加快。随着新版《中华人民共和国职业教育法》于2022年5月开始施行，通过推进普职融通等制度设计，真正实现职业教育从"层次教育"到"类型教育"转变，重庆市立足职业教育优势和特色，印发《重庆市推动现代职业教育高质量发展若干措施》，加大供给增强保障，积极探索高素质技能人才培养，促进产教融合发展。2022年全市职业院校总数达到214所，在校生规模达到98.1万人，比2017年增长近30万人。建成国家示范中职学校30所，国家优质、骨干、示范高职院校11所，10所高职院校入选国家"双高计划"，数量居全国第6位、西部第1位。三是高等教育质量提升全面推进。2022年全市高等教育学校数达到75个，高等教育毛入学率达到62.6%，超过全国平均水平（全国为59.6%），每十万人口中在校大学生达到3837人，超过全国平均水平9.32%（全国为3510人）。重庆市普通高等学校专任教师人数达到5.53万人，学历水平基本是硕士、博士。2022年印发《重庆市高等教育事业发展"十四五"规划（2021—2025年）》，聚焦推动高等教育内涵发展、构建完善高水平人才培养体系、引领高水平科技创新中心建设、提升高等教育发展效能等七大主要任务，全力促进重庆市高等教育核心竞争力和综合实力提升。2020—2022年重庆市教育医疗发展情况见表2-2。

表2-2 2020—2022年重庆市教育医疗发展情况

年份	幼儿园师生比	普通小学师生比	普通中学师生比	每万人拥有执业（助理）医师数量（人）	每万人拥有注册护士数量（人）
2020年	—	1∶15.50	1∶14.29	27.65	34.10
2021年	1∶16.06	1∶15.24	1∶13.20	28.68	35.49
2022年	1∶15.44	1∶15.16	1∶13.49	29.44	36.52

2. 医疗卫生服务供给质量大幅提高

全市坚持以提高居民健康水平、促进人口均衡发展为目标，高度关注民众生命和健康，不断促进公共医疗卫生供给能力提升，推动城乡居民健康水平持续提高。2022年全市人均一般公共预算卫生健康支出达到1509.09元，较上年增加13.34%，医疗卫生供给大幅提高。一是卫生基础不断巩固。2022年全市卫生医疗机构（含村卫生室）数量达到2.23万个，比上年增加900个，医院卫生院数量达到1667家，全市医院卫生院床位数提高至25.08万张，同比增长1.90%，每千常住人口编制床位、实有床位分别为6.62张、7.81张，较上年分别增加0.13张、0.32张。全市卫生技术人员25.28万人，同比增长3.56%，其中执业（助理）医师9.46万人，同比增长3.17%。全市每千常住人口执业（助理）医师数、注册护士数分别为2.94人、3.65人，较上年分别增加0.07人、0.10人。二是促进健康水平持续提高。2022年全市人均预期寿命已达78.56岁，孕产妇死亡率下降到7.56/10万，住院分娩率达到99.93%，总体优于全国平均水平。2022年甲乙类传染病报告发病率227.06/10万，卡介苗、脊髓灰质炎、百白破、含麻疹成分、乙肝、甲肝、流脑及乙脑等8种国家免疫规划疫苗接种率均在95%以上。三是医疗服务水平提升。全市医疗服务能力持续增强，公共卫生服务水平和效率得以进一步提升。2022年全市医疗卫生机构总诊疗1.97亿人次，全市医疗卫生机构出院人数为728.16万人，居民医疗卫生服务需求满足程度大幅提高。全市医师人均每日担负诊疗7.7人次，较上年减少0.2人次，全市医师日均担负住院2.0床日，较上年减少0.1床日，全市病床使用率整体下降，医院病床使用率下降到73.60%，较上年减少2.74%。

3. 公共文化体育供给能力持续提升

坚持以高质量发展为导向和标准，不断完善公共文化、公共体育服务体系，满足民众公共文化和体育新需求的能力显著增强。一是公共文化产品供给不断丰富。全市不断加强公共图书馆、文化馆、博物馆、美术馆等文化设施服务能力建设，2022年重庆市拥有公共图书馆43家，总藏量达到2727.01万册，增长16.5%，图书总流通人次1552.1万人次，增长5.9%；全市新增博物馆、纪念馆19个，博物馆参观人次1690.9万人次，增长200.7%。重庆市围绕自身文物资源特色和优势，不断促进历史文化遗产保护提质发展，努力实现历史文化遗产创造性转化、创新性发展，曾家岩文化客厅完成布展并对外开放，红岩文化公园二期项目加快推进，"红色三岩"提升项目获评"全国革命文物保护利用十佳案例"。二是公共体育提质扩面取得新突破。全市积极倡导健康生活理念，促进体育场地设施网络不断健全，体育场地个数和面积实现快速增长，2022年全市拥有体育场地14.53万个，比上年增加0.87万个，全市体育场地面积达到7291.37万平方米，比上年增加616.37万平方米，人均体育场地面积2.27平方米，年均增长9.13%。全市围绕提升满足群众多样化健身需求能力，推动各类型体育活动、赛事成功举办。铜梁开展自行车骑行、农民丰收节、农民运动会等群众活动，结合端午、重阳等节假日举行龙舟、太极拳、武术展演等传统体育活动，让村民在家门口体验体育运动。南川依托金佛山布局高山滑雪、登山赛、自驾露营、攀岩、泉水漂流等运动项目，建成户外运动拓展基地5个、森林康养运动基地2个，金佛山绳索救援赛荣获"全市体育旅游精品赛事"。

4. 多层次社会保障体系更加健全

全市围绕民生大局，充分发挥社会保障在促进社会公平、维护社会稳定、增进社会和谐中的重要作用，推动全市城乡居民社会保障体系进一步完善，居民生活不断改善，民生福祉达到新水平。一是全力确保就业形势总体稳定。2022年全市城镇新增就业71万人，完成全年目标的117.8%；全年城镇调查失业率平均值控制在5.5%以内，全市就业形势总体稳定。动态集成全市2100余万劳动力就业需求及100万余户企业用人需求，培育劳务经纪人、就业导师等2.6万人，建成零工市场（驿站）74个。发放创业担保贷款56.9亿元，扶持创业3万余人，带动就业10万人。发布急需紧缺职业技能培训工种目录，覆盖1.5万余家企业，数据样本涵盖招聘求职人数超100万人。二是兜底民生保障行稳致远。2022年全市城乡养老、失业、工伤保险参保人数分别达到2572万人、614万人、752万人，城乡养老保险参保率达到97%，同比提高2个百分点；城镇职工与城乡居民养老保险参保结构优化为56∶44；社会保障卡持卡人数达到3590万人，累计签发电子社保卡1593万张。三是聚人才成效显著。2022年引进人才6.3万人，同比增长6.8%；新招博士后1066人，同比增长5%，全市专技人才达到218万人，高、中级职称占比达50%，全市技能人才达到503万人，高技能人才占比增至31.4%，居西部领先水平。全国首家国家级数字经济人才市场建设稳步推进，建成北碚、巴南、永川、两江新区4个分市场，建设全国首个"智能+技能"数字技能人才培养试验区，培育数字技能人才5万人，全市数字技能人才达到66万人。四是社会养老体系建设进展良好。全市加快建设以居家为基础、以社区为依托、以机构为补充的医养相结合的养老服务体系，2022年底，全市拥有养老机构1633所，城乡社区养老服务设施分别为3132个、7961个，养老服务床位23万张，街道、社区基本实现养老设施全覆盖。在街道社区养老服务设施分类建立基本养老服务清单，试点开展助餐、助浴、助医"三助"行动，开办"中央厨房"，开通"助浴快车"，不断补齐农村养老服务体系短板，依托乡镇敬老院或利用农村现有资源，推进乡镇养老服务设施建设改造升级，打造农村"集中供养+社会养老"平台。五是住房保障扎实推进成效显著。全市持续提升住房保障水平，不断扩大保障性租赁住房供给，促进实现人民群众住有所居，2022年全市累计筹集保障性租赁住房19.4万套，建立"渝快租"租赁管理服务平台，确保分配领域更加科学、到位。聚焦着力解决新市民、青年人等群体住房困难，努力探索租赁住房新发展模式，围绕产城融合人才配套需求，利用产业园区存量闲置房屋盘活城西家园、金凤佳园人才公寓，利用同一小区内零散房源建立集散式保障性租赁住房，推出江北"CCB建融家园·城市经典"项目。

二、重庆市推动双城经济圈建设存在的主要困难和问题

三年来，重庆市始终把双城经济圈建设作为头等大事来抓，双城经济圈建设取得了实实在在看得到的成效。对照党中央要求、习近平总书记嘱托和成渝人民期盼，双城经济圈建设短板制约依然较多。

（一）重庆都市圈极核效应有限

目前，重庆都市圈对比其他国家级都市圈，"撒胡椒面""摊大饼式"

发展现象比较明显，城际轨道交通建设滞后，极核辐射带动作用较弱。一是体量总体偏小。2022年，重庆都市圈GDP总量约2.38万亿元、常住人口2446.52万人，与南京都市圈、成都都市圈、武汉都市圈等国家级都市圈存在明显的差距。二是核心能力不强。中心城区GDP占比较成都、武汉都市圈小。主城都市区作为重庆都市圈主要人口承载地，2022年人口仅增加4.09万人，低于成都都市圈6.5万人的增量，且近三年迁往成都的户籍人口较成都迁入人口多。三是对外辐射带动作用不足。重庆都市圈中心城区产业能级不高，外溢意愿较低，中心城区与主城新区产业梯次布局不明显。"一小时"通勤圈尚未形成，中心城区至永川、南川等市域铁路正在建设，广安融入重庆都市圈轨道建设滞后。

（二）区域中心城市带动能力不足

都市圈城镇结构不优，次级城市培育不足，带动能力欠佳，影响了中心城区功能聚集和辐射带动作用传递。一是区域中心城市定位缺失。重庆以直辖市的体制治理中等省架构，但由于直管38个区县，城镇体系中区域中心城市定位模糊，尚无明确区域中心城市定位，导致资源配置相对分散。二是次级城市较弱。全市除重庆都市圈外仅万州GDP过千亿元，缺乏100万～200万人口的次级城市，城市首位度较高，达到13。广安虽然定位为重庆都市圈北部副中心，但经济总量不足1500亿元，城市梯度发展不均衡，城镇体系短板十分明显。三是功能互补性不强。渝西地区各个城市功能、城市定位相似度较高，产业集聚、信息交流、物资集散、研发创新、交通转换等区域功能缺乏，区域公共服务能力较弱，经济吸引力和辐射力无法对相邻周边区域形成有效带动。

（三）产业发展水平有待提升

产业链价值链整体依然处于中低端，供应链不稳定问题依然突出，制约产业发展。一是主导产业"大而不强"。四川已有2个规模上万亿级的产业集群，而重庆规模最大的电子信息产业产值仅7000亿元，距离万亿级规模差距较大；规模第二的汽车产业产值仅4500亿元。龙头企业偏少且带动性不足，市值过千亿元的企业只有2家，低于四川的4家。二是产业质量有待提升。汽车、电子信息等主导产业关键基础装备、基础元器件、基础原材料等本地配套不足，关键核心零部件对外依存度高，难以形成资源配置和产业重构"主导权"。由于疫情和国际地缘政治等因素的影响，芯片、关键零部件等供应持续紧张，产业链供应链存在断链隐忧。工业企业利润不高，2021年重庆工业企业营收利润率为6.8%，低于四川1.5个百分点；2022年重庆规模以上工业企业利润总额比2021年下降9.1%。三是服务业发展层级偏低。2022年，全市服务业增加值1.54万亿元，约为四川的1/2，对国民经济增长的贡献率为39.2%。附加值较高的生产性服务业占比略超50%，有待提高。金融业区域性总部集聚数量以及文旅人均消费明显低于四川。

（四）交通内畅外达能力仍需提升

交通运输发展不平衡不充分问题明显，对内对外联通水平较低。一是高铁、铁路建设相对滞后。"米"字形高铁网形成任重而道远，渝昆高铁建设进度全面落后，渝西高铁仍未实质性开工，渝汉高速铁路、兰渝高速铁路处于前期研究阶段。2022年重庆铁路路网密度337.5千米/万平方千米，高铁密度131千米/万平方千米，远低于北京、天津、上海等省市。二是航线网络覆盖面和通达性不高。基地航空建设、国际航线航权分配和时刻资源释放等在西部地区仍处于劣势，重庆第二国际机场处于规划阶段，毗邻地区航空客流虹吸现象较为严重。截至2022年底，重庆江北国际机场累计开通国际及地区航线109条，低于成都双流国际机场的130余条。三是长江黄金水道功能发挥受到限制。三峡船闸常态化拥堵现象突出，部分港区集疏运条件不完善，川渝航运合作尚未实质性开展，多次转运增加物流成本，抵消水运价格优势，"最后一公里"问题亟须解决。2022年重庆水路货物运输总量2.17亿吨、货物运输周转量2513.22亿吨千米，明显低于长江中下游省市。四是城际铁路、市郊铁路建设较为薄弱。核心城市与周边城市间轨道交通公交式运营的快速轨道交通线网仍是空白，干线铁路、城际铁路、市域（郊）铁路和城市轨道交通"四网融合"发展不够，客货枢纽转换不便。2022年轨道交通运营里程501千米，低于成都、深圳等城市。

（五）创新驱动能力较弱

全市创新要素资源依然缺乏、创新能力相对较弱，协同创新政策和机制有待完善，区域网络化的创新链体系尚未完善。一是战略科技力量仍然缺乏。目前全市仅有一个国家重大科技基础设施储备项目，国家实验室、中国科学院科教基础设施尚未实现零的突破。全市仅10家国家重点实验室，远少于四川（16家）、北京（106家）、上海（31家），仅2所"双一流"高校，远低于成都（8所）、北京（34所）、上海（15所）。缺乏像北京量子信息科学研究院、上海李政道研究所等聚焦"四个面向"与国际接轨的一流新型研发机构。全市R&D经费投入强度仍未达到全国平均水平（2.55%），远低于北京、上海等发达城市。二是创新平台空间领域布局不优。在空间布局上，向西部（重庆）科学城、两江协同创新区和广阳湾智创生态城等创新核心承载区聚焦不够；在领域布局上，围绕"智能科技、生命科技、低碳科技"三大主攻方向，聚焦战略性新兴产业培育、传统产业转型升级和未来技术布局不够。科技公共服务平台布局不够，对科技公共服务平台的投入很少，科技公共服务平台未列入科技创新基础设施项目支持序列，大型科技公共服务平台缺乏，服务支撑行业企业能力偏弱。三是科技攻关组织机制不够完善。关键核心技术攻关聚焦重点不明确，项目设置碎片化，专项设置较为分散，专项项目定位和使命导向不明确，重大任务聚焦不足，科技创新资源较为分散，资金投入不足且形式相对单一。科技资源配置的系统性、针对性、有效性还有待提升，科研项目组织实施的协同联动还不足，部门之间、区域之间联合组织攻关的机制还不够完善。四是企业创新主体作用发挥不够。企业科技创新主体作用发挥还不够，科技型骨干企业在创新需求、资金投入、研发组织、成果转化等方面主导作用不够明显，2022年组织实施的重大（重点）科研专项中企业牵头项目仅占53.31%。目前全市科技创新关注传统产业转型升级的较多，针对性提升对战略性新兴产业和未来产业的科技创新支撑还不够，如2022年大数据智能化方向重大（重点）专项项目立项数量仅占年度市级科技计划项目数量的19.9%。京沪渝三地主要创新资源比较见图2-8。

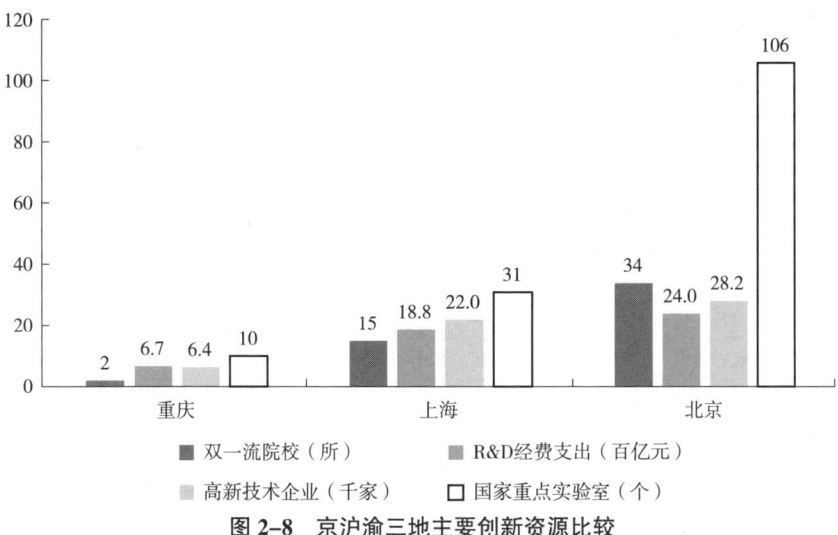

图 2-8 京沪渝三地主要创新资源比较

(六)生态保护任务繁重

推动成渝地区双城经济圈建设以来,川渝生态协同共保路径不断夯实,重庆生态环境质量得到较大改善,但仍以阶段性成效为主,生态保护整体处于负重前行阶段,生态保护任务仍然艰巨。一是产业结构低碳转型面临较大挑战。重庆化工、建材等高耗能高污染高排放制造业占比较大,大部分地区偏重的工业结构格局和传统农业生产方式仍未彻底改变,战略性新兴产业、新赛道经济等布局不足,未来全面推进传统产业的绿色转型升级任务艰巨。全市公路货运比例较高,铁路和水运货运量占比相对较低,造成汽车尾气处于较高水平,交通运输结构有待优化。部分地区产业用地结构不尽合理、有待优化,资源环境承载能力已经达到或接近上限。二是部分地区环境基础设施建设短板明显。重庆整体处于西部经济欠发达地区,大城市带大农村发展模式显著,民族地区、革命老区、山区分布较广。部分小城镇、广大的农村地区,环境基础设施建设欠账较多,短板明显,难以依靠自身财力补齐短板。山区农村居住相对分散,环境基础设施配套难度大,生活污水收集和处理能力不足,污水收集管网建设亟待加强,污水无害化处理设施配套不足,生活垃圾分类、收集体系亟待健全。三是环境协同保护有待深化。从现状看,川渝生态环境共建共享主要集中在毗邻地区,有关合作尚处于起步实施或加快推进阶段,生态环境保护协同发展机制亟待固化深化。随着成渝地区双城经济圈工业化、城镇化的加速推进，发展保护与发展的长期矛盾和短期问题交织，对基于行政区域的生态环境治理机制，实质性推动区域一体化治理和保护提出了更高的要求。2019—2022年重庆市部分污染物排放情况见表2-3。

表2-3　2019—2022年重庆市部分污染物排放情况

指标	2019年	2020年	2021年	2022年
废水排放总量（亿吨）	12.15	15.26	15.02	—
废气中二氧化硫排放量（万吨）	7.5	6.75	5.06	—
一般工业固体废物产生量（万吨）	2729.9	2272.14	2267.26	2462.75
危险废物产生量（万吨）	72.03	83.53	97.2	—

数据来源：2019—2021年《重庆市环境统计年报》，2022年数据来自《2022年重庆市生态环境状况公告》。

三、2023年重庆市推动双城经济圈一体化发展的总体思路

（一）基本思路

推动成渝地区双城经济圈建设战略实施以来，全市上下深入学习贯彻习近平总书记重要讲话精神，牢固树立一盘棋思想和一体化发展理念，把成渝地区双城经济圈建设作为头等大事来抓，全面贯彻党中央决策部署和《成渝地区双城经济圈建设规划纲要》，双城经济圈建设起步扎实、开局良好，实现了许多看得见、摸得着的可喜变化。在党的二十大胜利闭幕后不久，在成渝地区双城经济圈建设跨过三周年、市委六届二次全会精神全面贯彻落实之际，市委在春节后上班第一天，召开重庆市建设成渝地区双城经济圈工作推进大会，把推动成渝地区双城经济圈建设作为"一号工程"和全市工作总抓手总牵引，既为新时代新征程建设社会主义现代化新重庆提供了强大动力，也给不断推动成渝地区双城经济圈建设走深走实注入了新的活力。

2023年，重庆市推动成渝地区双城经济圈一体化发展，必须以习近平新时代中国特色社会主义思想为指导，全面贯彻党的二十大精神，完整、准确、全面贯彻新发展理念，深化落实《成渝地区双城经济圈建设规划纲要》，把成渝地区双城经济圈建设放在中国式现代化的宏大场景中认识把握，胸

怀"国之大者"、增强历史担当，紧扣"两中心两高地"战略定位，以建成高质量发展高品质生活新范例为统领，谋划好重庆市推动成渝地区双城经济圈建设的"四梁八柱"，更好地服务国家区域发展大局、内陆改革开放大局、长江经济带绿色发展大局、促进共同富裕大局，聚焦重点、聚焦共性、聚焦共赢，抓好双核引领、区域联动和全面合作，推动成渝地区双城经济圈建设取得更大突破性进展，努力建设经济实力更强、发展活力更足、国际影响力更大的双城经济圈，在唱好"双城记"、共建经济圈上扛起新使命、谱写新篇章。

必须牢记"国之大者"。推动成渝地区双城经济圈建设，是党中央交办给川渝两省市的"国之大者"。牢记"国之大者"，必须胸怀大局，深刻领会把握习近平总书记重要指示精神和党中央重大战略部署，全面学习贯彻落实党的二十大精神，深化认识、凝聚共识，按照市委关于把成渝地区双城经济圈建设作为"一号工程"和全市工作总抓手总牵引的决策部署，统一思想、统领全局、统揽工作，奋力推动成渝地区双城经济圈建设走深走实。

必须谋好"四梁八柱"。柱立则墙固，梁横则屋成。重庆要在推动成渝地区双城经济圈建设上干出新业绩，必须紧扣现代化建设大局，结合重庆实际，在"两中心两高地"战略定位框架下，努力实现西部地区高质量发展排头兵、具有全国影响力的科技创新基地、内陆省份改革开放探路先锋、高品质生活示范区"四大定位"，努力在培育建设现代化重庆都市区、提速建设现代化基础设施网络、构建现代化产业体系、推进更高水平改革开放、推动城乡融合发展、强化生态环境保护等重点领域实现更大突破、取得更大成绩。

必须加快形成具有重庆辨识度的标志性成果。推动成渝地区双城经济圈建设，必须树立世界眼光、围绕国家大局、立足重庆实际，以重大标志性成果为牵引，不断探索、加快实践，争创制度优势，提升治理效能，打造硬核成果，加快形成具有中国气派和重庆辨识度的重大标志性成果，努力做好榜样、当好示范、树好标杆，逐步形成可复制、可推广的成功经验，为全面推动成渝地区双城经济圈建设发挥示范带动作用，推动党的二十大精神在全市落地生根、开花结果，更好地服务国家区域发展大局、内陆改革开放大局、长江经济带绿色发展大局、促进共同富裕大局。

（二）发展目标

2023年是全面贯彻落实党的二十大精神的开局之年，也是成渝地区双城经济圈乘势而上加快现代化建设的关键之年。必须坚决扛起服务国家发展全局的时代使命，全面贯彻党中央决策部署，围绕"两中心两高地"战略目标，把双城经济圈建设作为"一号工程"和工作总抓手总牵引，认真落实《重庆市推动成渝地区双城经济圈建设十项行动（2023—2027年）》，加强与四川全方位合作，争当西部地区高质量发展排头兵、打造数字化引领重要科创基地、勇当内陆省份改革开放探路先锋、创造高品质生活，推动双城经济圈建设取得更多标志性成果，奋力打造带动全国高质量发展的重要增长极和新的动力源。

区域联动质量快速提升。主城都市区极核引领行动深入实施，现代化国际大都市建设取得重大进展，发展能级和综合竞争力进一步提升，创新之城、开放之城、便捷之城、宜居之城、生态之城、智慧之城、人文之城建设步伐加快，具有国际影响力的活跃增长极和强劲动力源作用开始显现。广安加快融入重庆主城都市圈建设，重庆都市圈建设取得突破性进展。川渝毗邻地区融合发展、一体发展态势良好。

现代化产业体系加快构建。支柱产业转型升级步伐加快，战略性新兴产业规模加快提升，产业数字化纵深发展，数字产业化持续提速，国家重要先进制造业中心、西部金融中心、成渝现代高效特色农业带建设成效明显，产业链供应链体系完整性和抗风险能力显著增强，市场竞争力强、可持续的现代化产业体系加快构建。

西部陆海新通道建设取得重大突破。西部陆海新通道物流和运营组织中心、国际物流中转集结中心、国际供应链产业链组织中心、高层次全方位开放平台等功能作用进一步完善，跨区域综合运营平台加快培育，"13+2"省区市组织体系和议事规则进一步完善。统筹衔接中欧班列（成渝）、长江黄金水道，探索开展通道物流全程一体化衔接组织，线路、班次对接和信息共享等取得重大进展，推行多式联运"一单制"，通道联运组织效率显著提升。

人民生活水平显著提升。创造高品质生活是现代化新重庆建设的出发点和落脚点。人的全生命周期公共服务优质共享取得重要进展,人文关怀体现到城乡每个角落,公共服务标准化便利化水平进一步提升,"川渝通办"能通则通、应通尽通,合力推进跨省市通办提质扩面,努力实现从"能办""通办"向"易办""好办"的全面升级,人民群众的获得感、幸福感、安全感、认同感不断增强。

四、2023 年重庆市推动双城经济圈一体化发展的重点任务

(一)提升区域协调发展水平

以成渝地区双城经济圈建设为统领,加快主城都市区建设,进一步增强中心城区极核功能,着力提升渝西地区综合承载能力,强化山区库区协同联动发展,加快形成"一区"带"两群"联动协调发展新格局。

1. 增强中心城区极核整体效能

充分发挥两江新区、重庆高新区、重庆经开区等核心引擎作用,引领集聚科技创新、先进制造、现代服务和国际交往等高端功能,推动中心城区全面高质量发展再上新台阶,提升"强核"整体效能。一是提升产业能级。瞄准价值链创新链产业链高端环节,培育壮大数字经济、智能经济、枢纽经济、门户经济等新业态,构建以现代服务业为主体、先进制造业为支撑的现代化产业体系。高标准建设西部金融中心,实施"智融惠畅"工程和上市企业"千里马"行动,建设江北嘴—解放碑—长嘉汇金融核心区,吸引境内外金融机构布局区域总部,争取陆海新通道股权投资基金等重大金融项目落户。二是提升创新能级。加快建设具有全国影响力的科技创新基地,着力在"壮主体、建平台、重创新、优环境"上下功夫,统筹布局重大科技基础设施、新型科研机构、产业创新转化平台、创新专业服务机构,做优做强两江协同创新区、西部(重庆)科学城等创新平台,持续增强高端技术、人才等要素配置能力,扩大科技开放合作,着力构建产业链、创新链和生态链。三是提升开放能级。加快建设中西部国际交往中心,持续提升国内外会展活动承载能力,高水平办好智博会、西洽会、"一带一路"科技交流大会和陆海新通道国际合作论坛等国际会议,积极承办国家元首外交活动,吸引更多国家(地区)和国

际组织来渝设立领事、商务和办事机构，打造城市品牌、提升城市影响力。

2. 推动渝西地区一体化高质量发展

渝西地区是推动主城都市区做大做强的战略引擎，是建设社会主义现代化新重庆的战略平台，是助推成渝地区建成强大战略后方的战略抓手。要以一体化高质量发展为导向，统筹区县城、小城镇、乡村建设，推进城乡融合发展。一是推动以区县城为重要载体的城镇化建设。强化与中心城区通勤便捷、功能互补、产业配套，有效承接中心城区非核心功能转移，快速集聚产业、吸纳人口、完善功能。加快农业转移人口市民化，健全配套政策体系。加快扩容提品质，补齐产业配套、市政公用、公共服务短板，加速治理体系和经济社会发展数字化变革。推动完整社区建设，集成完善养老、医疗、托育等服务功能。二是重塑小城镇连接城乡、服务"三农"功能。坚持分类引导、精准施策，因地制宜培育发展一批以文化旅游、农产品加工、商贸物流等为特色的专业功能镇。支持有条件的小城镇发展成为区县域副中心。稳慎有序探索乡镇行政区划调整改革。研究实施"强镇带村"工程，引导农村人口适度集中居住、促进农村土地适度规模经营。三是以城乡融合助力乡村振兴。深化农村改革系统集成，纵深推进国家城乡融合发展试验区重庆西部片区建设。推动社会资本、技术、人才等优质资源要素下乡进村，培育一批"新农人""农创客"。加快实施宜居宜业和美乡村示范创建行动，健全"四治融合"乡村治理体系，大力推进"数智乡村"建设。

3. "一县一策"推动山区库区强县富民

山区库区既是重庆高质量发展的短板之处，更是最大潜力所在。要实施"小县大城、强镇带村"新型城镇化建设行动，优化城镇空间布局，提升城乡功能品质，促进山区库区城乡融合和区域协调发展。一是大力建设现代化区县城。支持万州等综合实力强、发展潜力大的区县城高标准建设现代化城市，推动万开云板块同城化发展，突出江峡山地、民俗文化、生态宜居等城市特质，塑造山水相依的城市风貌，打造一批富有山区库区特色的韧性城市、海绵城市。深化垫江、忠县、彭水等新型城镇化建设示范，推进老旧小区和棚户区改造，补齐区县城产业配套、市政公用、公共服务等设施短板。二是培育特色名镇强镇。充分发挥衔接城乡功能作用，支持有条件的镇开展"强镇带村"示范试点，分类引导小城镇发展，增强小城镇连接城乡、服务乡村功能。顺应人口流动变化趋势，推动区县城基础设施和基本公共服务有序向小城镇延伸覆盖，因地制宜培育以文化旅游、农产品加工、商贸物流等为特色的专业功能镇，打造人口和产业集聚的区县域副中心。三是打造宜居宜业和美乡村。分类推进实施"五村"行动，调整一批"空心村"、保护一批"特色村"、壮大一批"千人村"、培育一批"亿元村"、探索一批"共富村"。一体化推进路、水、电、通信、物流"五网"规划建设，推行国家农业绿色发展先行区统一管护。深入实施数字乡村发展行动，逐步推进乡村信息基础设施建设、农业生产数字化转型，打造一批"数智乡村"。

（二）基础设施网络

围绕发挥双城经济圈基础先行作用，稳步实施重大项目，加快推进基础设施互联互通。

1.持续推进交通基础设施建设

全面推进交通强市建设，着力打造"铁公水空"四式、"东南西北"四向、"通联畅速"四优的骨干交通网。一是持续畅通对外大通道。尽快启动建设渝西高铁，开工建设渝宜高铁，提速推进渝湘高铁黔江至吉首段前期工作。投用巫溪至镇坪高速公路。实施江北机场T3B航站楼及第四跑道建设工程，积极推进重庆新机场前期工作、万州机场航站楼扩建工作。开展乌江白马至彭水航道整治等工程。二是加快打造川渝通道集群。加快建设成渝中线、成达万、渝昆等高铁。加快南充至潼南、内江至大足、铜梁至安岳、江津至泸州北线、泸州至永川、渝武高速扩能、渝赤叙、遂渝扩容（北碚至铜梁段）等省际高速公路建设。三是织密都市圈内部快捷交通网。建设轨道上的都市圈，提速推进7号线一期、17号线一期等2条城市轨道，实现18号线、10号线二期、5号线中段共59千米线路建成通车，开工建设中心城区至永川、南川、大足、綦江（万盛）等4条市域铁路。提速黄桷坪大桥、白市驿隧道建设。贯通两江新区—长寿区快速通道，推进两江新区—涪陵区、中心城区—永川—荣昌快速通道等前期工作。四是加快完善枢纽功能。开工建设重庆站改造、重庆新机场综合交通枢纽、洛碛港一期、万州新田港二期工程、嘉陵江利泽航运枢纽，推动重庆在四川布局"无水港"，共同打造长江上游航运中心。

2. 增强能源水利保障能力

加快完善能源水利联保联供设施，优化能源水利设施布局，共同推进油气水利管网互联互通。一是提升电力供应保障能力。抓紧实施川渝特高压交流、"疆电入渝"特高压直流输电工程，计划完成市内铜梁特高压站、渝北换流站土建工作，线路部分完成基础施工。继续加强与西藏、青海等省区工作衔接，深化"藏电入渝"、青电等西北电入渝前期研究。开展重庆电厂环保搬迁、两江燃机二期、永川燃机热电联产、合川双槐电厂三期及万州、涪陵、江津天然气发电等项目建设。二是完善油气管网设施。推进川渝千亿立方米天然气基地等重大能源工程，稳定常规天然气产量，确保涪陵、南川、武隆等页岩气产量稳产增产，加快推动綦江丁山核心区，永川—荣昌、渝西等区块页岩气规模化开发，复兴区块页岩气、页岩油勘探开发取得重大突破。建设百亿级西南地区储气调峰基地、中航油西南战略储运基地，力争项目在2025年前全部建成投运。加快重点区块页岩气开发，实施一批新型储能示范项目。三是建设现代化水利设施。加快推进渝西水资源配置工程，积极推进长征渠、藻渡水库、向阳水库、跳蹬水库等工程前期工作，继续开展渝南水资源配置工程前期工作，争取尽快启动可行性研究。继续推进续建水源工程建设，与四川共同推进跨区域重大蓄水、提水、调水工程，打造多源互补、引排得当的水网体系。

3. 提速建设新型基础设施

加快数字新型基础设施建设，夯实数字经济发展底座。一是完善网络设施。加大5G网络等新型基础设施投资，提高千兆光纤覆盖率，新增千兆光纤端口（10G-PON端口）超过5万个，推动5G向行政村延伸建设，新建5G基站0.8万个。二是建设数字枢纽节点。协同建设成渝工业互联网一体化发展示范区，共建全国一体化算力网络成渝枢纽节点。加快面向特色餐饮、交通、新能源等重点行业的工业互联网二级节点建设，预计接入二级节点10个。

（三）着力提升产业体系现代化水平

党的二十大报告明确提出要"建设现代化产业体系"。重庆作为全国产业拼图中的重要构成板块，应紧扣成渝地区双城经济圈建设"一号工程"，大力推进现代化产业体系行动，推动三次产业高质量协同发展，全面提升产业竞争力，在保障全国产业链供应链安全稳定中发挥更大战略备份作用。

1. 塑造提升制造强市优势

制造业是产业体系的支柱，制造业高质量发展是建设现代化产业体系的关键。重庆应积极发挥制造产业基础优势，在成渝"共建全国重要的先进制造业基地"的大框架下，紧扣建设国家重要先进制造业中心目标，着力构建"33618"现代制造业集群体系[①]，深入推动制造业高端化、智能化、绿色化、融合化、协同化发展，推动制造业发展质量变革、效率变革、动力变革，谋求从制造大市向制造强市进发，提升在全球制造产业链价值链中的位序，在我国建设制造强国中发挥更大支撑作用。

一是推动制造业巩固规模优势、高端迭代发展。立足重庆工业基础优势，突出产业链上下游协作、高中低端协同，坚持传统产业转型升级和战略性新兴产业双措并举，在巩固传统产业规模优势基础之上，大力集聚优质项目、培育优质市场主体，培育高能级的"33618"现代制造业集群体系。制造业高端化包括产业门类结构的高级化，即中高端制造业规模扩张、市场份额扩大，也包括细分产业基础的高级化，即要素生产效率的提高。一方面，重庆应大力培育壮大新一代信息技术、新能源及智慧网联汽车、高端装备、新材料、绿色环保等战略性新兴产业和空天开发、基因技术、元宇宙、未来材料等未来产业，稳步提升全市在全国制造业总量中的占比。加快培育"链主"企业、"专精特新"企业、单项冠军企业、灯塔工厂种子企业等更具创新力、竞争力的产业发展新主体，提速建设重庆卫星互联网产业园，共建成渝国家氢燃

---

① 2023年6月，重庆市推动制造业高质量发展大会提出构建"33618"现代制造业集群体系，即：打造智能网联新能源汽车、新一代电子信息制造业、先进材料3大万亿级主导产业集群；升级打造智能装备及智能制造、食品及农产品加工、软件信息服务3大五千亿级支柱产业集群；创新打造新型显示、高端摩托车、轻合金材料、轻纺、生物医药、新能源及新型储能6大千亿级特色优势产业集群；聚焦未来产业和高成长性产业培育壮大18个"新星"产业集群。

料电池汽车示范城市群等一批标志性示范性引领性的产业项目，积极打造全球灯塔工厂，带动全市战略性新兴产业和未来产业建链补链强链，实现高质量链群化发展和规模效益倍增。将产业创新摆在更加突出的位置，依托西部（重庆）科学城、两江协同创新区、广阳湾智创生态城等功能板块，加快集聚全球创新人才，深入实施国家重大技术装备攻关工程，协同四川联合开展产业关键核心技术攻关，塑造新产业发展新动能新优势。另一方面，重庆应着力推动传统优势产业转型，巩固提升其在全国大市场和全球价值链中的优势地位。"整零协同"推动燃油汽车向高端化、智能化、新能源化转型，持续推动摩托车产业转型发展。以两江新区、西永微电园为主阵地，以"芯屏器核网"全产业链打造为主线，"链群并重"促进电子信息产业从中游加工向上游研发、原材料供应和下游市场消费、品牌经营延伸。推动传统机械装备成套化、精密化、智能化发展，推动冶金建材化工行业低碳化、清洁化、循环化改造，推动轻纺食品产业增品种、提品质、创品牌，打造更具韧性和竞争力的汽车、电子信息、装备、化工、消费品等产业链群。

二是推动制造业智能化绿色化融合化发展。随着可持续发展理念的深入、新一代科学技术的创新以及产业边界的交融，智慧化、绿色化和融合化发展已经成为制造业升级大势。加快建设"智造重镇"。深化制造业与互联网融合发展，深入实施智能制造试点示范行动和智能制造诊断评估"回头看"专项行动，发挥长安汽车、青山工业等国家智能制造示范工厂揭榜单位、重庆市智能制造标杆企业头雁效应，加快智能工厂、数字化车间、智能制造典型场景、"5G+工业互联网"先导应用项目建设步伐。依托两江新区、西部（重庆）科学城等平台，强化智能制造创新，形成一批创新突出、引领显著的智能制造装备、软件系统和系统集成解决方案。加快推进绿色制造。紧扣碳达峰碳中和工作要求，深入实施制造业高质量绿色发展行动计划，加快构建绿色产品、绿色工厂、绿色园区、绿色供应链"四位一体"的绿色制造体系，提速打造市级重点绿色制造综合服务平台，聚焦低碳产业培育、绿色供应链管理等薄弱领域，提供咨询、设计、融资等"一站式"的绿色制造综合服务。培育绿色技术领域科技型企业，加强绿色低碳技术创新改造，提高工业资源综合利用效率和清洁生产水平。推动制造业与现代服务业融合发展。通过技术渗透、链条延伸等途径，推进制造业与现代服务业深度融合，大力发展个性化制造、协同制造等服务型制造。加快建设国家工业设计示范城市，提升工业设计赋值能力，引导工业企业由提供产品向提供"产品+服务"转变，提升重庆制造品牌价值，促进制造业和服务业相互支撑、高效协同。

三是推动制造业协同化发展。成渝地区是我国重要制造业基地，深化川渝制造业高质量协同发展是重庆发挥制造产业优势、推动成渝地区双城经济圈建设的重点。一方面，重庆应进一步优化"一区两群"产业布局和产业协同，重点提升主城都市区先进制造业集群规模优势和价值链优势，推动"一区"优势产业配套向"两群"延伸。借鉴两江新区与万州经开区合作经验，建设一批"区""群"产业园区发展共同体，积极培育"两群"龙头企业，引导"两群"区县围绕"一区"主导产业强化产业链配套。另一方面，重庆应以推动重庆都市圈和成都都市圈"双圈"产业协同为主线，高水平建好成渝地区双城经济圈产业合作示范园区，推动两地汽车、电子信息、装备制造等区域优势产业加速融合协同，构筑"中心研发、周边制造"的区域产业链合作体系，牵手共建世界级产业集群。共同完善提升成渝地区双城经济圈汽车等重点产业链供需信息对接平台功能，促进两地产业信息对接共享，协同做好稳链补链强链工作研究和区域产业链供应链风险研判应对，提升重点产业链区域自主可控能力，共同推动川渝制造产品"引进来"和"走出去"，建设承接国际产业转移示范基地。

2. 深入建设现代服务业高地

服务业已经成为重庆经济比重超越"半壁江山"的第一大产业，在拉动经济、促进就业、稳定外资外贸等方面发挥着越来越重要的作用。鉴于此，重庆应积极发挥服务业扩大开放综合试点政策优势，突出重点优势领域，推动服务业发展规模、发展质量、发展效率提升，增强服务业综合实力。

加快建设中国软件特色名城。随着新一代信息技术的快速发展和广泛渗透，生产生活中的软件应用广度和深度不断拓展，软件产业已成为驱动未来发展的重要力量和关乎国家经济社会发展与国家安全的战略性、基础性、先导性产业。重庆应发挥制造业优势"以硬促软"，扎实推进"满天星"行动计划，以工业软件为突破口，集中力量培育壮大软件产业，创建中国软件名园和国家人工智能创新应用先导区，构建"以硬生软、以软强硬、软硬结合"的产业相互赋能格局。深入实施软件和信息服务业"满天星"行动计划，统筹抓好场所、场景、企业、人才、生态等关键环节。重点利用盘活中心城区存量楼宇，建设"满天星"示范楼宇，支持两江新区、西部科学城重庆高新区、重庆经开区联合创建国家人工智能创新应用先导区，推动两江软件园、仙桃数据谷、重庆软件园等园区争创国家级知名软件园区。聚焦汽车软件、人工智能等重点领域，大力推进工业软件"揭榜挂帅"项目，加快突破一批工业软件领域关键核心技术，健全完善软件开发、集成电路设计、工业设计等产业体系，以软件产业带动实现全市经济发展新旧动能转化。加大世界IT百强、全国软件业务收入百强等企业招商引资力度，加速集聚软件人才、资金等资源，以龙头企业为引领，形成"北斗"企业引领、"启明"企业带动、"繁星"企业满天的重庆软件产业发展格局。依托重庆以及成渝地区双城经济圈的高校，建设软件人才"超级工厂"，大力培育软件人才。

加快建设西部金融中心。金融是现代经济的血液，重庆推动经济社会全面转型升级、建设现代化新重庆离不开金融赋能。重庆应以金融改革创新、金融高水平开放为核心发力点，扎实建设好西部金融中心。加快集聚全国性和区域性总部银行以及征信机构、财务公司、评级机构等特色功能性金融平台，推动重庆银行、重庆农村商业银行等地方法人金融机构做大做强。加快建设江北嘴—解放碑—长嘉汇金融核心区，深入推进绿色金融改革创新试验区、全国首批铁路运输单证金融服务试点地区、国家数字人民币试点等各类改革试点建设，在绿色金融、开放金融、数字金融等重点领域大胆突破，形成一批标志性引领型项目成果。推进重庆联合产权交易所与西南联合产权交易所建立川渝共同产权市场，探索推动重庆碳排放权交易中心服务西部省市，探索在渝建设西部数据资产交易场所，探索推动重庆与新加坡基金互认试点等。加快打造多层次资本市场，强化企业上市培育和上市公司再融资，引导企业拓宽融资渠道，支持符合条件企业发行绿色债、科技创新债等，探索增设上交所、深交所重庆服务基地等分支机构，为企业上市提供属地服务指导，强化金融服务实体经济功能，推动市场主体提高竞争力。

加快建设内陆国际物流枢纽。国际物流是开放型经济的重要支撑，重庆应发挥处在"一带一路"和长江经济带的联结点上的区位优势和"四向"国际物流通道优势，巩固提升内陆国际物流枢纽能级，助力全国统一大市场和国内国际双循环建设。进一步提升西部陆海新通道物流和运营组织中心运营水平，拓展中欧班列（渝新欧）功能，提升长江黄金水道航运效能，巩固国际航空枢纽地位，扎实推进渝新欧国际铁路（果园港）多式联运枢纽、智慧长江物流工程二期、江北国际机场T3B航站楼及第四跑道工程等项目建设。大力发展国际物流、供应链物流、专业化物流，着力补齐冷链物流、应急物流、智慧物流等短板，加快引育一批国际供应链综合服务平台，差异化建设一批内外贸相结合的专业市场。发挥国际通道与《区域全面经济伙伴关系协定》（Regional Comprehensive Economic Partnership, RCEP）叠加效应，通道带物流、物流带经贸、经贸带产业，促进重庆优势产业产品开放发展。

加快建设国际消费中心城市。消费是扩大内需的基点，成为拉动我国经济增长的第一动力。重庆应发挥通道物流和保税优势，持续强化"买全球卖全球"的消费资源集聚和商业贸易功能，打造"世界进口商品超市"和国内品牌"世界橱窗"。借助中心城区城市能级提升，加快推进两江四岸国际消费核心区建设，促进解放碑、观音桥等重点商圈提升国际消费场景和集聚国际消费品牌，繁荣发展"四首"经济、共享经济、新个体经济等新业态，打造国际消费风向标。突出发展口岸商业，拓展进口商品展销、保税延展等消费新业态，推动在自贸区、保税港区培育一批国际消费品展示交易平台，打造中高端消费品集散中心，升级打造西部地区首个保税港商圈——寸滩保税港商圈。支持推广"渝货精品"，传承振兴重庆老字号，促进本地消费品国际化、精品化发展，增强本土制造消费品对国际国内消费者的吸引力。加快完善重庆商业服务质量体系，加快形成消费权益保护以及减少消费纠纷的基础性制度安排，完善国际化服务标准体系、打造国际化服务品牌、培育国际化多语服务人才。

3. 加快推进农业现代化

农业强国是社会主义现代化强国的根基，重庆应紧紧围绕乡村振兴战略和成渝现代高效特色农业带建设，牢固守住"确保粮食生产能力不降低、农民增收势头不逆转、农村稳定不出问题"三条底线，以实施"四千行动"①为牵引，奋力书写农业农村现代化建设新篇章。

提升粮食和重要农产品稳产保供能力。"民以食为天"，粮食安全历来是党中央和国家高度关注的问题。重庆应深入贯彻落实国家"藏粮于地、藏粮于技"战略，落实"米袋子"党政同责制、"菜篮子"行政首长负责制，确保粮食产量、面积只增不减，"米袋子""菜篮子""肉盘子"量足价稳，协力增强成渝地区粮食安全保障能力。严格落实耕地地力保护补贴、种粮补贴、粮食最低价收购等政策，分类有序推进撂荒地利用，实施千个宜居宜业和美乡村创建行动和千万农民增收致富促进行动，切实增强农民对农村的地域认同感、农业的职业自豪感，充分调动农民种粮积极性。增强农产品稳产保供科技赋能，实施千万亩高标准农田改造提升行动，依托重庆农科院、西南大学等科研院所，强化山地丘陵农机装备、良种等研发推广，推广运用无人机、田间感应控制设备等智能化农业机械，打造一批数字农业园区、数字农业工厂、智慧农业示范基地。大力推进代耕代种、统防统治、土地托管等农业生产社会化服务，提高种粮规模效益。

做好"土特产"农业全产业链文章。推动农业高质高效发展，实施千亿级优势特色产业培育行动，优化"一区两群"农业空间布局，推动主城都市区升级发展培育精品农业、景观农业、设施农业、休闲农业等都市农业，推动渝东北三峡库区城镇群优质发展柑橘、脆李等"三峡农家"山地特色高效农业，推动渝东南武陵山区城镇群打造中药材、茶叶、烤烟、蚕桑、果蔬等现代山地特色高效农业全产业链，支持"两群"脱贫区县在"一区"拓宽农产品市场。区群协同打造火锅食材、重庆小面、柑橘、榨菜、荣昌猪、丰都肉牛、预制菜等特色产业集群。推动农业"接二连三"延链发展，实施农产品加工提振行动，拓展初加工、提升精深加工、推进加工副产物综合利用，建成粮食、植物油、果蔬、肉类、调味品、中药材、烟草、渝酒、饲料、木竹等百亿级农产品加工产业集群。深入开发农业产业新功能、农村生态新价值，大力发展乡村旅游、农村电商、农村养老、农业社会化服务等产业。强化农业品牌建设，深入实施农业生产"三品一标"提升工程，推广"巴味渝

---

① "四千行动"指：千万亩高标准农田改造提升、千亿级生态特色产业培育、千万农民增收致富促进、千个宜居宜业和美乡村示范创建。

珍""三峡柑橘"等区域公用品牌，办好首届全国乡村振兴国际博览会。

推进农业绿色化发展。推进农业绿色全面转型是促进农业高质量发展的核心要求，也是建设农业强国、美丽中国的重要任务。重庆应厚植生态优势，以农业绿色化为引领带动农业现代化。扎实推进璧山、开州、武隆、合川、万州等国家农业绿色发展先行区建设，探索主城都市区、渝东北和渝东南不同区域、生态类型、主导品种的绿色农业发展模式。深入推进农业资源利用集约化、农业投入品减量化、农业废弃物资源化、农业产业链低碳循环化，全面实施有机肥替代化肥行动，强化病虫害绿色防控，推进农业生产"三品一标"建设，构建农业绿色产业链供应链。加强农业面源污染防治，加强农业生态保护修复，实施好长江"十年禁渔"，全面改善农业生态系统。

4. 持续壮大数字经济

新经济时代，数字已经成为具有乘数效应的关键生产要素，数字经济成为深刻影响引导经济社会发展的重要力量。重庆应发挥国家数字经济创新发展试验区政策集成效应，加快建设数字重庆"1361"整体构架①，提升数据"聚通用"能力，培育发展数据要素市场，壮大数字经济产业集群，进一步提升数字经济发展能级，助力数字中国建设。

着力构建数字重庆"1361"构架。夯实数字基础设施，强化数字融合应用。提升一体化智能化公共数据平台服务支撑能力，深入推进数据"聚通用"。依托国家级互联网骨干直联点、域名F根镜像节点、国家"星火·链网"区块链超级节点、中新（重庆）国际互联网数据专用通道等信息"大动脉"，加快集聚全球全国全市数据资源，打破数据"聚通"壁垒，推动海量数据高效融通，推动能力组件共建共享，完善一体化平台数据要素"一组库"、算力存储"一朵云"、通信传输"一张网"、数字资源"一本账"等功能。强化公共数据资源管理，扎实建好底层数据库和部门数据仓，完善市、区县、乡镇（街道）三级数字化城市运行和治理中心服务功能，实现跨层级、跨区域、跨部门之间的协同联动，打造"感知发现、决策指挥、反应处置、终端反馈"

---

① 2023年4月数字重庆建设大会提出"1361"数字重庆建设整体架构，即："1"是一体化智能化公共数据平台；"3"是市、区县、乡镇（街道）三级数字化城市运行和治理中心；"6"是数字党建、数字政务、数字经济、数字社会、数字文化、数字法治等6个应用系统；最后的"1"是基层智治体系。

工作闭环,强化超大城市智慧治理。突出政策纵向到底、横向到边,加快党建、政务、经济、社会、文化、法治等六大领域的数字应用系统建设。夯实基层智治基础,构建完善镇街、村(社区)、网格数字化全息地图,强化基层智治体系的人力支撑,健全基层网格管理体系。

培育数字经济要素市场。经济增长模型深刻揭示了要素构成和要素生产率是经济增长的底层逻辑。数字经济发展的基石是要培育壮大开放共享的数据要素市场。重庆应加强西部数据交易中心建设,加快集聚数据提供、技术服务、数据运营、配套服务、数据经纪等数商企业,提升数据登记、评估、入表、交易等一体化服务能力,有序引导公共数据、社会数据入场交易,提升数据要素配置效率,探索数据资源—数据产品—数据资产的数据要素全链条价值化路径。紧抓全国一体化算力网络成渝枢纽节点建设契机,依托中新(重庆)国际互联网数据专用通道,加快对接国际数字经济规则和探索跨境数据流动安全管理机制,促进数据跨境安全有序流动。此外,重庆还应加快数字经济人才市场建设,面向全球构建人才基础信息库,聚焦全市数字经济发展急需紧缺人才需求,深化数字经济人才"引、育、留、用、转"一站式服务,将重庆建设为内陆数字经济人才高地。

壮大数字产业规模。深入推进数字产业化和产业数字化,推动数字经济和实体经济深度融合,加快构建数字产业发展体系,打造具有国际竞争力的数字产业集群。依托工业互联网标识解析国家顶级节点建设,加快引育具有全国竞争力的工业互联网平台,持续推动企业"上云上平台"。加快集聚高素质数字人才和高成长型、高竞争力的数字经济企业,推动链主企业、龙头企业上市,强化数字经济关键技术、商业模式创新研发,推动数字经济人才链、市场链、创新链融合发展。提升既有数字经济产业园区功能,推动工业互联网和工业数据资源向两江数字经济产业园、中国智谷重庆科技园等重点数字经济园区集聚,突出数实融合,聚焦企业和行业升级发展关切,积极拓展建设大数据应用示范场景。推动渝东北和渝东南"两群"区县结合自身特色产业布局数字经济园区平台。做强集成电路、新型显示、智能终端、物联网等数字产品制造业,提升"芯屏端核网"全产业链竞争力。以数字经济基础好、科技创新能力强的主城都市区为重点,依托西部(重庆)科学城、两江数字经济产业园、礼嘉智慧园、合川网络安全产业城、綦江西部信息安全谷等数字经济园区,大力发展软件、人工智能、先进计算、数字内容、区块链、网络安全等新兴数据产业。利用智博会、中新互联互通项目等平台,深度融入数字丝绸之路,积极参与数字经济国际合作,推动智能网联汽车、笔电等具有比较优势的数字产品、数字制造走出国门,增强重庆数字经济的全球影响力和竞争力。

(四)大力推进科技创新发展

围绕"416"科技创新战略布局和"1458"科技创新工作体系,进一步集聚战略性、核心性的科技创新力量,加快提升全市创新体系整体效能,塑造发展新动能新优势,力争在建设具有全国影响力的科创中心和科技创新策源地上取得更大进步。

1. 在高水平建设西部(重庆)科学城上取得更大突破

围绕打造具有全国影响力的科技创新中心的核心载体,加快西部(重庆)科学城高能级平台资源集聚,为科学城进一步"夯基""筑魂""垒势"。一是高质量建设成渝综合性科学中心(金凤)。进一步支持西部(重庆)科学城集聚创新资源,加大对科学城的资金投入和项目注入,围绕前沿领域、交叉领域和战略性领域加快布局一些新平台、新基地,引导更多技术创新中心、国家科技平台入驻成渝综合性科学中心(金凤)。加快建设重大科技平台和大科学装置,以金凤实验室为支撑,加快推动国家实验室重庆基地布局,进一步推动全国重点实验室在科学城落地,把金凤实验室打造成为"重庆实验室"样板。加快建设金凤未来科创园,集聚全社会创新要素和资源,打造科技成果集聚区、科技经济发展高地。二是强化西部(重庆)科学城创新协同布局。以"一城多园"模式牵引带动创新协同布局,强化西部(重庆)科学城、两江协同创新区、广阳湾智创生态城创新能级和区域合作水平。加快中国科学院重庆科学中心建设,推动一批大装置、大平台、大院所陆续落地,打造高水平产业创新平台和新型研发机构。启动培育长江模拟器、积声科学装置等后备项目论证研究,联合争取一批"国字号"创新资源落户。强化科学城联动协调、向心集聚、辐射带动作用,深化与大学城融合,推动高校、科研院所参与科学城建设，推动大学大院大所协同创新合作，带动九龙坡、璧山、北碚等周边区县错位协调，全面融入西部（重庆）科学城建设发展。三是营造西部（重庆）科学城一流创新生态。坚持轻资产强服务，持续深化体制机制改革，建好科技创新服务平台，用好科创投资基金，依托国家科技成果转移转化示范区建设，打造一批众创空间、科技孵化器，促进大学城、高新区、科学城的高校、企业、科研机构"优势叠加"，打通产、学、研、用多方合作通道。加快打造科学谷、青凤高科创新孵化中心等大型孵化载体，进一步健全环大学创新生态圈，深化赋予科研人员职务科技成果所有权或长期使用权改革，加速科技成果转化。加强多元化科技金融服务，完善知识产权服务体系，积极构建富有活力的创新生态，在科学城孵化一批科技型企业，带动高新技术产业发展。加快将西部（重庆）科学城打造为"人才特区"，建立健全高水平人才引进机制，加大"筑巢引凤"力度，集聚全球优秀人才和团队，积极吸引和集聚大学生创新创业，加快打造"科学家的家、创业者的城"。

2. 加快培育优势战略创新力量

围绕孕育重大原始创新、增强创新策源能力、抢占科学技术和产业创新制高点，主动对接国家战略科技力量体系，集成创新资源建设重大创新平台，打造形成高端创新要素资源的"大磁场"。一是加快建设完备的实验室体系。聚焦服务国家高水平科技自立自强，加快构建布局合理、特色鲜明、衔接互补的实验室体系。强化央地对接、省市联动、部门协同，加强要素、资金、政策等精准保障，通过央地产学研联建、川渝共建以及市、区县合建等方式，创新实验室建设模式。围绕数智科技、生命科技、新材料和绿色低碳科技等，推进组建不同类型高水平实验室，着力打造金凤、嘉陵江、明月湖、广阳湾四大重庆实验室，建设重庆标志性的科创平台核心载体。大力推动川渝共建重点实验室，聚焦北斗导航、量子科学、精密测量等，加快建设一批市级重点实验室，形成国家实验室、国家重点实验室、市级重点实验室、川渝共建重点实验室等体系化、差异化、特色化合理布局和创新协同优势，强化战略科技力量基础支撑，系统提升突破性创新能力。二是加快打造高端应用研究平台。围绕创新链、产业链的高效配套、融合交叉、相互支撑强化产业技术应用研究平台建设，重点在工业物联网、智能制造、先进感知、医疗大数据等领域加快建设国家技术创新中心、产业创新中心、制造业创新中心、工程研究中心、临床医学研究中心等国家级研发平台。积极支持重庆高新技术产业研究院建设,加快打造一批科技企业高质量孵化载体,启动建设重庆市技术转型研究院、金凤科创园等重要的成果转移转化平台和大学城创新创业平台,构建多层次、网络化的产学研深度融合技术创新体系,形成产业创新制高点的关键支撑,服务重大战略任务和重点工程。健全研发创新链、产学研合作链和产业孵化链,深入实施关键核心技术攻关计划,聚焦汽车芯片、动力电池、高分卫星、生命科技等领域强化关键核心技术攻关,推动关键共性技术、前沿引领技术创新,以技术突破在科学城孕育一批新兴产业。三是加快提升科研院校自主创新能力。充分利用科研院校人才、经费、平台等资源,加强科研人才培养、学科建设、科学研究、平台共建及社会服务,推动学科专业设置与产业链、创新链、人才链相互匹配和相互促进,大力提升人才培养的针对性。健全投入和激励机制,重点加强重庆大学、西南大学等"双一流"高校建设,支持重庆交通大学、重庆理工大学等重点院校发展一批科教融合、产教融合创新平台,引导高校营造以科教和创新为中心的氛围。大力吸引市外高校来渝设立科研机构,围绕优势学科建设重点实验室,加强高层次人才共引共育共用,增强高校科技创新的供给能力。支持科研院校参与重大科技创新项目建设,发挥科研院校基础研究的主力军和重大科技突破的生力军作用,在特色领域、重点领域取得创新性先导性成果。

3. 加快完善协同创新体制机制

围绕重大科学研究、产业企业技术创新的需求,健全协同创建体制机制,以项目建设为牵引,推动各类创新资源有机融合互促,形成强大的创新发展内生动力。一是建立需求牵引的项目形成机制。梳理完善全市重点产业链供应链图谱和重庆技术图谱、科技进步路线图,找准产业链供应链技术创新薄弱环节,梳理相应的企业清单、人才(团队)清单和平台清单,推动科技创新资源一体化配置,探索关键核心技术攻关数字化平台建设。重点面向行业产业头部企业、高校、科研院所,以及技术创新联盟、创新联合体、高端研发机构和行业协会、学会等重点单位(机构)征集重大技术需求。修订完善科技创新基础设施项目建设相关管理办法,拓展科技创新基础设施项目支持类型。

充分发挥院士专家的智力支撑作用，为重大项目实施提供咨询论证，进一步找准技术攻关方向。二是建立完善重大（重点）研发项目组织机制。制定完善全市技术创新与应用发展重大（重点）专项管理制度，按照"需求牵引、目标导向、企业主体、协同创新"的基本原则组织实施重大（重点）项目。汇聚整合企业、高校、科研机构在技术、平台、人才和资本等方面的优势创新资源和要素，推动部门协同、市区（县）联合、政企联动等多方协同联动，构建政产学研协同创新的关键核心技术攻关机制。三是充分发挥企业创新主体作用。支持行业龙头企业全程参与重大专项实施方案设计、重大项目需求凝练等关键环节，充分发挥龙头企业在创新需求、资金投入、研发组织、成果转化等方面的主导作用和对产业链供应链上下游的牵引带动示范作用，推动建立大中小企业融通创新机制。围绕未来技术产业发展需要，实施人工智能、高端器件与芯片、智能网联新能源汽车、新材料和生物医药等重点重大科技专项，一体化推进原始创新、技术创新和产业创新，重点支持科技型领军企业、创新型中小微企业和优秀创新团队开展攻关，突出"创新性、引导性、集成性、应用性"。

（五）持续激发市场消费活力

以培育建设国际消费中心城市为引领，全面促进消费提质扩容，建成富有巴蜀特色、彰显中国风范、引领国际时尚的国际消费目的地。

1. 营造高品质消费空间

深入实施国际消费载体提质工程，坚持存量提升与增量拓展，继续完善品质高端、功能完善、布局合理、特色彰显的国际消费空间版图，不断增强消费吸引力。一是构建全域联动消费格局。做靓"重庆山水、重庆时尚、重庆美食、重庆夜景、重庆康养"五大名片，统筹推进中央商务区、寸滩国际新城建设，将中心城区打造成为国际消费目的地核心承载区。突出万州、涪陵、永川、黔江、江津、合川等区的地域优势、产业特色，培育建设区域消费中心城市。二是优化提升国际消费标志性商圈。推动解放碑—朝天门、观音桥等商圈提档升级，建成汇集全球优品、融入国际时尚、引领夜间经济的世界知名商圈。升级杨家坪、三峡广场、南坪、大坪等城市核心商圈，推动智慧化改造，打造高品质、高能级商圈。提升打造一批区域核心商圈和区县商圈，加快形成布局完善、业态丰富的城市商圈发展格局。三是打造特色消费地标。稳步推进陆海国际中心、中環万象城等城市消费新地标建设。提档升级"两江游""母城游""街巷游"，积极建设夜间消费核心区、示范区、集聚区，打造一批商业文创名街、特色艺术街区、国际美食街区、特色美食街区。依托大三峡、大武陵生态资源，打造一批独具风情的特色商街、古镇、景区。

2. 提升消费供给品质

围绕丰富消费品质供给，加快集聚国际消费资源、厚植本土消费品牌，创新消费新场景，构建多元融合的消费新业态新模式。一是集聚全球优质消费资源。大力发展"四首"经济、品牌经济，开设全球性、全国性和区域性品牌首店、旗舰店、连锁店，集聚全球优质消费供给。推进两江新区国家进口贸易促进创新示范区建设，打造集消费品进口、分拨配送、零售推广等于一体的服务链。发挥重庆各类电商平台作用，为国际中高端品牌进入国内市场提供孵化平台。用好总部经济政策，吸引国际品牌总部入渝。二是做优做强渝货精品。加强老字号传承振兴，支持老字号在重点商圈集聚发展，升级打造旗舰店、品牌店、集成店，推动老字号开展数字化转型。打响"重庆造"消费品牌，发展电子汽车、摩托车、生物医药、粮油（休闲）食品、酒水饮料、纺织服装、家具照明等优势消费品工业，鼓励优质产品走向世界。实施农业品牌提升工程、地理标志农产品保护工程，发展壮大"涪陵榨菜""永川秀芽"等特色品牌。三是创新发展消费新场景。加快数字消费融合创新，支持企业搭建5G全景应用生态体系，加快培育数字消费"住业游乐购"全场景，推动实体商业加快数字化、智能化升级，打造新消费体验馆、示范店，推进智慧商圈、智慧商店、数字特色街区建设试点，打造"线上+线下、商品+服务、零售+体验、互联网+场景营销"等新模式，发展智慧门店、自助终端、智能机器人等"无接触零售"。提升"两江四岸"品质，美化沿江步道、半山崖道，融入观光休闲、娱乐餐饮等消费业态，推动"云端经济""江岸经济"发展。四是发展会展赛事经济。提升智博会、西洽会、西旅会等展会规模和层级，积极引进国际知名展会。增强重庆国际马拉松赛、武隆国际山地户外运动公开赛等国际影响力,积极申办国内外高水平综合性运动会和顶级单项赛事。以"爱尚重庆"为主题,打造系列特色鲜明的国际消费节庆活动。

3.营造国际化消费环境

完善国际消费环境配套设施,健全消费服务标准和规范,优化消费服务体验,提高国际消费环境安全度、经营者诚信度和消费者满意度,打造国际消费环境标杆城市。一是优化消费市场环境。支持金融机构加强对商圈消费、假日消费、夜间经济等新型消费场景的金融服务。完善重点商圈数字人民币受理环境建设,丰富数字人民币试点应用场景。加快完善消费者权益保障制度,推动消费服务标准化建设,强化安全、健康、环保等方面产品的强制性认证,提升在渝"畅享"消费、"乐享"消费、"惠享"消费服务水平。二是完善消费领域标准体系。加强对直播电商等新型消费业态规范和标准的研究制订。鼓励平台企业、行业组织、研究机构等研究制定支撑新型消费的服务标准,健全市场监测、用户权益保护、重要产品追溯等机制。三是优化国际营商环境。推动服务业高质量发展,发布行业优质企业名录,鼓励企业开展消费体验评价并公开评价结果。对涉及安全、健康、环保等方面的产品依法落实强制性产品认证(CCC认证)监督管理要求。健全消费领域信用监管体系,开展消费投诉信息公示,强化社会监督。

(六)持续加强生态环境保护

围绕在长江经济带绿色发展中发挥示范作用,坚定不移走好生态优先、绿色发展之路,深入推进环境污染防治,加快推动发展方式绿色转型,协同推进美丽中国先行区建设,在共同筑牢长江上游重要生态屏障中彰显新担当。

1.深入推进生态系统保护和修复

全面落实河长制、林长制、山长制,把修复长江生态环境摆在压倒性位置,统筹山水林田湖草系统治理,大力实施森林、河流、湿地等重要生态系统保护和修复,进一步筑牢长江上游重要生态屏障。一是强化长江干流及其重要支流生态保护。以长江干流及重要支流为重点,深入实施天然林保护、"两岸青山·千里林带"等工程,持续开展三峡库区消落区治理、石漠化综合整治、矿山生态修复、小流域生态治理。联合四川扎实开展"六江生态廊道"建设,重点增加长江、嘉陵江、乌江、涪江等沿岸植被覆盖、丰富生物多样性,提升生态防护功能和自我修复能力,构建形成沿江生态风景廊道。严格落实长江十年禁渔,加强长江水生动物、珍稀濒危野生动物及其栖息地保护恢复,筑牢三峡库区水系生态屏障,确保"一江清水向东流"。二是加强重点生态功能屏障保护。持续强化中心城区"四山"保护提升,提升森林数量和质量。以大巴山区、武陵山区、大娄山区等重点生态屏障为核心,加强生态系统稳定性建设,提升森林系统稳定性,保持生态多样性,重点实施退耕还林还草、天然林资源保护、中幼林抚育和国家储备林建设,扩大经济林种植规模,强化水土保持、植树造林、封禁修复,促进生态脆弱地区补绿增绿,构建规模适度、集中连片、稳定高质量的森林生态系统。持续推进大型国家湿地公园和区域性小微湿地建设,推进广阳岛片区长江经济带绿色发展示范,不断完善生物多样性保护体系。三是强化川渝毗邻地区生态保护修复。联合四川协同划定"三区三线",加强自然保护地和生态保护红线监管,联合开展野生动植物栖息地保护修复、濒危物种繁育研究和保护,开展毗邻地区自然保护地"绿盾"行动执法。加强毗邻地区生物多样性调查,打造生物多样性科普研究基地,推进城口大巴山崖柏扩繁基地、荣昌国家重点区域畜禽基因库等毗邻地区生态保护平台建设,稳步提升生态系统稳定性,促进人与自然和谐共生。

2. 持续改善生态环境质量

围绕实现群众对优美生态环境需要,深入打好污染防治攻坚战,强化减污降碳协同增效,以更高标准打好碧水、蓝天、净土保卫战,持续改善生态环境质量。一是深化环境污染综合治理。加快构建生态环境现代化治理体系,突破水、大气、土壤污染协同共治关键环节。推动长江流域重庆段按单元精细化分区管控,持续开展入河排污口"查、测、溯、治",加强水污染防治监督执法管理。全面完善雨污分流设施,强化控源截污,严格执行污水排放标准,进一步深化城市黑臭水体治理,巩固城市黑臭水体治理成效。加快乡镇污水处理厂站和农村分布式污水处理设施建设,减少污染物入河入库,打造一批美丽河湖。深化川渝河长制合作,推动"一河一策一图"全覆盖,协同开展流域污染治理，推进涪江流域水环境联合治理示范，加强大陆溪、南溪河等跨界流域水环境治理，增强河湖自净功能。强化空气环境质量管理和大气污染源监测，大力开展$PM_{2.5}$、臭氧污染联防联控，推进减煤、控油、增气等措施，加快燃煤锅炉淘汰改造、落后产能置换。加大土壤污染源协同监管力度，加强农田污染治理和土壤修复，推进生态环境质量稳定实现由量变到质变。二是大力推进全域"无废城市"建设。分区县、分行业、分领域科学制定"无废城市"建设实施方案，联合四川共同推动"无废城市"建设绩效评估。强化危险废物监督管理，建立完善跨部门、区县的危险废物联防联控机制、深化危险废物跨省市转移"白名单"制度。提高生活垃圾分类收运能力，推进以焚烧处理为主、填埋处理为辅、其他处理方式并存的生活垃圾处置体系建设，完善农业固体废物回收体系和危险废物收集转运体系，加强大宗工业固废综合利用，提升建筑垃圾利用处置水平，加强生活垃圾、危险废物规范化、精细化管理，推动毗邻地区固体废物设施共建共享和跨省市协同应急处置，推进打造静脉产业园，大力提升资源利用效率。

3. 大力推进碳达峰碳中和工作

围绕碳达峰碳中和目标，以经济社会发展全面绿色转型为引领，加强能源消费和碳排放总量监测调控，推进形成绿色低碳的生产生活方式与区域空间格局。一是建立健全碳达峰碳中和推进机制。坚持政策体系、目标任务的衔接统一，统筹推进全市碳达峰碳中和政策体系建设，推动"1+2+6+N"政策体系更加完善、政策措施落实落细。稳妥有序推进碳达峰碳中和工作实施意见与碳达峰实施方案重点任务落地见效，稳步实施好成渝两地碳达峰碳中和十项联合行动。加强能耗"双控"政策与碳达峰碳中和目标任务的衔接，严格落实节能审查制度，优先支持能效水平高、单位增加值能耗低的项目，突出打造减污降碳协同增效西部地区示范模式，积极稳妥推进"双碳"构建新格局。二是加强碳排放监测统计。鼓励电力、水泥、钢铁等重点行业开展能源和工业过程碳排放监测。结合现有城市空气质量监测基础，开展二氧化碳浓度监测试点。加快遥感测量、大数据、云计算等在碳排放实测技术领域的应用。探索建立市级、区县、企业碳排放监测监管、分析预警机制。整合碎片化生态资源，协同挖掘森林、湿地等的固碳潜力，建立碳汇资源数据库，试点森林碳汇评估测算。完善能源统计调查制度，扩大能源、工业、交通、农业等领域统计调查范围，强化新能源产品统计，开展全市及各区县碳排放核算。探索建立城市基础设施能源消费统计制度，稳步扩大能源消费统计调查覆盖面。三是加快建设碳排放权交易市场。积极融入全国统一碳排放权交易市场，协同参与全国碳排放权注册登记结算系统和全国碳排放权交易系统联建联维工作。大力培育提升地方碳市场，深化地方碳排放权交易市场建设，扩大重点排放单位覆盖范围、优化配额分配方法，建立碳排放配额储备调节机制，加强"碳汇通"平台产品开发供给。抓好气候投融资等试点示范，推进气候投融资项目库建设、气候投融资模式和工具创新，推动资金、人才、技术、信息、数据等各类要素资源向气候投融资领域合理有序流动。健全重庆核证自愿减排量交易机制，培育地方自愿减排交易市场，提高经济发展"含绿量"、降低"含碳量"。

4. 加快推进绿色转型发展

围绕推进产业生态化和生态产业化，持续壮大绿色产业，推进传统产业绿色化、绿色产业规模化，逐步打通生态产品价值转化通道，加快生态资源价值向经济效益转化。一是加快产业结构绿色低碳升级。实施重点行业节能降碳工程，推动电力、钢铁、化工等重点行业开展节能降碳改造升级，推动汽车摩托车、电子、装备制造等支柱产业绿色化转型。加快建设一批绿色工厂、绿色园区，打造全生命周期绿色供应链，推动支柱产业高端化、智能化、绿色化转型。加快建设西部金融中心，大力发展智慧物流、节能环保等服务业，推进会展业绿色发展，培育壮大绿色商贸消费流通主体，促进服务业绿色低碳升级。推动互联网、大数据、人工智能、5G等新兴技术与绿色低碳产业深度融合，培育壮大绿色低碳新兴产业。二是加快推广清洁低碳能源。大力实施可再生能源替代行动，推动"两群"区县风、光、储电力开发，提升制氢能力，加快推动"川渝电力一体化""疆电入渝"，深挖天然气、水电、氢能等内部潜能，提高可再生能源消纳占比。推动实施重点领域节能降碳改造，全面提升能源利用效率。推动交通运输结构优化，加大新能源和清洁能源车船推广力度，加快轨道交通等大容量交通设施建设，持续降低燃油车占比，合理控制交通运输碳排放量。加快形成清洁高效、多元互补、绿色低碳的能源利用格局。三是加快推进生态产业化发展。加快培育一批绿色低碳科技创新平台，狠抓绿色低碳技术攻关，建立健全能源和碳排放统计、核算、监测体系，加快储能、碳捕集利用与封存等先进适用技术研发、成果转化和推广应用。大力发展绿色金融，推进建设绿色金融改革创新试验区，探索构建绿色金融与绿色制造、绿色交通、绿色建筑、绿色农林等绿色产业融合发展机制，推动GEP核算进决策、入项目，加大绿色信贷投放力度，全面推广环境污染责任保险。大力推进气候投融资试点工作，探索多元化"产融对接"模式，持续把"生态+"理念融入产业发展之中，推动城口、奉节等创建国家生态文明建设示范县和"两山"实践创新基地，切实把绿水青山变为金山银山。

（七）深入推进内陆改革开放

加快推进内陆开放高地建设，全面融入共建"一带一路"和长江经济带发展，更好在西部地区带头开放、带动开放。

1. 推进对外开放通道建设

统筹"东西南北"四向发力，加快推进出海出境大通道建设，强化对内陆国际物流枢纽建设的支撑力度。一是加快西部陆海新通道建设。进一步完善西部陆海新通道物流和运营组织中心功能，推动跨区域综合运营平台实现"13+2"省（区、市）全覆盖。优化拓展运营线路，加密重庆至北部湾港、湛江港、洋浦港铁海联运班列，优化至东盟跨境公路班车直通模式，稳定开行重庆至越南、老挝国际铁路班列。加快境内外枢纽和集散分拨节点建设，推动跨区域综合运营平台建设，加强海外仓布局及建设。推进通道公共信息平台建设，常态化发布通道发展指数。二是推进中欧班列（重庆）提质增效。加快中欧班列集结中心示范工程建设，推动团结村中心站提质扩容，完善果园港第二始发站功能，在江津小南垭谋划设立第三始发站。优化中欧班列（重庆）境内外集散分拨网络，提高班列覆盖范围、覆盖密度与影响力。高质量运行中欧班列南通道跨"里海—黑海"线路，持续运营中欧班列中吉乌公铁联运班列。持续开展中欧班列（重庆）铁路提运单物权化、"区块链+金融"等创新试点工作。积极打造数字班列，探索中欧班列运行信息跨区域、跨部门共享，推动全流程数字化、可视化。三是深挖渝满俄国际铁路班列潜力。

积极对接蒙古和俄罗斯，强化沿线货源组织集结，优化运输货品结构，围绕大宗物资以及化工产品、汽车及零配件等开发更多货品，探索开行更多货物品种公共班列，增大开行频次。推动中欧班列、西部陆海新通道、长江黄金水道和渝满俄沿线国家及地区开展全面合作，形成不同类型、不同特色的国际中转和贸易区域经济体系，延长通道经济产业链。四是优化提升长江黄金水道能级。推进长江航道整治，推动港口、船舶智能化改造。加密沪渝直达快线、渝甬班列，发展长江干支联运。优化远洋配送体系，探索发展江海直达和近洋航线。深化川渝、渝黔航运合作，优化水水中转航线，加大泸州、宜宾集装箱到果园港"水水中转"量，稳定开行果园港至广元港、广安港穿梭巴士，开行公路专线、铁路班列畅通母港与无水港联运。五是增强国际航空枢纽功能。加快T3B航站楼及第四跑道工程建设，尽快启动重庆新机场建设，规划布局渝东北三峡库区城镇群、渝东南武陵山区城镇群支线机场建设，争取万州机场航空口岸尽快通过验收并对外开放。拓展航线网络，面向RCEP成员国持续增开商务航线和直达航线。提升航空货运量，支持航空公司拓展"客改货"和航空中转业务。持续推进基地航空建设，支持航空公司在渝设立分公司并增加运力投放。

2. 推进开放平台转型升级

优化开放平台布局，加快完善对外开放平台体系，着力提升开放平台协同发展水平。一是做强两江新区核心引擎功能。加快寸滩国际新城建设，重点推进保税商圈、邮轮母港、"一带一路"国际商务中心等重大项目建设。推动江北嘴做大做强金融科技创新试验区、国际投融资路演中心等功能平台，争取更多金融牌照、国际性金融机构及结算中心落地。持续完善枢纽功能设施，全面建成投用鱼嘴铁路南场，完善果园港保税、物流等综合功能。启动建设水港集装箱国际物流智能分拨中心、果园港综保区冷链工程一期等项目，建成重庆港主城港区果园作业区重大件码头，完善枢纽区物流运输功能。二是实施自贸试验区提升战略。稳步扩大制度型开放，深化陆上贸易规则等首创性、差异化探索，开展标准建设、规则对接等制度集成创新。以市场主体需求为导向，对标CPTPP、DEPA等国际高标准经贸规则，探索在数字贸易等领域开展压力测试。支持具备条件的区域发展保税维修再制造、新型易货贸易等新业态。完善自贸试验区联动创新建设机制，在制度创新、产业发展、区域协同等方面开展改革探索。三是高质量实施中新互联互通项目。加大在金融服务、航空产业、交通物流、信息通信等重点领域的合作力度，推进中新（重庆）大数据智能化产业示范园区、中新金融科技合作示范区、中新（重庆）国际航空物流产业示范区等重大项目建设，深入拓展绿色发展、数字经济、智慧城市等领域合作空间。加快高质量办好"重庆·新加坡体验周""新加坡·重庆体验周"等重要活动，树立高质量共建"一带一路"合作标杆。四是推动国家级开发开放平台转型升级。鼓励国家级经开区改革创新探索，封关运行永川综合保税区、两路果园港综合保税区水港功能区。推动团结村铁路口岸正式开放，团结村铁路保税物流中心升级为综合保税区，铜梁、潼南等区创建国家级高新区，双桥经开区升格为国家级经开区。加强开放平台建设储备，建立开放平台梯度升级机制，有序推动市级开发区、市级工业园区等市级开放平台提档为国家级开放平台，在有条件的区县有序设立海关、边检等机构。

3. 推动开放型经济高质量发展

加强国际经贸合作，稳住外资外贸基本盘，提升产业开放水平，推动形成具有国际竞争力和影响力的开放型经济体系，更好地带动内陆开放。一是推动货物贸易创新转型。发挥出口对经济的支撑作用，建好国家外贸转型升级示范基地、国家加工贸易产业园，加强外贸主体培育，稳定加工贸易，做大一般贸易，壮大市场采购贸易、跨境电商等新业态新模式。实施"百团千企"国际市场开拓计划，支持企业组团出海揽订单、拓市场。推进两江新区进口贸易促进创新示范区建设。建立完善重点外贸外资企业会商机制，协调海运、铁路、航空等问题，保障外贸货物货运物流运输通畅，提升产业链供应链韧性和安全水平。二是推动服务贸易增量提质。全面深化服务贸易创新发展试点，推进160项试点任务全面落实，完成试点工作验收。加快发展数字服务贸易，制定出台数字服务贸易政策措施，积极创建国家数字服务出口基地。高标准建设国家服务外包示范城市，挖掘供应链外包、工业设计服务外包、医药（中医药）和生物技术研发服务等新兴服务外包领域。支持国家特色服务出口基地提质升量。培育壮大服务贸易市场主体，打造中医药服务和人力资源等特色服务出口基地。三是打造高质量外资集聚地。实施外资招商专项行动,绘制外资招商"产业链图谱",建立重点项目清单。依托西洽会、智博会、进博会等展会平台,大力引进先进制造业、现代服务业外资项目,推动跨国公司重庆行。深化与港澳台地区经贸交流,加快建设海峡两岸产业合作区,促进台企集聚。四是提升对外投资合作水平。实施抢抓机遇、创新驱动、出海强企、数字外经"四大行动",做强跨国经营,对外投资达35亿元以上。出台对外投资合作促进政策,加强重点项目跟踪服务,办好跨国经营高质量发展论坛及系列投促活动。以共建"一带一路"国家和地区、RCEP成员国为重点,围绕数字经济、科技创新等领域,优化产业链布局。强化投资工程贸易联动融合,推动对外承包工程转型升级。制定进一步深化实施RCEP的政策措施,扩大与RCEP成员国、东盟经贸往来。巩固欧盟、日韩市场,稳定美国市场,积极拓展共建"一带一路"国家和地区、南美、非洲等新兴市场。

4. 持续深入推进改革创新

聚焦规则、规制、管理、标准等,持续深入推进改革创新,稳步扩大制度型开放。一是深化规则创新探索。持续深化陆上贸易规则探索,推进铁路运单物权化和多式联运"一单制"试点,丰富铁路提单的应用场景和融资功能。加大服务业开放压力测试,探索建立地方版跨境服务贸易"负面清单",探索人才"绿卡"制度,积极争取国家支持复制上海临港新片区在财税、金融、产业发展、人才引入等方面的成功经验。积极参与数字经济规则制定,探索建立以数据分级分类规则、数据跨境流动安全评估规则、数据保护能力认证规则、跨境数据交易规则、跨境数字贸易"沙盒机制"为核心的数字贸易规则体系。二是促进投资自由化便利化。落实外商投资法和新版外商投资准入负面清单,推动"非禁即入"普遍落实。落实外资企业国民待遇,加大外商投资合法权益保障力度。持续升级外商投资全流程服务体系,常态化开展"三送一访"活动,畅通外商投资快捷通道、绿色通道,完善重点外资企业和项目跟踪服务"直通车"制度,强化人员出入境、用能等保障措施。三是深化贸易便利化改革创新。拓展中欧"安智贸"合作,加大"关铁通"项目推广力度。综合应用"提前申报"等通关便利化措施,提高通关效率。提高"互联网+海关"应用质量，丰富线上业务办理模式和功能，提升智慧通关水平。积极推进高端制造领域企业集团保税监管模式，大力推广跨境电商零售进口退货中心仓模式，探索创新适应跨境电商、外贸综合服务企业、海外仓等新业态发展的通关便利化措施。

5. 全方位深化国际交往合作

加快建设国际交往活跃、国际影响力凸显的中西部国际交往中心，深度融入双循环发展新格局，更好地服务国家外交大局。一是推进国际交往平台建设。深化国际政务交往，提高重要外宾来渝出席外交外事活动的频率，积极争取更多国家来渝设立领事和商务机构，以共建"一带一路"国家及周边国家、传统友好国家、我国海外人员和利益集中国家、地区为重点，结交地位相称、互补性强、交往可持续的国际友城。充分发挥国际机构、民间组织、华侨华人等对外交往的桥梁和纽带作用，持续深化重庆市与更多国家和地区的务实合作。二是发挥会展平台的桥梁纽带作用。加快建设国际会展名城，高质量举办智博会、西洽会、中新金融峰会、市长国际经济顾问团年会等重点展会会议，办好"一带一路"科技交流大会、"一带一路"国际技能大赛、重庆英才大会等活动。围绕汽车、电子信息、通用机械等优势产业，加快培育一批具有国际影响力的专业展会，积极引进国际国内知名展会、会议、论坛落户重庆举办。三是深化多领域国际交往合作。加强科技创新合作，加快建设国际技术转移中心实体机构，建立多层次国际技术转移体系。深化国际教育合作，深入推进国际化特色高校建设，做好丝路奖学金项目的落地实施，开展"感知巴渝"国际学生社会实践和文化体验活动，办好第四届成渝地区双城经济圈留学生创新创业大赛。拓展对外传播和文旅交流合作，建好西部国际传播中心，增设文旅境外推广中心，力争澜湄旅游城市合作联盟总部落户重庆。促进医疗卫生合作，积极参与国家"健康丝绸之路"建设，积极举办"重庆市卫生援外20周年"系列纪念活动。

（八）深入推进城乡融合发展

推动城乡融合和区域协调发展是实现共同富裕的必由之路，是拓展城乡发展空间的强大动力。持续推进"一区两群"协调发展，建立健全城乡一体化发展的体制机制和政策体系，促进城乡融合发展。

1. 绘就城乡共美新画卷

提升"两群"现代化水平，推进新型城镇化和乡村振兴，绘就城乡共美新画卷。一是加快推进"两群"现代化建设。坚持生态富民、强县富民的发展导向，推动渝东北三峡库区城镇群、渝东南武陵山区城镇群建设，打造库区山区现代化样板。突出特色发展，支持渝东北积极承接沿江产业转移，打造特色产业集群，加快万开云同城化进程，提升三峡制造、三峡农家、大三峡旅游影响力。突出文旅融合，支持渝东南丰富拓展康养新业态，培育武陵加工、武陵农家、大武陵旅游品牌，建设国家文旅产业融合发展示范区。二是扎实推进新型城镇化。深入推进以区县城区为重要载体的城镇化建设，有序推进区县城扩容，补齐基础设施和公共服务短板，增强产业和人口集聚能力，促进农业转移人口就近城镇化。深化国家城乡融合发展试验区重庆西部片区建设，实现城乡空间加快重塑、城乡发展更趋协同。按照区位条件、资源禀赋和发展基础，分类引导小城镇发展，培育一批先进制造、交通枢纽、商贸流通、文化旅游等特色产业集聚的专业功能镇。三是全面推进乡村振兴。实施千万亩高标准农田改造提升、千亿级优势特色产业培育、千万农民城乡融合共富促进、千个宜居宜业和美乡村示范创建"四千行动"，推进农业农村现代化。实施乡村建设行动，推进农村清洁能源、农房质量安全、数字乡村等工程，持续推进"四好农村路"建设，启动农村水网建设试点，优化提升乡村水电路气信基础设施水平。提高乡村公共服务便利度，开展县乡村公共服务一体化建设。

2. 促进城乡要素高效配置

深化改革、创新机制，加快破除妨碍城乡要素自由流动和平等交换的体制机制壁垒，促进各类要素更多向乡村流动。一是健全人口、人才自由流动机制。深化户籍制度改革，全面取消城镇落户限制，以经常居住地登记为基本形式，实行城乡统一户口登记制度。建立基本公共服务与常住人口和服务人口挂钩机制。创新人才下乡激励机制和政策体系，实施农村致富带头人培养行动，引导各类人才在乡村振兴中建功立业、尽展所长。二是推进农村土地制度改革。探索农村承包地"三权分置"有效实现形式，稳慎推进宅基地制度改革试点和农村集体性经营性建设用地入市试点，健全农村产权流转交易市场，完善土地增值收益分配机制。在符合规划、用途管制和尊重农民意愿前提下，允许区县政府优化村庄用地布局，有效利用乡村零星分散存量建设用地。三是完善农业支持保护制度。加强财政涉农资金整合使用，建立健全以农村信用、政策性农业保险、政府性融资担保为重点的农村金融服务体系。完善农业保险制度，提高农业保险服务能力，推动政策性保险扩面、增品、提标。完善融资贷款和配套设施建设补助等政策，鼓励工商资本投资适合产业化、规模化、集约化经营的农业领域。

3. 推动城乡产业协同发展

立足城乡资源禀赋特点和三次产业形态差异，以打造城乡产业新载体，推动第一、第二、第三产业融合发展，促进城乡产业共荣共兴。一是高标准推进城乡产业平台建设。培育城乡协同发展先行区，推动城乡要素跨界配置和产业有机融合。优化提升特色小镇、特色小城镇、美丽乡村和各类农业园区，支持创建国家农村产业融合发展示范园。创建一批城乡融合典型项目，形成示范带动效应。二是推动第一、二、三产业融合发展。高质量推进农村产业发展，增强粮食和重要农产品保供能力，壮大柑橘、柠檬、榨菜、生猪等特色产业集群，培育壮大农业经营主体，推动龙头企业、农民合作社、家庭农场、专业大户等组建农业产业化联合体。延长农业产业链条，提高农产品加工业和农业生产性服务业发展水平。大力发展休闲农业、乡村旅游、民宿经济、农耕文化体验等新业态，支持打造网货生产基地和产地直播基地。

（九）推动公共服务加快发展

全面推动完善公共服务制度体系建设，深入实施高品质生活惠民富民行动，促进人的全生命周期公共服务优质共享，不断增强人民群众获得感、幸福感、安全感、认同感。

1. 大力建设高水平教育文化强市

以办好人民满意的教育为主旨，根据全市区域人口结构，提前规划建设与之相适应的教育设施，增强教育发展的动力和活力，高水平建设教育文化强市。一是持续办好更加公平、更高质量的基础教育。实施基础教育公平优质行动,学前教育、特殊教育突出"普惠发展",义务教育阶段突出"优质均衡",高中阶段学校突出"多样化",继续把"双减"摆在突出位置来抓,大力推动基础教育城乡一体化先行区建设。二是加快构建融通融合融汇的现代职业教育体系。以深化产教融合为重点、推动职普融通为关键、促进科教融汇为新方向,构建"一体两翼"工作格局推动职业教育提质升级,通过服务学生全面发展、服务经济社会发展引领职业教育人才培养,为各类人才搭建发展成长的有效平台。三是着力发展支撑引领国家战略实施的高等教育。在全面提高人才自主培养质量、造就拔尖创新人才和服务区域经济社会发展、优化布局结构上先行先试,进一步加强高校分类管理的顶层设计,加快探索高校分类评价改革。

2. 持续推进卫生医疗事业发展

加快健全提升与中西部地区唯一直辖市、国家重要中心城市相匹配的医疗卫生服务体系、服务能力,推进公共卫生体系更加安全牢固,促进医疗服务体系更加优质均衡。一是着力推进公共卫生体系更加安全牢固。加快构建新型传染病防治体系,提质升级疾控机构内涵,设置疾病预防控制局,提质升级疾控科研和培训阵地,实施公共卫生建设"提档工程",积极创建三级、二级疾控机构。实施慢性病综合防治行动与精神卫生和心理健康服务行动,开展基层精神卫生医师转岗培训。建立健全重大疫情救治体系,提高区县级医院传染病检测和诊治水平,强化基层医疗卫生机构传染病防控能力。二是着力推进医疗服务体系更加优质均衡。深化医药卫生关键性领域改革,突出把握改革重点,落实分级诊疗制度,推动大病重病在区县内解决、一般常见病多发病在辖区内解决、日常头疼脑热等小病在基层解决。实施医疗服务质量"提能工程",分梯次创建"国家级—市级—区县级"临床重点专科,推动专病诊疗中心、智慧医院建设。推进一区两群"均衡发展",全面开工建设国家、省级区域医疗中心,新建三级医院,重点向渝东北、渝东南地区倾斜,大力推动区县域医疗卫生次中心、甲级基层医疗机构建设。推进中医药传承创新发展行稳致远,加快推动重庆国家中医药传承创新中心、国家中医疫病防治基地建设。

3. 推动公共文化体育高质量发展

全面提升全市公共文化体育资源供给质量，进一步优化城乡文化体育资源配置，促进川渝共筑西部地区文体发展高地，不断满足群众日益增长的文化体育需求。一是全面提升公共文化服务效能和品质。在国家、市级公共服务标准基础上，推动区县修订完善本级公共文化服务目录，进一步完善公共文化服务标准化体系。推动公共文化设施提档升级，科学规划"省市—区县—乡镇（街道）—村（社区）"四级公共文化设施，新建公共文化设施向基层延伸、向农村覆盖、向边远地区和居民集中区倾斜。积极拓展新型公共文化服务空间，推动公共图书馆、文化馆、博物馆、美术馆、非遗传承体验场所、实体书店等建立联动机制，加强功能融合，营造有特色、有品位、小而美的公共文化空间，大力推动"城市书房""乡村书房""文化驿站"等新型文化空间建设。推动基本公共文化服务融入城乡居民生活，持续深化实施公共文化场馆免费、错时和延时开放，适度开展夜间服务。加快公共文化服务智慧化建设，建设全市公共文化服务领域资源、活动、服务汇聚的基础服务平台。二是系统强化公共体育服务供给能力。进一步健全全民健身公共服务体系，推动建设智慧健身长廊、体育公园、健身步道、全民健身中心、社会足球场、群众滑冰场等。积极举办市级群众体育赛事，进一步提升现有品牌赛事的办赛水平和规模，努力打造自有IP赛事。广泛开展"奔跑吧·少年"青少年和儿童主题健身活动，全力争取国家级青少年综合性体育运动会或U系列的单项赛事落户重庆市，丰富全市青少年体育赛事活动。高标准承办好第九届中俄青少年运动会。积极开展川渝、成渝青少年体育赛事和培训交流活动。

4. 全面织密织牢社会保障网

围绕集中解决群众最关心最直接最现实的利益问题，提供更加均等更加优质的社会保障服务，确保就业、社会保险、养老、住房等各领域开启高质量发展的新征程。一是大力促进高质量充分就业。强化就业优先政策，健全重大政策、重大项目就业影响评估机制，实施"就在山城·渝创渝新"就业创业扶持计划，推进百万青年就业促进计划，实施离校未就业高校毕业生服务攻坚行动，支持灵活就业、新就业形态发展。加强"巴渝工匠"终身职业技能培训，持续培养"智能+技能"双能人才。建立健全就业失业统计监测预警体系，城镇调查失业率保持在较低水平，持续推进和谐劳动关系创建活动。二是深入做好民生兜底工程。保持基本养老保险参保率稳定在95%以上，深化企业职工基本养老保险全国统筹，完善医疗保险、失业保险市级统筹机制和动态监测救助帮扶机制。强化妇女、儿童、残疾人等重点群体权益保障，推动标准化妇幼保健机构全覆盖，困难残疾人生活补贴覆盖率、重度残疾人护理补贴覆盖率分别达100%。加强军人军属荣誉激励和权益保障，合理提高退役军人和其他优抚对象待遇标准。三是提升社会养老服务供给能力。面对重庆市人口老龄化加速的背景，大力推进养老服务基础设施建设，搭建养老服务基础平台，不断提升养老服务普惠化、均等化水平。进一步强化社会力量参与养老服务的保障能力，采取公建民营、民建公助等政企联动方式，加快街道（乡镇）建设养老服务中心步伐，开展老年人全天候全周期托养照料，加大社区（村）建设社区养老服务站、农村养老服务互助点力度，延伸养老服务触角，把专业化、标准化、品质化的养老服务送进家庭。四是进一步加大重庆市住房保障力度。加快建立多主体供给、多渠道保障、租购并举的住房制度，通过保租房、公租房、人才房三大抓手，进一步扩大住房保障覆盖面，以更加精准的保障制度提升服务水平，为高质量发展、高品质生活提供强有力的住房保障支撑。围绕服务好新市民、青年人等重点群体，继续做好保障性租赁住房筹集工作，加快培育和发展市场租赁住房，让更多群众实现"住有所居""住有宜居"。继续完善公租房管理服务，力争对低保低收入家庭、优抚对象、多孩家庭、乡村教师等群体实施优先保障。推动公租房管理政府规章立法，探索公租房REITs及资产盘活改革试点，建立公租房与保租房转化机制。

五、政策建议

（一）完善双城经济圈建设推进机制

加快建立成渝地区双城经济圈协同发展协调推进机制，不断完善共同向上争取机制，构建鼓励市场和社会力量全面参与区域建设的体制机制。

1. 加快完善向上争取机制

推动成渝地区双城经济圈建设，是构建以国内大循环为主体、国内国际双循环相互促进的新发展格局的重大举措，对带动全国高质量发展具有重要意义。成渝两地应加快建立高效的向上争取机制，积极争取将成渝地区双城经济圈明确为国家区域重大战略，促进参照京津冀、粤港澳大湾区、长三角成立由中央有关领导任组长的领导小组，加强中央层面对战略实施的统筹协调，形成与成渝地区双城经济圈战略地位相匹配的国家顶层设计，在川渝布局更多重大生产力项目及基础设施、教育卫生等重大项目和先行先试的改革事项。

2. 加快完善工作运行机制

把双城经济圈建设放在中国式现代化的宏大场景中来谋划推进，作为重庆"一号工程"和全市工作总抓手总牵引，全面加强对成渝地区双城经济圈建设工作的领导和谋划，进一步优化"党政联席会—常务副省市长协调会—联合办公室—专项工作组"四级合作机制。加强组织领导，压实工作责任，坚持全市域融入、全方位推进，强化市级顶层设计和统筹推进，强化区县属地落实和社会共同参与，形成市区县贯通、部门联动，构建齐抓共管、协同配合的工作运行机制。

3. 探索建立多方参与机制

在现阶段以政府为主体的区域合作治理机制上，加快构建多元合作主体参与的多方参与机制，转换思路创新思维，引导企业、高校、科研院所、行业协会、基金会、社会组织等各类主体积极参与双城经济圈建设，持续发挥产业联盟、创新联合体等协同创新作用，营造多方共同参与的区域合作格局，广泛凝聚推动成渝地区双城经济圈建设强大合力。

（二）强化重点领域政策配套

积极争取国家层面政策支持，全面加强两省市政策深层次对接，制定精准务实的政策文件，进一步完善协同发展政策体系，持续强化产业、科技、生态、开放等领域政策配套，为区域高质量发展提供有力政策支持。

1. 产业链协同发展政策

围绕提升区域产业综合竞争力，以区域产业链"补短板锻长板"为目标，加大对成渝地区双城经济圈先进制造业、数字经济、现代服务业、现代高效特色农业等各产业板块协作的统筹推进力度，提高政策区域协同效应，全面强化产业一体化政策供给，加强产业链关键环节、薄弱环节和用地用能金融等要素资源保障政策的系统性协同性联动性。建立健全区域内跨区域总部经济财税利益分配政策，合理均衡企业总部与分支机构所在地的财税利益分配关系。

2. 科技创新发展政策

提升区域技术创新策源能力，建立促进国内外大院名校与区域合作共建高端创新载体的系列政策，加快国家技术创新中心在区域内建设布局。推动科技创新要素市场的一体化发展相关配套政策协同推进，深化科技创新领域"放管服"改革，强化协调合作政策基础地位，打破行政性垄断、防止市场垄断，清理废除妨碍统一市场和公平竞争的规定和做法。加强统一的知识产权管理和执法，促进科技成果在成渝双圈区域内安心转化。

3. 生态协同发展政策

推动区域生态环境治理体系和能力现代化，加快生态协同制度供给，尽快出台区域绿色转型、降碳增汇的政策措施。注重发挥碳市场作用，探索减污降碳协同增效政策。推动形成导向清晰、执行有力、多元参与的区域生态环境协同治理政策体系，健全危险废物转移"白名单"制度，促进建设区域再生资源交易平台，提高区域生态环境联防联控联治效率。

4. 开放发展政策体系

坚持川渝统筹联动，创新开放体制机制，着力培育开放合作新优势，形成全方位对外开放新格局。加快完善创新口岸平台、物流通道、交通枢纽及开放园区无缝对接和有机联系的政策体系。积极探索创新国际贸易、投融资便利化、金融开放政策体系。健全开放型经济的区域创新体系、安全保障体系、开放安全的金融体系、知识产权保护体系和开放型创新型高端人才政策体系。

（三）推动毗邻地区合作取得新突破

川渝毗邻地区是推动成渝地区双城经济圈建设的前沿阵地和"重头戏"。加快推动毗邻地区抱团发展、融合发展，打造区域协作高水平样板。

1. 推进毗邻地区合作共建功能平台建设

鼓励万达开川渝统筹发展示范区等10个合作共建功能平台积极探索成本共担和利益分享机制，推进政策协同、重点领域协作、市场主体联动，清单化谋划推进一批共建项目。完善合作平台协作机制，加快建立以政府合作为主，社会组织、企业主体、民间组织多方参与的合作氛围，探索更深层次的全方位、多渠道合作方式。积极对接川渝两省市总体部署和安排，推动异地就医、社会保障等便民政策在合作平台落实落地。

2. 打造一批"桥头堡"城市

"桥头堡"城市是打破行政边界、拓展市场范围的前沿阵地和战略支点，拥有雄厚的综合实力和强大的爆发力，具备承东启西、左传右递的战略枢纽功能和引领带动、关键支撑的经济节点功能。重庆主城都市区已有部分区具备建立桥头堡城市的基础条件。围绕促进成渝地区中部崛起、深化"双核"联建，建议完善产业、人口、土地、基础设施、公共服务等方面配套政策，选择永川、合川等区具有战略支点作用的"桥头堡"城市，发挥经济带动、产业支撑、要素集聚、改革示范等功能，推动成渝地区双城经济圈一体化发展。

（四）加快谋划打造一批标志性成果

成渝地区双城经济圈建设标志性成果打造进度偏慢，要加快打造具有全国影响力的重大项目，创新推动成渝地区双城经济圈一体化发展的体制机制改革成果。

1. 打造一批"可见""可现"示范项目

川渝两地在产业、基础设施、公共服务等领域合作抓手少、特色少，具有辨识度的标志性成果还不够突出。建议借鉴长三角生态绿色一体化发展示范区等比较成功的建设经验，在理念落地、目标落实上，谋划一批看得见、能展现的示范项目,例如在川渝毗邻合作功能平台中,由川渝两省市联合打造一个跨省的川渝合作集中展示区域。推动川渝两省共设"项目库"形成分类示范,集中建设生态环保类、产业创新类、人居品质类、基础设施类等示范项目。

2.创新推出一批体制机制改革成果

改革是破解深层次体制机制障碍、提高资源配置效率、增强经济发展效益的关键一招。推进行政区与经济区适度分离改革试点,推动国家层面在跨省要素保障、税收征管、统计分算等方面进一步放权赋能,鼓励支持川渝高竹新区等先行先试。聚焦规划管理、生态保护、土地管理、要素流动、公共服务、公共信用等经济社会多领域,边探索边实践、边总结边推广。加强已取得的制度创新成果在成渝地区双城经济圈全域的推广应用,加快形成一体化效应。

分报告二

四川省推动成渝地区双城经济圈一体化发展研究（2021—2022年）

《成渝地区双城经济圈建设规划纲要》（以下简称《规划纲要》）建设三年来成效显著，产业发展、基础设施、公共服务等重点领域合作持续深化，发展支撑不断夯实，引领示范效应不断增强，与重庆一体化发展成势见效。本报告通过对2022年四川推动成渝地区双城经济圈建设的具体做法和经验进行总结分析，提出2023年的重点任务和对策措施，进一步推动与重庆齐心协力、相向而行，共建有实力、有特色的双城经济圈。

一、发展基础和比较优势

2022年是四川发展历程中极不平凡的一年。在省委的坚强领导下，全省上下坚定以习近平新时代中国特色社会主义思想和习近平总书记对四川工作系列重要指示精神为指导，深入学习贯彻党的二十大精神，全面落实省第十二次党代会和省委十二届二次全会安排部署，统筹疫情防控和经济社会发展，"双圈"建设持续稳定推进，区域发展协调性逐步增强。

（一）经济大盘保持稳定

2022年，四川遭受新冠疫情、高温干旱、地震灾害等多重超预期因素严重冲击，经济下行压力之大多年罕见。面对严峻复杂形势，全省全力以赴拼经济搞建设，尽最大努力争取最好结果，实现经济持续发展，为推动成渝地区双城经济圈一体化建设提供有力支撑。

1. 经济发展韧性较强

四川省上下认真落实国务院稳经济一揽子政策和接续措施，及时出台配套举措，制定实施了稳工业、促投资、恢复消费和服务业等系列政策措施，2022年全省地区生产总值56749.8亿元，同比增长2.9%，经济总量稳居全国第六、西部第一，占全国的4.7%、西部地区的22.1%。成渝地区双城经济圈四川部分经济总量突破5万亿元，占双城经济圈的比重为65.2%、经济增长贡献率达到67.5%。三次产业结构持续优化，高新技术产业发展势头强劲，高技术制造业增加值增长11.4%，数字经济核心产业增加值超过4300亿元，高新技术企业突破1.4万户。"三驾马车"齐头并进，投资关键作用充分发挥，全社会固定资产投资增长8.4%，333个政策性开发性金融工具到位基金居全国前列。消费规模保持稳定，社会消费品零售总额达到2.4万亿元，居全国第五，市场优势依然明显。外贸增势良好，进出口总额突破1万亿元，对外开放步伐加快。

2. 市场主体稳中有升

全面落实新的组合式税费支持政策，累计为市场主体减轻税费负担超过1700亿元，加大力度缓解企业生产经营困难，发放"助企纾困政策明白卡"，开展"万人助万企"等系列活动，减免房屋租金40亿元，全省政府采购授予中小微企业的合同金额占政府采购规模的86%。金融对实体经济的支持力度持续加大，全省政府性融资担保公司在保余额同比增长40%以上，普惠小微贷款余额增长25.3%，新发放企业贷款加权平均利率持续下降。市场主体数量稳步增长，全年净增市场主体超47万户，实有总量达到819万户。

3. 就业物价保持平稳

出台实施稳就业、促进青年就业创业和培育特色劳务品牌等政策措施，开展"春风行动"等系列活动，创新设立3万个公共卫生特别服务岗，举办线上线下招聘会超5000场，发放稳岗返还资金24亿元，农村劳动力转移就业稳定在2600万人以上，城镇新增就业99.6万人，城乡居民人均可支配收入分别增长4.3%、6.2%。适时开展冻猪肉收储和投放，粮、油、肉、蛋、奶、果、蔬供应充足，居民消费价格指数（CPI）上涨2%，与全国持平。2018年以来四川与全国地区生产总值增速及变化趋势见图3-1，2018年以来四川地区生产总值占全国的比重见图3-2。

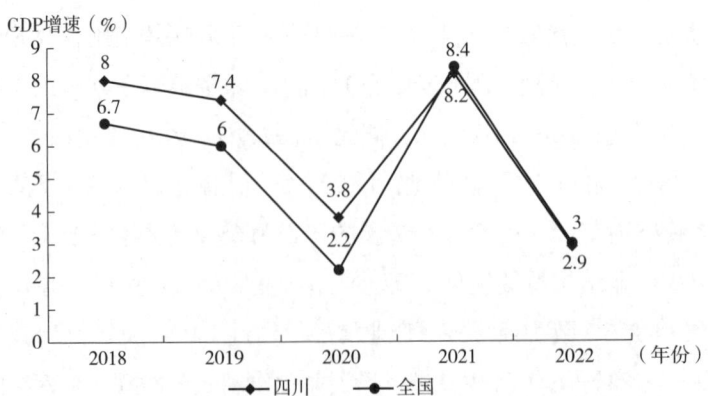

图3-1　2018年以来四川与全国地区生产总值增速及变化趋势

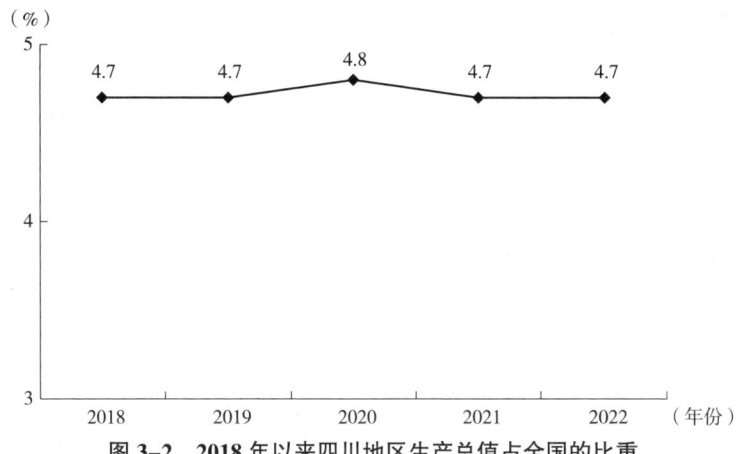

图3-2 2018年以来四川地区生产总值占全国的比重

（二）空间格局不断优化

"四化同步、城乡融合、五区共兴"是四川现代化建设的总抓手，"五区共兴"就是要缩小地区差距，建强成都都市圈，做强次级增长极，唱好"双城记"，推动欠发达地区跨越发展，提升区域发展带动力，着力形成全域协同联动新格局。

1.五大片区竞相发展

成都极核引领作用发挥明显，2022年地区生产总值突破2万亿元，达到20817.5亿元，对双城经济圈经济增长的贡献率达到25.1%，是带动全省经济稳定发展的活跃增长极和强劲动力源。成都都市圈加快成势，2022年成德眉资四市经济总量占全省的比重为46.2%、拉动全省经济增长1.3个百分点，166项高频政务服务事项实现无差别办理，推动实现大气污染防治协同立法，为推动成渝地区双城经济圈实现一体化发展先行先试。成都平原经济区协同发展成效明显、拉动全省经济增长2个百分点，成渝地区电子信息等3个先进制造业集群入选国家先进制造业集群名单，成德绵国家科技成果转移转化示范区加快建设。川南经济区一体化发展不断深化，加快打造世界级优质白酒产业集群，装备制造、新材料、清洁能源等产业不断发展壮大，全省第二经济增长极打造初见成效。川东北经济区振兴发展加快推进，成达万、西渝高铁开工建设，万达开、川渝高竹新区建设取得突破性进展，川东北和渝东北地区一体化发展积极推进。攀西经济区转型发展步伐加快,白鹤滩水电站左岸机组投产发电,战略资源创新开发成效初显。川西北生态示范区绿色发展特色鲜明,绿色产业体系加快构建,长江黄河上游生态屏障更加牢固。

2. 城镇化水平不断提升

印发实施《四川省新型城镇化中长期规划》,积极推进以县城为重要载体的城镇化建设,加快推进农业转移人口市民化,全省常住人口城镇化率稳步提高。加强海绵城市建设,广元、广安成功入围国家第二批海绵城市建设示范城市名单。积极推进县城城镇化补短板强弱项,推动更新改造城镇燃气、供水、排水等老化管网5.8万千米。加大省级中心镇培育力度,深入实施"六大提升工程",抓实"五大改革措施",命名首批百强中心镇58个,逐步形成"点上突破,面上带动"小城镇发展新格局。推动特色小镇规范健康发展,新增宜宾动力电池特色小镇、德阳清洁能源装备特色小镇为四川省特色小镇创建对象,目前全省特色小镇达到43个。

3. 城乡融合加快推进

编制完成《四川省乡村建设行动实施方案》,有效改善乡村基础设施,新(改)建农村公路2.4万千米。启动实施农村人居环境整治提升五年行动,新(改)建农村户厕64.5万户,生活垃圾收运处置体系行政村覆盖率达到98%。合江县、昭化区被列为国家级传统村落集中连片保护利用示范县。成立省级乡村振兴产业引导基金,开展家庭农场和农民合作社带头人职业化试点,76个产粮大县实现三大主要粮食作物完全成本保险全覆盖。不断完善乡村治理体系,积极推广积分制、清单制等乡村治理方式,持续推进移风易俗工作,建成全国乡村治理示范乡镇12个、示范村119个,创建省级乡村治理示范乡镇127个、示范村1195个。

(三)基础设施全面加强

近年来,四川着力推进基础设施协同联动,大力拓展四向出川大通道,进出川大通道达到41条,持续补齐水利、能源设施短板,加快布局信息基础设施,基础设施整体水平实现大幅提升。

1. 现代综合交通运输体系逐步健全

公路总里程保持全国第一，2022年全省公路总里程达40.5万千米，比2012年增加11.2万千米，其中高速公路总里程9179千米，居全国第三，成都都市圈环线高速公路全线通车，泸州至永川高速公路建成通车，成遂渝、成安渝、成资渝直连双城的高速通道全部建成，南充至潼南、资中至铜梁等高速公路开工建设，川渝间建成及在建的高速公路通道达到20条。铁路交通网加快织密，2022年全省铁路运营里程达到6033千米，其中高速铁路运营里程达到1391千米，成渝客专完成提质改造，实现350千米/小时达速运营、成渝双核实现1小时通达。航运建设有序推进，泸州港、宜宾港至重庆港"水水中转"班轮常态开行，广元至重庆"水上穿梭巴士"散货运输稳定开行，嘉陵江梯级通航建筑物在全国率先实现跨省域联合调度。国际航空门户枢纽加快打造，成都天府机场与双流机场"两场一体"稳定运营，达州金垭机场建成投用，乐山、阆中机场加快建设，成都双流机场旅客吞吐量达到3109.2万人次，在全国城市中排名第一。

2. 水利设施加快改善

强力推进重大水利工程建设，与重庆共同争取《成渝地区双城经济圈水安全保障规划》出台，引大济岷、毗河供水二期等前期工作加快推进，向家坝灌区一期、李家岩水库等项目加快建设，涪江右岸引水工程、沱江团结工程等项目前期工作加快推进。加快推进骨干水网建设，全省31个重大水利工程被纳入国家"十四五"水安全保障规划，总投资3672亿元。农村水利设施格局加快构建，开工建设农村水利工程项目181处，新增和改善用水533万人。着力推进水利工程更新改造，大中型灌区续建配套与现代化改造加快实施，城市应急备用水源建设稳步推进，全面实施防洪控制性水库、主要江河及中小河流防洪治理和病险水库除险加固。

3. 能源设施短板加快补齐

电力保供能力稳步提升，开展川渝能源绿色低碳高质量发展协同行动，川渝1000千伏特高压交流工程加快建设。输电通道等建设持续推进，白鹤滩水电站首批机组投产发电，农村电网巩固提升工程有序实施。清洁能源占比稳步提高,甘孜州南部光伏发电、凉山州风电基地等多个清洁能源项目开工,国家天然气(页岩气)千亿立方米级产能基地加快建设,清溪地下储气库建成投运,2022年川渝天然气产量超650亿立方米。持续加强煤炭储备能力建设,支持广安高兴等3个储配煤基地建设,全年新增储煤能力200万吨以上。

4. 信息设施快速优化

扎实推进网络基础设施建设,推动"双千兆"网络协同发展,2022年累计建成5G基站超过11万个、光纤宽带端口超过6500万个,千兆光纤网络覆盖超过3000万户家庭,"千兆城市"数量居全国第一。实施"双千兆乡镇通"工程,全省所有乡镇5G和千兆光网100%通达。着力促进数据中心建设,大幅扩容成都国家级互联网骨干直联点、成都互联网国际数据直达通道带宽,成都至北京、上海等国家枢纽节点省际直达带宽共计13500G,成都集群至重庆集群直达带宽共计6200G。大力推动充电设施建设,截至2022年底,全省充电桩保有量突破16万根,同比增长107%,换电站保有量71座,同比增长2.33倍。

(四)产业层次不断提升

创造和转化优势壮大实体经济,加快构建现代化产业体系,新旧动能接续转换迈出坚实步伐。

1. 特色农业加快发展

2022年四川农业聚焦打造新时代更高水平的"天府粮仓",加快发展高质高效现代特色农业,补齐"10+3"产业体系支撑性短板,推进农业强省建设迈步向前。实现第一产业增加值5964.3亿元,同比增长4.3%,增速比上年稍有下降,但仍为三次产业中增速最高。一是重要农产品生产总体稳定。通过坚决遏制耕地"非农化"、有效管控"非粮化",耕地面积得到有效保护,克服高温干旱造成粮食减产的影响,采取抗旱保灌、补种改种、晚秋补歉等措施挽回损失,粮食产量连续三年保持在350亿公斤以上。生猪产能保持稳定,全年生猪出栏6548.4万头,比上年增长3.7%;牛出栏306.0万头,比上年增长4.4%;羊出栏1792.7万只,比上年增长1.5%;家禽出栏7.8亿只,比上年增长0.8%。二是农业科技水平不断提升，四川省种质资源中心库加快建设、农机集成攻关不断提速。目前，省级种业集团加快组建、"四川好米"风向标"稻香杯"影响力持续跃升，全省农业科技进步贡献率达到61.5%，提高1.5个百分点。三是"川字号"优势特色农业提质增效，川猪、川菜、川果、川茶等"川字号"特色优势农产品加快走出省门国门，"天府龙芽""天府菜油"等"川字号"品牌加速崛起，生猪、油菜、花椒、牛、兔、晚熟柑橘等15项农产品产量居全国第1位。四是现代农业产业园区建设成效显著，成功创建国家农业现代化示范区5个、国家现代农业产业园区2个，新改建农产品原产地冷藏保鲜设施1500座。

2. 制造业保持较快增长

2022年，四川省受疫情反复、高温干旱、限电缺电等多重超预期因素影响，制造业震荡运行、承压前行，但在稳定产业链供应链8条、抢进度拼速度保安全7条等政策措施作用下，工业仍然保持平稳健康增长。全省规模以上工业增加值比上年增长3.8%，增速高于全国平均水平，制造业加快复苏和高质量发展。一是支柱产业增长良好，1—10月，五大支柱产业增加值同比增长6.0%，其中电子信息、先进材料分别增长14.6%、11.7%；41个大类工业行业中，有10个行业实现两位数增长。二是新增长点加速成长，10月工业投资同比增长19%，为第二季度以来首次实现两位数增长。1—10月，绿色低碳优势产业增加值同比增长18.9%，其中晶硅光伏、动力电池产业延续强劲发展势头，增加值分别增长70.3%、146.0%，为工业经济发展拓展更多空间。三是企业和产业集群培育效果凸显，布局建设省级战略性新兴产业集群23个，新增高新技术企业超过4000家，实施制造业企业"贡嘎培优"行动和中小企业"育苗壮干"梯度培育计划，规模以上工业企业突破1.6万家，国家级专精特新"小巨人"企业338家。四是数字经济发展壮大。成功纳入国家"东数西算"工程，全国一体化算力网络国家枢纽节点加快建设，成都智算中心正式上线，天府云数据产业基地建成投运。国家数字经济创新发展试验区建设任务完成，成渝地区工业互联网一体化发展示范区建设加快推进，打造工业互联网平台40个、上云企业超过33万户，成功举办天府数字经济峰会、中国信息通信大会，数字经济核心产业增加值超过4300亿元。

3. 服务业持续稳定发展

2022年，四川省服务业承压前行，稳步恢复，生产性服务业发展势头良好，服务业转型升级趋势明显，全年第三产业实现增加值29628.4亿元，增长2.0%，服务业发展质量和效益实现双提升。一是消费基本稳定增长，商品零售规模持续扩大，全省限额以上单位实现商品零售总额8620亿元，限额以上单位十五大类商品中，超五成零售额实现正增长；新型消费蓬勃发展，限额以上企业通过互联网实现的商品零售额同比增长10.8%，高于社消零增速10.9个百分点。二是金融业健康发展，全社会融资规模增量16718亿元，同比增长14.3%，高于全国4.6个百分点；本外币各项贷款余额9.2万亿元，同比增长14.8%，增速连续4个月居全国第1位；全省非金融企业在银行间市场募集资金2721.2亿元，发行量位居中西部地区第一。三是物流业持续增长，面对多重困难叠加的冲击，四川积极采取各种措施，攻坚克难，有效保障了物流产业链循环和民生稳定，物流行业韧性进一步显现，全省社会物流总额达到106487.7亿元，同比增长4.0%，物流业实现总收入5808.5亿元，增长10.2%，增速比上年提高0.9个百分点。四是文旅融合发展提质增效，新创建国家级夜间文旅消费集聚区7个，新命名天府旅游名县8个、名镇10个、名村30个，国家级省级全域旅游示范区79个，露营游、夜经济等新业态不断涌现，"天府之国、安逸四川、熊猫家园、古蜀文明"文旅名片更加亮丽。

（五）生态文明建设提速

以前所未有的力度加强生态保护和建设，推动生态环境明显改善和趋势性好转，生态大省优势地位更加凸显。

1. 生态建设成效明显

始终坚持生态保护方向不变、力度不减，深入打好污染防治攻坚战，生态环境质量稳定改善。一是生态保护修复加快推进。实施水土保持、地灾治理、矿山修复等重点生态工程，开展大规模国土绿化行动，完成营造林559万亩、退化草原生态修复治理1152.6万亩、沙化土地治理50.7万亩、湿地修复4.5万亩。高质量建设大熊猫国家公园、修复栖息地26.6平方千米，获准创建若尔盖国家公园。二是扎实推进流域生态治理。先后印发实施"十四五"

长江、黄河等流域生态环境保护规划，从推进经济社会绿色转型、深化流域空间管控、有序推动水生态修复、提供优良水生态产品、加强水生生物保护等方面谋划项目近1600个，涉及资金约3700亿元；持续完善"一河一法"，用法治守护水清岸绿；深化跨省合作，扩大流域治理朋友圈，"三水共治"格局加快形成。三是紧抓生态环境突出问题整改。聚焦中央生态环保督察反馈问题，狠抓整改销号，推动终端见效。截至2022年底，155项第一轮中央生态环保督察整改任务已完成152项，69项第二轮中央生态环保督察整改任务已完成43项，国家移交的72个长江黄河生态问题已解决64个。对成都、自贡、德阳、宜宾和蜀道集团开展第三轮省级生态环保督察，首次将省属国有企业纳入督察范围。

2. 环境保护成效显著

大力开展空气、水、土壤污染防治攻坚战，环境污染得到有效治理。一是空气污染防治攻坚扎实推进。强化大气污染防治，开展工业源、移动源、扬尘源专项整治和臭氧污染防控攻坚，$PM_{2.5}$平均浓度持续下降，重污染天数较上年减少8天。二是水污染治理效果明显。开展重点小流域水环境质量限期达标、入河排污口排查整治等专项行动，长江、黄河干流水质稳定达到Ⅱ类，全省203个国考断面中，水质优良断面达202个，占比99.5%，优良率位居全国前列，水环境质量创20年来最好水平。三是土壤污染治理体系逐步完善。推动建设绿色种养循环示范区，开展有机肥替代化肥行动，全省化肥使用量减少到210.8万吨、农药使用量减少到4.63万吨，连续四年实现使用量负增长，土壤污染风险得到有效管控。

3. 绿色转型加快推进

依托四川"水、风、光、气"优势，国家清洁能源示范省建设成效巨大。一是碳达峰碳中和有序推进。印发碳达峰碳中和实施意见和碳达峰实施方案，制定重点领域专项行动方案。开展"两高一低"项目专项排查整治，加快省级园区循环化改造。大力发展清洁能源，白鹤滩水电站全部机组投产发电，两河口、苏洼龙、杨房沟等水电站建成投运，全球最大水光互补项目柯拉光伏电站、雅砻江两河口混合式抽水蓄能项目开工建设，清洁能源装机容量新增908万千瓦、超1亿千瓦，天然气（页岩气）产量561.2亿立方米。碳排放强度明显下降，四川成为人均碳排放量最少省份之一。二是发展方式绿色转型成效明显。推动四川天府新区成功入选国家气候投融资试点。启动17个近零碳排放园区试点，积极参与碳市场交易，全省累计成交国家核证自愿减排量（CCER）突破3600万吨、成交额突破11亿元；2022年，12个市、县（区）获得国家生态文明建设示范区、"两山"实践创新基地命名，数量居全国第一。三是绿色转型金融保障不断强化。出台生态环境领域服务保障稳增长八项措施。举办节能环保产业暨环保基础设施招商会，推动落地项目126个，总金额1490亿元。强化金融保障，推动新增8亿元一般政府债券，发行90亿元绿色金融债券、新增绿色贷款637亿元。

（六）协同创新加快发展

坚定不移推进创新，以创新平台建设和产业创新主体培育为重点，完善科技创新体制机制，不断提升发展新动能。

1. 创新能力持续提升

深入实施创新驱动发展战略，持续夯实科技创新基础，大力提升科技创新实力，科技创新保持稳中有进良好态势。一是成渝地区协同创新深入推进。配合科技部制定《成渝地区"一带一路"科技创新合作区建设方案》，两次召开两省市科技协同创新专项工作组会议，开展川渝高竹新区外国人来华工作许可互认试点，成立科研院所、大学科技园联盟，实施川渝科技合作计划项目40项，推动两地科技资源开放共享，整合大型仪器设备1.2万台（套）。二是重大创新平台加速落地。全国首个区域科技创新中心启动建设，西部第一个国家实验室挂牌设立，天府绛溪、天府锦城实验室揭牌运行，中国地震科学实验场等国家重大科技基础设施获批建设，光子芯片研发等7个国家科教基础设施在川布局，红外太赫兹自由电子激光装置等6个省重大科技基础设施启动建设；国家精准医学产业创新中心、国家川藏铁路技术创新中心加快建设，生物靶向药物国家工程研究中心、国家超高清视频创新中心获批组建；国家级创新平台新增10个，累计达到93个。

2. 产业创新成效显著

突出企业的创新主体作用,提升创新对产业发展的基础支撑作用,产业创新成果频出。一是重大科技攻关取得新进展。通过实施航空与燃机、工业软件及信息安全、生命健康、生物育种等省级重大科技专项,研制出F级50兆瓦重型燃气轮机、超静音智能钻机、首架交付型C919机头、高精度大电流传感器、齿轨列车等重大产品,育成天府黑猪、川油101等农畜新品种。二是科技成果加速在川转化。全年技术合同成交额达到1649亿元,同比增长18.1%,成德绵国家科技成果转化转移示范区示范带动作用不断增强,新药创制国家科技重大专项成果转移转化试点示范基地加快建设,国家科技成果评价改革综合试点深入推进,实施首批"聚源兴川"行动项目27项,支持科技成果转化示范项目110项、重大创新产品92个。三是产业技术创新中心加快建设。开展领军型企业、高新技术企业、科技型中小企业"培育三大行动",全省新增瞪羚企业62家,同比增长40.8%;高新技术企业达到1.45万家,同比增长42.3%;备案科技型中小企业1.87万家,同比增长26.2%。

3. 创新体制更加完善

不断完善科研创新体制机制,深入推进职务科技成果转化试点,激发科研人员创新活力,形成科技创新合力。一是科技体制改革攻坚全面启动。实施科技体制改革攻坚三年行动,开展职务科技成果转化前非资产化管理试点,改革完善省级财政科研经费管理制度,启动科研经费"包干制2.0"试点、"揭榜挂帅"试点和科研项目自主验收试点。二是国际科技合作不断深化。联合重庆建设"一带一路"国际技术转移中心,加快国家"一带一路"联合实验室建设,推动组建世界钙华自然遗产研究保护、国际山地农业科技创新等国际科技联盟组织,举办四川—巴基斯坦高校科技教育合作对话会等10余场国际会议活动,深化外籍人才管理服务创新,打造国际人才聚集高地。

(七)改革开放纵深突破,高地建设初见成效

深入推进"放管服"改革,持续深化"一网通办""最多跑一次"改革,聚焦重点领域打好改革攻坚战,加强开放通道和平台建设,改革开放取得新进展新突破。

1. "放管服"改革深入推进

持续深化"放管服"改革优化营商环境。出台《关于加快推进政务服务标准化规范化便利化的实施意见》，大力推进电子营业执照"一照通"、政务服务"一网通办"，省级"最多跑一次"事项占比提升至99.6%。编制行政许可清单，实施涉企经营许可事项全覆盖清单管理，将省本级注册登记市场主体下放至属地登记管理，将特种设备生产许可等部分事项委托下放，全省保留行政许可事项精简至641项。成渝地区双城经济圈"放管服"改革取得新进展。联合印发《成渝地区双城经济圈优化营商环境方案》，开通川渝线上政务服务专区，推出告知承诺制证明事项目录和电子证照亮证互认实施清单，实现港澳简版公证文书互认互用，川渝市场主体登记档案实现数字化管理和异地互查，2022年扫描归集534万户市场主体档案，累计查询58428户次，30.8万户新设企业通过"一窗通""营商通"实现企业开办"一日办结"，新登记市场主体100.91万户。建立跨行政区域民营企业投诉处理协作、全国首个跨行政区域外商投资企业投诉处理协作和信用"红黑名单"互认共享机制，开展"巴蜀味道"知识产权联合执法专项行动。

2. 重点领域改革持续深化

纵深推进投资项目审批、农业农村、财政金融以及国企等重点领域和关键环节改革。深入推进高标准市场体系建设，对妨碍全国统一大市场建设和公平竞争的相关规定做法开展清理整治。深化投资项目审批制度改革，畅通重大项目审批"绿色通道"，建立重大项目分级协调机制，优化项目审批流程，建立项目审批管理信息系统，审批效率进一步提升。深化耕地保护田长制改革，全省已基本建立起五级田长责任体系。深化财税体制改革，明确11个领域省以下财政事权和支出责任划分，出台深化预算管理制度改革20余项举措。深化国资国企改革，全面完成国企改革三年行动主体任务，省属企业"1+6"重大专项改革成效显著，混合所有制改革稳妥推进。协同推进成渝地区双城经济圈建设重点领域改革。联合印发《成渝地区双城经济圈经济区与行政区适度分离改革方案》《成渝地区双城经济圈体制机制改革创新方案》等。在高竹新区积极探索经济区与行政区适度分离改革，创新税费征管模式，推进川渝税费政策执行同标和征管服务一体化，建立全国第一个跨省域公安机关，推动跨省域警务一体化发展。土地制度改革深入推进，探索实施新增工业项目"标准地"出让，构建工业项目公开透明的新型用地模式，郫都区、大足区等8个区县及资阳市获批开展全国新一轮农村宅基地制度改革试点。

3. 开放水平明显提升

对外开放综合立体交通网络加快构建。进出川大通道达41条，其中铁路11条、高速公路27条、水运3条。成自宜、渝昆等高铁开工建设，川藏铁路全面实施，雅康高速、汶马高速全线建成通车。嘉陵江（川境段）全线复航，宜宾港、泸州港、乐山港一体化整合加快推进，"四江六港"基本建成。天府国际机场建成投运、双机场枢纽+14个支线机场的航空网络体系初步成型，基本形成衔接欧美、东亚及南亚的航空货运网络。西部陆海新通道班列、中欧班列、沿江班列"三大班列"实现战略衔接，西部陆海新通道通达到118个国家（地区）、393个港口，中欧班列（成都）开行班列2356列。新成昆铁路建成通车，中老班列稳定运行。对外开放平台能级不断提升。高质量推进自贸试验区建设，综合保税区增至6个，成都高新综合保税区进出口总额连续5年居全国第1位，国家级经开区增至10个、国家级高新区增至8个、跨境电商综试区增至8个，国家级外贸转型基地增至20个，国家级服务出口基地增至9个。2022年四川进出口总额实现10076.7亿元，首破万亿元大关，规模居全国第8位、中西部第1位。

（八）公共服务更加完善，民生福祉不断提升

聚焦病有所医、学有所教、文体服务等领域，全面加强医疗、教育、文化、体育等公共服务体系建设，推动公共服务水平稳步提升，人民获得感、幸福感、安全感不断增强。

1. 医疗卫生服务水平提升

深入推进健康四川建设，国家口腔医学中心和国家儿童区域（西南）医疗中心加快建设，国家精准医学产业创新中心落户四川。四川大学华西第二医院天府医院（四川省儿童医院）获批创建国家区域医疗中心，启动首批75个省级临床重点专科建设。省老年医学中心、省妇幼保健院天府院区建成投用，广元、绵阳、泸州、南充、凉山等省级区域医疗中心加快建设。医疗服务能力持续提升，三级医院数量全国排名第1位，每千人口医疗机构床位数全国排名第3位。聚焦中医药强省，中医医疗机构数量居全国第1位，争取国家中医药传承创新中心建设项目3个、中医特色重点医院建设项目7个，数量居全国第1位。基层卫生能力不断提升，加强紧密型县域医疗卫生共同体建设，推动县域内县乡村三级医疗卫生资源优化配置，建成县域医疗卫生次中心167个，完成第一批117家机构120个基层临床特色科室建设，90家县医院被纳入国家"千县工程"，数量居全国第3位。

2. 基础教育优质均衡发展

持续稳妥有序推进"双减"改革，学生、教师课后服务参与率分别达到97.6%和93.3%，课外培训学生明显减少，培训收费大幅降低。深入实施减免幼儿保教费、义务教育生活费和营养膳食补助、普高助学金、实施十五年免费教育、支持进城务工子女就近入学5项教育民生实事，年度目标任务100%完成，预算资金下达和实际拨付均按进度顺利推进，全面实现义务教育入学一网通办。基础教育布局不断优化，编制"十四五"基础教育学校布局和建设规划，调整中小学和幼儿园2808所、教学点3084个。扩大普惠性学前教育资源，新建、改扩建公办幼儿园200所。启动实施普通高中强基计划，提升县域普通高中办学质量。实施学前儿童"童语童音"计划，建立省级示范性幼儿园、省级示范性普通高中和义务教育优质发展共同体领航学校遴选制度。全省整体通过义务教育基本均衡国家督导评估认定，6个县（区）入选全国义务教育优质均衡先行创建县名单。

3. 文化体育活动更加多彩

文化事业繁荣发展。长征、长江、黄河国家文化公园（四川段）等建设稳步推进，烈士纪念设施三年提升行动计划深入实施，皮洛遗址、三星堆遗址入选全国年度十大考古新发现。与重庆启动共建巴蜀文化旅游走廊重大活动，与重庆共同获得2025年第十四届中国艺术节举办权。纪录片《又见三星堆》等4部作品获全国"五个一工程"奖，川剧《草鞋县令》获得第十七届中国文化艺术政府奖文华大奖，是四川时隔15年再夺中国文化艺术最高奖。体育活动丰富多彩。全民健身公共服务体系建设逐步完善，全省230个大型公共体育场馆免费或低收费开放,49个大运会场馆全面对外开放并举办各类赛事活动40余项、200余场次。组织开展7大类群众体育赛事活动,吸引4000万以上人次参与。成功举办第56届世界乒乓球团体锦标赛(决赛)、第十四届省运动会、首届中国生活体育大会、首届"川渝毗邻地区群众体育荟"和四川省第十六届少数民族传统体育运动会。

(九)务实开展双圈合作,一体发展基础更加巩固

川渝两地认真贯彻落实党中央、国务院和两省市党委、政府关于推动成渝地区双城经济圈建设的决策部署,在高层互动、"川渝通办"、生态环境联防联控以及示范区建设等重点领域务实开展合作,推动成渝地区双城经济圈建设成势见效。

1. 高层互动更加频繁

全面落实党中央、国务院《成渝地区双城经济圈建设规划纲要》和川渝党政联席会议、常务副省市长协调会议等机制,持续深化两省市高层互动,召开第五次、第六次川渝党政联席会议和第五次、第六次推动成渝地区双城经济圈建设重庆四川常务副省市长协调会议,召开5次联合办公室主任调度会议,研究部署两省市合作推动双城经济圈建设的重大事项、协调解决重大问题。联合印发《重庆都市圈发展规划》《成渝地区双城经济圈生态环境保护规划》《巴蜀文化旅游走廊建设规划》《共建长江上游航运中心实施方案》《支持成渝地区双城经济圈市场主体健康发展若干政策措施》《成渝地区联手打造内陆开放高地方案》等政策文件。

2. 川渝通办事项更加丰富

聚焦成渝地区双城经济圈跨区域协作,"川渝通办"窗口实现省市县三级全覆盖,311件政务服务事项全部实现,累计办理超过1300万件(次)。公共服务政策体系不断完善,重庆中心城区与成都平原经济区实现公共交通"一卡通""一码通",成渝高铁日开行列车80~120对,开通遂宁至潼南等20条毗邻地区跨省城际公交,实现跨省级行政区域固定电话通信资费一体化;户口迁移跨省"一站式"办理,居住证信息互通共享,推动电子身份证(凭证)互通互认;川渝电子健康卡实现互联互通,全省705家医疗机构实现重庆电子健康卡"扫码就医",跨省异地就医直接结算,推进医疗检查检验结果互认;住房保

障实现协同发展，推进公积金互认互贷和跨区域异地缴存使用，住房公积金缴存、提取、贷款等信息实时共享；成立成渝地区双城经济圈人力资源服务产业园联盟，推动流动人员人事档案"跨省通办""川渝通办"，养老保险关系转移实现"零跑路"或就近一次办；推动公共图书馆"一卡通"，实现图书资源通借通还；毗邻地区建立110、120协作服务机制，推进应急救援跨界服务。

3. 生态环境联防联控联治更加有效

深化成渝地区双城经济圈国土空间规划，统筹实施"三线一单"生态环境分区管控制度，联合编制《长江、嘉陵江、乌江、岷江、涪江、沱江生态廊道建设规划》，出台嘉陵江流域生态环境保护条例和决定。深化实施跨界河流水生态环境共建共保协议，印发长江经济带发展负面清单实施细则，联合编制23条跨界河流"一河一策"河流保护方案，启动铜钵河、琼江、濑溪河等跨界流域水生态环境联防联治工作。签订川渝跨界流域横向生态保护补偿协议，共同出资3亿元设立川渝长江流域保护治理基金，建立全国首个跨省市联合河长办。深入推进大气污染治理，出台川渝大气污染防治联动工作方案，建立空气质量预警预报会商机制，修订重污染天气应急预案，开展火电、钢铁等行业超低排放改造和工业炉窑行业治理，"成渝地区大气污染联防联控技术与集成示范"国家重点项目加快实施，共享空气质量监测数据1686万余条。在全国首创危险废物跨省市转移"白名单"制度并拓展延伸到贵州、云南，对5类危险废物、16家危险废物经营单位纳入"白名单"实施跨省转移集中审批。共同制定《成渝地区双城经济圈生态环境标准编制技术规范》，协同推进玻璃、陶瓷等行业十余个地方标准编制。签订生态环境联合执法工作协议，成立川渝环境资源司法协作（江津）巡回法庭。探索建立生态环境检察协作机制和生态环境保护督察联动机制，实施碳达峰碳中和联合行动。

4. 示范区建设加速推进

川渝两省市积极探索经济区与行政区适度分离改革，推动毗邻地区一体化建设加快成势。万达开川渝统筹发展示范区建设全面提速，《推动川渝万达开地区统筹发展总体方案》获国家批复，基础设施互联互通格局加快形成。明月山绿色发展示范带开展跨界河流联合巡查、交叉执法，签订落实跨界河流联防联控合作协议,绿色生态廊道建设初见成效;印发《城宣万革命老区振兴发展示范区总体方案》,扎实推进示范区特色产业协作,加快共建大巴山国际旅游度假区,制定《城宣万农业农村协同发展合作方案》。川渝高竹新区出台支持高竹新区改革创新发展的28条政策措施、首个跨省域人才互认政策和招商政策"黄金30条"等。印发《合广长协同发展示范区总体方案》,加快培育示范区先进制造产业集群,川渝合作重大项目(合川广安)生物医药产业园有序推进。遂潼川渝毗邻地区一体化发展先行区建设不断提速,实现200余个便民服务事项一网通办、异地通办。资大文旅融合发展示范区文旅品牌加快打造,发起成立巴蜀石窟文化旅游走廊联盟、巴蜀世界遗产联盟,联合推出石刻艺术文化旅游直通线、红色旅游精品线及主题旅游商品20余种。川南渝西融合发展试验区产业融合先行先试稳步推进,《推动川南渝西地区融合发展总体方案》获国家批复,共建融合发展示范区、现代化农业高新技术产业示范园等推动产业协同发展。

二、四川省推动双城经济圈建设存在的主要困难和问题

(一)区域中心城市带动力不足

1. 成都极核能级不高、辐射不强

从省外看,与国际先进城市和国内先发城市具有明显差距,2022年成都人均GDP不到10万元,经济密度总体不高、头部企业总量不多实力不强,在全球范围内吸引和集聚高端资源和要素的能力相对不足,发展能级水平有待进一步提升。从省内来看,成都2022年经济总量、人口总量占全省比重分别达到36.7%、25.0%,经济和人口吸附能力较强,但由于当前还未迈入后工业化时代,省内距其较远的川南、川东北、攀西地区受其辐射带动的效应尚未充分显现。

2. 成都都市圈建设处于发展阶段

2022年,成都都市圈经济总量实现2.62万亿元,分别占成渝地区双城经济圈、四川省的33.8%、46.2%,但成都都市圈建设总体上处于从极核带动向协同建设转型的发展阶段。成都都市圈经济总量仅为东京都市圈的1/6、上海都市圈的1/5,人均GDP分别为1/3、1/2左右,巨量引擎城市研究院和第一财

经·新一线城市研究所合作发布《2022中国都市圈发展力白皮书》显示成都都市圈发展力仅居全国第九，在人口经济活力、产业集群创新、区域协同联系、商业消费潜力等方面与发达都市圈相比还有较大差距。

3. 区域中心城市支撑有待加强

城市规模等级"断层"依然明显，全省除成都以外，缺乏特大城市和Ⅰ型大城市，2022年21个地市州经济总量突破3000亿元的仅3个、突破2000亿元的仅9个，不到1000亿元的还有5个。作为全省第二大城市的绵阳市城镇常住人口、经济总量仅为成都的15.2%、17.4%，特别是成渝主轴上的资阳、遂宁、内江三地GDP均未突破2000亿元，三地经济总量之和、人口总量之和仅占全省的7.4%、9.8%，难以有效支撑城市群的快速发展。

（二）产业协作水平仍然不高

1. 产业整体实力不强

川渝地区产业发展水平与三大经济圈存在较大差距，汽车产业产量占全国的13%，但产值仅占全国的8%，电子信息产业产值超过1.51万亿元，但多为两头在外的加工贸易。除成都、重庆主城"双核"特征较为显著外，外围地区普遍发育不足，县域经济产业薄弱，"中部塌陷"问题较为明显，产业梯度布局基础还不够扎实。

2. 产业聚合有待加强

当前川渝两地均形成了以电子信息、装备制造为主导的工业体系，两地在集成电路、新型显示、智能终端、新一代信息技术、汽车制造等细分领域存在同质化竞争和资源错配现象，尚未形成跨区域产业联动协同发展模式，产业互补效应不充分，两地主导产业总体处于全球产业链中低端环节，尚未形成具有全球竞争力的装备制造、电子信息制造业集群。

3. 产业链供应链合作滞后

当前川渝地区产业合作多局限于要素合作和项目合作，上下游产品配套和供应链过于专注本地区域，缺乏产业链优势环节合作。供应链领域成渝合作利用较少，跨区域优势产业链供应链体系尚未有效形成。

（三）协同创新能力有待加强

1. 创新实力相对不强

高水平创新市场主体不够充足，2022年四川拥有高新技术企业达到1.45万家，占全国比例不到5%，与北京、上海、广东等地差距较大。研发投入比例偏低，2021年四川研发经费（R&D）支出占地区生产总值的2.26%，每万人口高价值发明专利拥有量仅4.04件，均低于全国平均水平。高端创新人才数量较少，2022年四川两院院士人数仅有86人，远低于江苏（477人）、浙江（407人）等省份。区域创新能力不平稳，除成都、绵阳、德阳外，其他地区科技创新资源较少，创新能力较弱。

2. 创新载体建设不够

与国内发达地区相比，成渝地区尤其是四川缺乏世界一流的重大科技基础设施集群，国家实验室体系还不够完善，国际化、品牌化、常态化的国际科技交流、技术转移平台还相对缺乏，纳入国家创新战略顶层布局的项目相对偏少，综合性国家科学中心创建尚未成功。另外，2022年四川国家级科技创新平台数量（195个），远低于北京和上海。四川拥有8家国家高新区，仅占全国总量的4.73%。

3. 协同创新体制机制亟待完善

总体上看，四川特别是成都与重庆对创新资源的竞争依然大于合作。两地城市间以协议形式的协同机制主要集中在战略合作、产业、交通、公共服务、环境等领域，科技创新协同力度相对偏弱，特别是在基础研究、前沿科学及前瞻研究领域等源头创新协作，以及在重大科技成果转化、科技合作与交流、科技资源和数据共享等创新机制及政策顶层设计等方面，尚未实现突破性进展。

（四）开放型经济体系尚未完全建立

1. 开放型经济量偏低、质不优

从总量上看，2022年全省外贸进出口总额1.0万亿元，远低于广东（8.31万亿元）、浙江（4.68万亿元）等省份。从质量上看，全省涉外经济以劳动密集型产品、加工贸易为主，在全球产业分工中影响力偏弱，城市国际化水平不高，对全球优质资源要素吸附聚集效应不强。

2. 高能级开放平台总体不足

全省拥有成都国际铁路港综合保税区等5个综合保税区，占全国的比例仅为3.2%。拥有跨境电商综试区数量8个，仅占全国132个跨境电商综试区的4.84%，远低于广东等地。总体看，全省离岸功能薄弱，规则、规制、管理、标准等制度型开放滞后，据聂新伟、薛钦源（2022）[①]研究，四川制度性开放指数为0.203，远低于第一名广东的0.647，居全国第12位。

3. 供应链体系亟待完善

2022年，社会物流总费用占GDP的比率为15.1%，远高于全国平均水平，双向运输不平衡、同质化不良竞争、口岸滞留时间长等问题尚未得到有效解决。同时，中欧班列、西部陆海新通道建设未实现共建共享，合力作用发挥不充分。

（五）跨区域优质公共服务覆盖面还需扩大

由于各地经济社会发展条件差异以及成渝地区大城市、大农村的区域发展结构，成渝地区双城经济圈公共服务仍然存在发展不平衡不充分、服务水平与人民群众需求存在差距等问题。

1. 教育发展尚未适应从"有学上"到"上好学"的需求转变

入园难、择校热、师资不足等教育短板仍然突出，2022年，四川普惠性幼儿园覆盖率为85.73%，低于全国平均水平近4个百分点。普通高中、普通高校、中等职业学校生师比均低于全国平均水平，尤其是普通高校生师比仍在不断上升。优质教育资源向成都、绵阳等中心城市中心城区集中，本地公共服务资源向中心城区集中，城乡间、区域间资源配置不均衡、软硬件不协调、服务水平差异较大。

2. 医疗卫生体系尚未实现从"以治疗为中心"到"以健康为中心"的转变

成都市、绵阳市集中了全省近四成的三级医院，半数以上卫生专业技术

---

① 聂新伟，薛钦源：中国制度型开放水平的测度评价及政策优化［J］.区域经济评论，2022（4）.

人员集中在省、市级医疗卫生机构，基层医疗卫生服务能力弱，妇女、儿童、精神等专业医疗服务体系还存在较大短板，人民群众看病难和看病贵的问题仍然突出，人均医疗保健支出占总消费支出的比重由2012年的5.1%提高到2021年的8.8%。重大传染病、地方病防治任务繁重，地方公共卫生、重大传染病防控领域短板仍然存在。全民健康管理基础薄弱，全生命周期健康管理系统尚未建立，预防保健服务覆盖人口有限，慢性病、职业病呈井喷式爆发。

3. 社会保障体系还难以适应从"政府兜底"到"共建共享"的转变

据不完全统计，2022年四川基本养老保险参保率92%，实现养老保险全覆盖目标尚有距离，失业、工伤和生育保险还有相当数量的人口未实现应保尽保。社保水平与群众的预期还有差距，城乡居民最低生活保障水平标准分别仅为每人每月622元和442元，远低于东部发达省份。人口老龄化程度持续加深，劳动年龄人口减少，社会保障压力显著增大。企业年金和商业保险发展缓慢，多层次社会保障体系还不健全。

（六）一体化体制机制尚待进一步突破

成渝地区双城经济圈体制机制改革创新取得了较大成效，但区域政策壁垒、配套政策不完善、工作推进机制存在障碍等问题仍然存在，距离一体化发展要求还有一定距离。

1. 区域政策差异形成壁垒

四川是省级架构，行政管理层级较多，重庆市实行的是扁平化直辖市行政管理体制，各区县享受"省直管县"的体制优势，行政级别不对等导致在政策标准制定中难免存在差异，尤其是在基本公共服务信息互联互通和资源开放共享方面，部分事项由于区域政策差异导致程序烦琐且难申请。例如，在"强化城镇常住人口公租房保障"中，由于房地产属地性很强，两地出台的公租房保障政策尚没完全统一，对两地住房保障合作深入推进形成一定障碍。再例如，"推进房地产信息开放共享"过程中，涉及"共同优化网签办理流程，提高网签服务效率"事项，由于两地房地产购买政策具有差异，四川成都市为商品房限购城市，对购房群体有明确规定，而四川其他城市以及重庆市全域对商品房并无限购规定，因此在优化网签办理流程中还将存在较大差异，暂时难以提供较为便捷化的房屋消费服务。

2.配套政策尚不完善

川渝两地城市尤其是毗邻地区城市经济发展、产业化和城镇化的发展阶段不同，城市间财政收入差距较大，用于教育文化、卫生医疗、社会保障等公共服务领域的财政预算支出存在较大差距，导致两地公共服务的供给水平差异较大，均衡发展难度大。例如，在"推进公交客运便利化"过程中，由于公交运营补贴主要为县级财政，且各地经济发展基础不一样，两地补贴政策标准不一致，导致跨省城际公交线路的两地收费标准、优惠政策不一致，严重影响群众体验感。同时，多数线路运营成本较高，但客源少、收入低，导致经营者亏损严重、压力巨大，在没有相应配套补贴政策出台的情况下，线路开得通、留不住的苗头凸显。再如，在"推进公积金互认互贷"过程中，各地都是结合本地经济发展和房地产市场活跃程度等因素，制定出台相应的住房公积金缴存使用政策，因此在房屋套数认定、贷款额度、信用数据使用等方面存在差异，给申请异地贷款的职工带来障碍。

3.工作推进存在机制障碍

川渝两地已初步构建决策层、协调层、执行层三级联动工作机制，但由于层级多、制度交易成本偏高，对事关高质量一体化发展的重大项目，需要决策层、协调层、执行层三级运作甚至省市县乡镇街道层层协调，各地各部门形成共识后，方能推动重大项目落地。同时，由于省际市际间的协同板块发展基础、合作需求各不相同，毗邻区域存在较大差异，一体化涉及更多自身利益的一方或多方比较积极，利益更少方积极性不高，往往一头热一头冷，有效激励约束不足，多数时候存在利益博弈。

三、2023年四川省推动双城经济发展的基本思路

为深入贯彻党的二十大精神，扎实推动《成渝地区双城经济圈建设规划纲要》及专项规划实施，结合重庆市委六届二次、三次全会精神，四川省委二次、三次全会精神，进一步突出建设重点，推动成渝地区双城经济圈建设走深走实。

（一）持续优化双城经济圈发展格局

加快出台各市州国土空间总体规划，明确各城市核心功能定位，科学设置国土开发强度上限，合理限定人口规模和密度。聚焦打造高品质生活宜居地，推动成都加快建设践行新发展理念的公园城市，打造宜居、韧性、智慧城市。深化成都都市圈建设，促进都市圈产业梯次发展，推动成德眉资同城化。深化毗邻地区合作，优化提升毗邻地区十大功能平台，促进省级毗邻地区在产业发展、公共服务、生态环保等领域共建共享共治。深入推进以县城为重要载体的城镇化建设，增强县城综合承载能力。

（二）加快共建现代基础设施网络

继续加快推进重大铁路项目建设，加快推进宜昌至涪陵高铁前期工作，力争开工建设绵阳经遂宁至内江铁路绵阳至遂宁段。有序发展市域（郊）铁路，整合利用既有富余铁路资源开行市域（郊）列车，推动已开工市域（郊）铁路加快建设。合力打造世界级机场群，充分发挥门户枢纽聚势引流作用，推动"两场一体"协同高效运营、航线网络结构优化，打造国际航空中转中心和航空货运集散中心。推动长江上游航运枢纽建设。进一步提升公路畅通能力、能源安全保障水平，加快水利基础设施建设。

（三）联手建设现代化产业体系

围绕六大万亿产业集群建设，扎实推动重点产业高质量协同发展，稳步发展战略性新兴产业，加快布局未来产业。大力发展数字经济，进一步提升5G网络覆盖范围和服务质量，高质量建设全国一体化算力网络成渝枢纽节点。推进金融市场一体化和监管联动，积极争取金融机构和交易所对成渝地区支持力度。推进现代高效特色农业带建设，高质量建设"天府粮仓"，持续推进川渝毗邻地区现代农业合作园区建设。

（四）协作提升科技创新影响力

推进综合性科学中心建设，加快四川兴隆湖片区建设。推动国家超级计算成都中心等平台建设，加快国家重大科技基础设施落地建设。高水平建设中国（绵阳）科技城，积极推进西部（成都）科学城建设，进一步强化创新转化和产业孵化。加快提升协同创新能力,推动两地科研院所联合开展重点领域国家科技计划项目,探索在毗邻地区共建博士后科研平台。协同提高科技成果转移转化水平。

(五)共同筑牢长江上游生态屏障

继续健全生态环境保护协作工作机制,严格落实长江"十年禁渔"。高质量建设大熊猫国家公园,加强生态环境监管。严格落实长江经济带发展负面清单实施细则,建设企业环境信息依法披露系统。加快制定"一河一策一图",统筹跨界断面水质监测,实现监测数据全面及时共享。加快实施统一的区域污染天气应急启动标准和应对措施。深入实施碳达峰碳中和联合行动,深入推进生态产品价值实现路径探索。

(六)合作打造内陆改革开放高地

联动做强中欧班列(成渝)品牌,加快中欧班列集结中心示范工程建设。深化西部陆海新通道合作,深入推进多式联运"一单制"试点推广应用,着力推动通道物流降本增效。积极推动第三亚欧大陆桥国际贸易枢纽建设,进一步提升空、铁、公国际贸易枢纽货物集散能力,更好发挥四川"四向八廊"综合通道走廊战略作用,全面提升四川参与国际经济合作的竞争力。积极发挥四川天府新区引领作用,推进川渝自由贸易试验区协同开放示范区建设,高质量建设各类开放平台。深化经济区与行政区适度分离改革探索,深化政务服务"川渝通办",推动公共信用信息平台互联互通。持续推动城乡融合发展,推动国家城乡融合发展试验区成都西部片区加快改革。

(七)强化公共服务共建共享

持续推进社会保障互认互通,协同推进社保卡"一卡通"。深化医疗卫生和教育合作,稳定扩大跨省异地就医直接结算服务覆盖面,进一步简化异地就医备案手续。推动毗邻地区城乡义务教育一体化发展,完善普惠性学前教育保障机制。共同推动文化和旅游发展,科学有序建设长江国家文化公园,加快川渝石窟国家遗址公园建设。

四、2023年四川省推动双城经济圈一体化发展的重点任务

抓住关键环节，积极推动重点任务、重大工程、重大改革、重大政策加速落地落实，加快成渝两地一体化进程，实现基础设施互联互通、产业协同互补互促、生态环境共治共保、公共服务共建共享。

（一）构建协调发展新格局

顺应人口流动和产业转移趋势，完善城镇规模结构，促进大中小城市和小城镇协调联动、网络化、特色化发展。

1. 建强现代化都市圈

深化成德眉资同城化发展，建设更高水平、更现代化的都市圈，打造综合能级更高、支撑带动能力更强的全省发展主干和成渝地区发展引擎。

建设便捷高效的交通通勤圈。统筹布局以成都为中心枢纽的多层次轨道交通网络，打造轨道上的都市圈。建设成都外环铁路等一批市域铁路，推进成达万高铁、成渝中线高铁等一批干线铁路项目建设。加快成绵、成南等既有高速公路扩容改造，新建天眉乐等一批高速公路，接续实施打通城际"断头路"行动计划，构建轨道交通、跨市公交、城市公交等多元无缝换乘的交通服务体系。加密国际航线航班，提升航空中转效率，打造一流的国际航空门户枢纽。

构建协同共兴的产业生态圈。建强"三区三带"高能级产业空间，聚焦提升成德临港经济带的智能制造及物流服务能级，以中欧班列为牵引共同发展通航装备、能源装备、新能源汽车等适铁适欧出口型加工制造业集群；聚焦提升成眉高新技术产业带的产业链价值链水平，以眉山高新园、眉山创新谷等园区为载体协同打造数字经济产业示范和应用基地；聚焦提高成资临空经济产业带发展能力，推动临空制造、航空物流、临空综合服务、会展商务等产业集聚发展，合力打造国家级临空经济示范区。实行重点产业"链长制"，组建一批产业生态圈建设联盟，支持德眉资承接成都、重庆产业项目转移，共同形成万亿级电子信息、装备制造产业集群，以及千亿级生物医药、航空航天、新材料、新能源、食品饮料产业集群。

形成便利共享的优质生活圈。实施医疗协作共同体打造工程，引导高端医疗跨区域布局，创建国家医学中心、区域医疗中心，围绕异地就医出现较多的病症组建一批专科联盟，强化医疗保险、失业保险关系跨地区无障碍转移和缴费年限互认。实施教育发展共同体打造工程，鼓励成都优质中小学校与德眉资合作办学，开展优质网课资源四市全域共享，提升都市圈优质教育资源均衡供给。实施文体事业共同发展工程，推动文化设施向都市圈居民同等开放，联合举办体育产业论坛等会展活动。共建一批都市圈健康驿站，共同提升灾（战）备协同处置能力。

扩大开放合作的国际朋友圈。聚焦建设大枢纽、建强大平台、对接大市场，增强国际门户枢纽城市功能，建设"一带一路"国际多式联运综合试验区，共建"一带一路"进出口商品集散中心，共建国际铁路物流大港区。打造四川天府新区国家进口贸易促进创新示范区，推进中国（成都）国际农产品加工产业园、眉山川港合作示范园建设，推进自贸试验区、综合保税区等开放平台提质增效。

2. 提升成都极核发展能级

加快成都国家中心城市建设步伐，全面增强"五中心一枢纽"功能，支持成都全面建设践行新发展理念的公园城市示范区。

打造现代化国际大都市。高标准建设天府新区、成都东部新区、成都高新区、西部（成都）科学城，打造创新、开放、绿色、宜居、共享、智慧、善治、安全城市。有序推进中心城区一般性制造业、传统商品交易市场、仓储物流等非核心功能向郊区新城和周边城市疏解转移，持续增强国家中心城市全球资源配置、科技创新策源、高端产业引领等核心功能，打造区域经济中心、科技中心、世界文化名城和国际门户枢纽。

强化与重庆主城都市区协同联动。强化成都、重庆中心城市带动作用，推动成都、重庆优势资源共享、产业体系共建、开放协作共进、城市治理共行，共建国际性综合交通枢纽、世界级先进制造业集群、西部金融中心，带动成渝地区空间布局整体优化、功能体系整体完善、发展能级整体提升。

3. 促进大中小城市协调发展

推进大中城市提档升级，强化小城市专业化特色化发展，促进大中小城市分工协作、相互协调。

提升4个Ⅱ型大城市功能品质。提升公共服务设施布局与人口规模结构的动态适配性，加大城市空间、公共服务等资源供给，优化城区形态，加强产业支撑，吸引人口流入，推动绵阳、南充、宜宾、泸州加快建设城区常住人口300万人以上的Ⅰ型大城市。优先承接国家中心城市功能疏解和产业外溢，强化与成都、重庆的产业协同联动，特色化、差异化发展主导产业和特色优势产业，提升城市综合承载力和竞争力。

促进10个中等城市提能升级。发挥达州、自贡、遂宁、乐山、眉山、攀枝花、德阳、简阳、内江、西昌等中等城市在成渝地区双城经济圈的链接纽带作用，强化通道、产业、生态等功能协作，加强产业协作配套平台建设，因地制宜建设先进制造业基地、商贸物流中心、区域专业服务中心，完善对外交通通道及设施，布局区域性医疗中心、文化中心、消费中心，提升专业化配套能力，积极承接中心城市产业转移，增强对都市圈、城市带、城镇密集区发展的支撑作用。

引导小城市差异化发展。依托资源禀赋差异，强化与大中城市产业配套协作，培育发展特色化优势产业。推动有条件的Ⅰ型小城市集聚周边城镇、乡村人口，打造成为中等城市；支持有条件的Ⅱ型小城市及人口大县县城提档升级，就近吸引集聚县域城乡人口。

4. 分类引导县城发展

立足资源环境承载能力、区位条件、产业基础、功能定位，区分大城市周边县、专业功能县、农产品主产区县、生态功能区县、人口流失县，更好满足农民到县城就业安家需求和县城居民生产生活需要。

加快发展大城市周边县城。加快与区域中心城市协同联动，一体化建设城乡劳动力市场，引导城市工商资本入乡发展，以搭链补链等形式全面融入成都、重庆等城市产业体系，借力发展现代都市农业和多元乡村经济，提升连接主城区的快速交通能力，推动县城公共服务设施提标扩面。

积极培育专业功能县城。因地制宜发展专业功能县城支柱产业和特色经济，促进产业培育设施提质增效，在先进制造、商贸流通、文化旅游等领域增强县域产业支撑力。大力发展园区经济，培育打造特色小镇。提升县城和中心镇综合承载能力。

合理发展农产品主产区县城。依托农产品主产区发展优势，促进现代农业提质增效，拓展农村第二、第三产业，延长农业产业链，提升农产品价值链，保障成渝地区"菜篮子"供应。做优做强农产品加工和农业生产性服务业，打造农业产业化联合体，稳定完善龙头企业、专业合作社与农民的利益联结机制。

有序发展重点生态功能区县城。完善财政转移支付政策，开展生态综合补偿。推动县城有序承接生态地区超载人口转移，增强公共服务供给能力。培育发展绿色产业、适宜产业，大力开发生态保护公益性岗位，扩大就业容量。

引导人口流失县城转型发展。动态监测县城人口流失变动趋势，在城镇建设用地管理上严控增量、盘活存量，促进公共服务资源集约布局，引导农村人口向县城集中，支持有条件的资源枯竭县发展接续替代产业，培育新的经济增长点。

（二）完善优势互补的现代产业体系

突出空间集聚和错位发展，优化平台功能，打造极具国际竞争力的现代产业集群。

1.培育特色优势制造业产业集群

发挥制造业先导支撑作用，建设具有国际竞争力的世界级制造业产业集群。

共建世界级装备制造基地。整合优势资源，推进联合研发和配套协作，重点推进发电输变电与储能、航空航天、智能制造、油气化工等装备制造业成链集聚发展，打造具有世界影响力和代表国家水平的装备制造基地。

共建电子信息制造业产业集群。瞄准世界先进水平，在全球范围内吸纳集聚要素资源，深化成渝地区配套产业合作，推动"芯屏器核网"优势产业提质增效，开展集成电路、电子元器件、新型显示、通信终端等产业链上下游对接，引进头部企业，引领助力成渝地区双城经济圈产业链迈向中高端。

共建高水平汽车产业研发生产制造基地。发挥川渝两地汽车产业优势资源作用，持续推进川渝汽车产业链供应链共享互补，以智能联网和新能源为主攻方向，在汽车研发、生产、制造等优势领域组建一批产业联盟、培育一批专精特新企业、领军企业和隐形冠军，加快推动车联网及自动驾驶创新应用，共建川渝汽摩产业集群和全国重要的汽车（新能源汽车）、摩托车产业研发生产制造基地。

共建西部大健康产业基地。立足资源禀赋和特色优势，优先发展"六朵金花"，整合白酒主产区优质资源，推动川渝名酒企业开展合作。做强"天府龙芽""永川秀芽"等区域公用品牌，壮大健康食品、精品服饰、特色轻工等产业，协同发展生物医药、医疗器械、现代中药产业，打造特色消费品产业集群。

2. 共同打造现代服务业

顺应现代服务业发展未来趋势和特点，因地制宜打造优势特色服务业，建成全国重要的金融中心、商贸中心、物流中心和全球重要旅游目的地。

深化西部金融中心建设。落实《成渝共建西部金融中心规划》联合实施细则，推进成都国家级普惠金融服务乡村振兴改革试验区建设，推动设立"一带一路"金融资产交易服务平台，申建成都国家级绿色金融改革创新试验区和成都、绵阳国家级科创金融改革试验区。加强成渝金融服务对接，强化信用融资、债券、证券、保险、信托、理财、担保等服务资产配置和融资服务功能，支持鼓励企业组建总部在川的创投、产业基金，扩大成渝地区金融标准创新建设试点，打造中国（西部）金融科技发展高地。

深化内陆国际型商贸物流中心建设。强化成都西部物流枢纽地位，发挥成都国家重要商贸物流中心、重庆通道物流和运营组织中心、川渝国家物流枢纽作用，加快建设自贡国家骨干冷链物流基地、渝威国际农批冷链项目等，拓展成都国际集装箱物流园区服务功能，加快完善多式联运国际物流服务网络。大力发展保税物流、物流金融、快递物流、智慧物流，提升国际物流集散、存储、分拨、转运等功能。全面深化服务贸易创新发展试点，推进城市商圈、批发市场、购物中心、商业综合体等调整优化业态，推进高端贸易型、结算型、连锁型商贸物流企业集聚，持续打造遂宁、泸州、自贡、内江、南充等商贸物流基地。

深化巴蜀文化旅游走廊建设。推进平台共建、规则对接、设施共享，推动川渝两省市图书馆、文化馆、博物馆网络互联互通，推动交通、通信、能源、水利等基础设施共建共享，探索在市场准入、经营管理、市场退出等方面开展一体化试点，促进巴蜀文化旅游走廊的要素合理流动和资源优化配置。充分发挥三星堆、九寨沟、大熊猫等资源作用，打造一批文旅走廊精品路线，加快长征国家文化公园、长江国家文化公园、川陕苏区红军文化公园等建设，推进天府旅游名县、全域旅游示范区、旅游度假区、A级旅游景区等品牌创建。联合申请设立国家文化和旅游创新改革试验区，共同打造"成渝文化旅游产品与服务信息平台""成渝文化旅游产业协同发展平台"，共塑"巴舞蜀乐"文旅特色品牌，打造"天府文化旅游中心"+"重庆国际文旅之窗"交流平台，开发"一站多程"旅游线路，推广"一卡游两地"运营模式，开展川渝景区惠民游活动，推动开行巴蜀文化旅游走廊高铁旅游专列，合力打造世界级文化旅游产业集群。

3. 共建现代高效特色农业带

发挥农业资源禀赋优势，突出重点区域支撑，带动沿线、沿江、沿界农业协同发展，打造全国现代农业高质量发展示范区。

共建成渝主轴现代高效特色农业一体化发展示范区。统筹优化布局优质粮油、健康养殖、绿色果蔬等产业集群，建设国家农业高新技术产业示范区、国家畜牧科技城及健康养殖技术创新中心和中药材、柠檬等农产品集散交易服务中心。

着力打造"三个示范带"。共同推进沿长江现代高效特色农业绿色发展示范带建设，重点发展粮油、泡（榨）菜、晚熟柑橘、渔业、名优茶等优势特色产业，共同建设国家现代粮油产业园区、全球泡（榨）菜出口基地、晚熟柑橘产业集群、名优茶产业带。共同推进沿嘉陵江现代高效特色农业转型发展示范带建设，统筹布局粮油、生猪、柑橘、蚕桑、中药材等优势特色产业，打造柑橘产业带、蚕桑产业带、中法农业科技园、川东（广安）农产品集散中心。共同推进渝遂绵现代高效特色农业高质量发展示范带建设，做大做强粮油、生猪、蔬菜、柠檬、蚕桑等优势特色产业，建设川渝菜都、畜禽种业创新基地、成渝（遂潼）合作农产品加工物流园区。

重点建设"三个示范区"。高质量推进成德眉资都市现代高效特色农业示范区建设，做大做强粮油、畜禽、果蔬等重要农产品保供基地。高质量推进川东北渝东北现代农业统筹发展示范区建设，做大做强优质粮油、果蔬、茶叶、中药材、健康养殖等特色优势产业，共同打造糯稻产业融合发展示范园区、国家生猪市场达州分市场、柚子生产基地、万达开数字乡村平台。高质量推进川南渝西现代农业融合发展示范区建设，共同打造优质水稻、酿酒专用粮、早春蔬菜、特色水果、早茶、花椒等优势特色产业。

4. 共建数字产业高地

紧抓成渝纳入国家"东数西算"工程算力枢纽节点布局契机，共建国家数字经济创新发展试验区。

培育壮大新兴数字产业。推进成都国家新一代人工智能创新发展试验区和创新应用先导区建设，推动集成电路、新型显示、智能终端等重点领域关键产品、关键工艺实现技术创新。发挥国家超算成都中心、成都智算中心等作用，共建成渝地区工业互联网一体化发展示范区、全国一体化算力网络成渝枢纽节点，加快天府数据中心集群、重点城市边缘数据中心建设，共建国家网络安全产业园区（成渝地区），协同培育壮大网络安全、区块链、人工智能、软件等特色产业集群。

强化产业数字化改造。推动制造业数字化提质增效，打造成渝地区工业互联网一体化发展国家示范区，培育国家级跨区域跨领域工业互联网平台。支持工业互联网标识解析体系建设，深化在典型行业的融合应用，鼓励有条件的地区建设智慧产业园区。推广农业信息化融合运用，推进数字农业农村基地建设，促进物联网、大数据、云计算、人工智能等信息技术与种植业、畜牧业、渔业、农产品加工业等深度融合。积极推动数字乡村建设，推动益农信息社、数字乡村平台等建设。推进成都、泸州、德阳、绵阳、南充、眉山跨境电子商务综合试验区建设，支持本土企业通过自建平台、小程序、开设网上店铺等形式开展跨境电商零售。

（三）加快完善基础设施网络

以提升内外联通水平为导向，强化交通、能源、水利、通信等基础设施建设，健全互联互通、安全高效的基础设施网络体系，支撑成渝地区双城经济圈加快崛起。

1. 打造国际性综合交通枢纽

畅通战略性综合交通走廊。加快畅通沿江与出川出渝高铁大通道建设，积极融入国家综合立体交通网，衔接国际运输通道。加快建设东向走廊。东向通江达海，加快推进成渝中线、成南达万、渝昆等高铁建设，构建南北沿江高速铁路通道，开辟经达州至万州港的铁水联运新通道，完善汉巴南等川渝城际铁路网和城际高速公路网。加快建设南向走廊。南向借港出海，畅通陆海联运通道的最近出海货运通道、至云南东盟和南亚的货运铁路通道。加快建设西向走廊。西向公铁统筹，打通进疆入藏战略通道，推进川藏铁路、川藏高速公路建设，加快成兰、西成铁路建设。加快建设北向走廊。北向提质扩能，构建高速快速通道集群，打通至关中平原、京津冀经济区的时速350千米高铁通道，进一步提升川渝北向高速公路通道能力。

打造高效协作的国际性枢纽。加快空间相对集中、枢纽功能互补、运行组织协同，推进国际性、全国性、区域性枢纽互补。合力提升国际性枢纽。优化机场功能布局，推进干支有效衔接，拓宽国际航线，依托"一市两场"优势，打造国际航空枢纽、洲际航空中转中心和货运中心。加快建设国家铁路主次枢纽步伐，打造国家铁路主次枢纽集群。加快航道整治，提升内河水运能力，强化川渝港口合作，共同打造长江上游航运中心。建设综合交通枢纽城市。制定差异化枢纽城市发展战略，统筹推进"2+5"公路联运枢纽、"2+4"水铁空联运枢纽和空陆联运双枢纽建设，加快完善成都交通主枢纽，打造一批次级交通枢纽。推动枢纽港站及集疏运系统建设。推动客运枢纽立体换乘、货运枢纽无缝衔接、打通枢纽衔接转换"最后一公里"。

加快完善域内道路网络覆盖。完善高速公路进出川通道，加速形成以成都为中心的高速公路"4小时经济圈"。适应一体化要求，推动成渝高速公路加密成网，强化川渝互联互通，推进普通国省干线公路提档升级，建设广覆盖的县级公路和"农村四好路",打通"断头路""瓶颈路"。

2. 提升能源安全保障能力

做强做优清洁能源基地。推进风光水一体化开发。以金沙江、雅砻江、大渡河"三江"干流水电开发为重点,科学有序推进凉山州风电基地和"三州一市"光伏基地等新型清洁能源建设,打造"三江"风光水一体化可再生能源综合开发基地。加快建设中国"气大庆"。加强与重庆合作,推进常规天然气与页岩气项目建设,建设川渝天然气千亿产能基地,加大德阳—安岳古裂陷周缘等勘探力度。推进川东北、遂宁市等储气调峰项目和华电内江燃气轮机示范项目建设,共同打造西南地区百亿级储气调峰基地。加快四川高兴煤炭储备基地建设。有序开发多类型清洁能源。建设全国重要的氢能产业基地,推动生物质发电和地热资源勘探开发。

完善清洁能源输配体系。建设坚强智能的新型电网。统筹规划川渝电网布局与建设,提高电网对清洁能源的消纳和调控能力,统筹推进"三江"水电基地特高压直流外送通道,川渝电网特高压交流目标网架建设,完善四川电网500千伏主网架,建设"西电东送"战略通道。优化油气输送管网布局。加快川气东送二线(四川段)建设,优化川渝天然气管网布局和建设,推进攀枝花—凉山等天然气管道建设,加快补齐以攀西地区为主的管道建设短板。促进分布式能源推广应用。推动具有条件的建筑楼宇、产业园区使用分布式天然气、分布式新能源,稳步推进户用光伏发电建设。

3. 加强重大水利设施建设

完善水源地建设布局。重点建设岷江都江堰、涪江武都、嘉陵江亭子口、金沙江向家坝、大渡河引大济岷、青衣江长征渠等主水网骨架,加快推进川西南大桥水库灌区、攀枝花水资源配置,秦巴山红鱼洞水库、土溪口水库等水源工程建设。

加强重大基础设施建设。加快推进引大济岷"西水东送"工程建设,建成大桥水库二期、向家坝灌区一期一步等工程,新开工向家坝灌区一期二步等一批重大水利工程。积极推进已建成灌区续建配套和节水改造,实施江河湖库水系连通工程,共同构建多元互补、调控自如的川渝水资源输配网络,提高供水安全保障能力。

健全水利防灾减灾体系。重点推进长江干支流河道的水旱灾害防御工程建设,加强长江、嘉陵江等江河堤岸加固治理工程,推进病险水库和病险水闸加固,全面消除水安全隐患。加强川渝合力,共同推进灾害监测预警、联防联控和应急调度系统建设,提高防灾减灾应急能力。

4. 加快建设新型基础设施

畅通新一代信息互联互通通道。完善区域通信枢纽布局,提升网络传输能力及网间互联互通水平,加快两地政用、民用和商用大数据资源共建共享。深入推进西部陆海新通道数据直接合作,优化升级中新(重庆)国际互联网数据专用通道,探索与共建"一带一路"国家和地区数据互通路径,强化国际性区域通信枢纽建设,与重庆共谋共建面向国际发展的信息大通道。

大力推进数据中心建设。加快"东数西算"工程建设,加快天府数据中心集群建设,共同打造西部重要的算力节点。持续加快全国一体化大数据中心、区域性国际数据中心、西部数据资源交易中心的共建步伐,推进建设国家数字经济创新发展示范区,建成具有国际影响力的数字经济产业示范区。

推进四川基础设施转型升级。坚持现实可行性和未来前瞻性相结合,加快建设5G和光纤超宽带"双千兆网络",前瞻性布局第六代移动通信(6G)网络技术储备。聚焦智慧、绿色、安全,深入开展智慧公路、航道、港口、枢纽等试点工程,加快基础设施智慧化转型;大力发展"5G+数字电网""5G+智能燃气电网",推动清洁能源智慧发展;加强水利工程信息化建设,完善水利行业网络安全联防联控机制。

(四)合力推动科技创新发展

扎实推进战略谋划、川渝对接,全力推动成渝两地协同创新、共谋发展,共同打造具有全国影响力的科技创新中心,进一步提升成渝地区在全国科技创新大局中的战略地位。

1. 加快优化创新资源布局

强化天府新区创新策源功能,扎实推进成渝(兴隆湖)综合性科学中心和西部(成都)科学城建设,支持中国(绵阳)科技城建设国家科技创新先行示范区。依托成都国家中心城市和国家创新型城市建设,加强成德眉资都市圈科技创新体系整体打造,建设具有全球影响力的创新高地和国家科技创新中心。推进成德绵乐协同创新示范带建设,突出自主创新特色,建设西部最强科技创新和高技术产业走廊。加快打造成渝高新技术产业带,加强与重庆的创新联合协作和协同互动,建设连接成渝两大国家中心城市的科技创新走廊,共同推进成渝毗邻地区创新发展。按照"一城多园"模式合作共建西部科学城,推动中国科学院等在双城经济圈布局科研平台。

2.提升协同创新能力

深化科技体制改革,构建企业主体、市场导向,产学研用深度融合创新体系,建设产业创新高地,推进创新链产业链协同创新。大力支持有条件的企业组建面向行业共性基础技术、前沿引领技术开发的研究院,支持创新型领军企业联合行业上下游组建创新联合体,共同开展关键核心技术研究和攻关。持续深化企业与知名高校、科研院所的合作,共建联合实验室或新型研究机构,共同承担科技项目、共享科技成果。加大财政金融支持力度,在整体提升企业创新投入强度的同时,加强企业在科技成果转化中的主体地位。进一步优化政策环境,促进各类创新人才向企业集聚。建立健全区域协同创新体制机制,积极推进区域科技创新"一体化"发展,促进成渝科技创新合作、联合开展技术攻关,共建创业孵化、科技金融、成果转化等平台,打造成渝地区一体化技术交易市场。

3.加快创新成果转化

继续探索推进职务科技成果所有权或长期使用权改革试点,深化高校和科研院所职务科技成果国有资产管理新模式,加快科技成果在经济圈内的转移转化和应用。支持建设一批高质量规模化专业型科技企业孵化器,加快技术转移平台联盟,打造一体化技术交易市场,健全多元化科技成果市场交易定价模式,加强金融支持体系,推动两地科技成果双向转移。联合重庆开展科技成果对接活动,加强军民融合,加快建立有效的军民科技成果相互转化体系,完善军民科技协同创新体制机制,提高军民科技成果转化效率。合作共建多元化、跨区域的科技创新投融资体系,提升金融赋能科技创新发展,打造西部高新技术产业融资中心。

（五）推动市场一体化建设

贯彻落实中共中央、国务院《关于加快建设全国统一大市场的意见》要求，加快推动成渝地区双城经济圈市场一体化建设，促进商品要素资源流动更加顺畅，强化区域市场的经济集聚和辐射功能，提升经济循环的效率和水平。

1. 完善一体化市场基础设施

推进对外大通道建设，加快完善成渝地区双城经济圈内部铁路和公路交通网络。推进长江干流航道整治与支流航道建设，争取开工建设三峡水运新通道，协同提升长江上游航道通航能力。打造成渝航空战略联盟，突出优势，联动发展，联合推进世界级机场群建设。统筹推进西部陆海新通道、中欧班列（成渝）、长江航运物流运营优化，提升物流网络运行效率。建立人才共育共用机制，促进人才交流使用，异地挂职，推动人才评价结果互认，建立完善人才柔性流动机制。推动两地金融统计数据共建共享共用，支持两地同类同质要素交易市场合并发展，共同争取国家级金融资源和金融改革试点，共同探索科技金融创新服务模式，打造跨区域统一金融服务市场。协同建设新一代信息基础设施，加强数据领域交流合作，推进数据要素市场化应用，合力打造数字川渝。

2. 统一市场准入和退出制度

以统一准入规范、推动市场登记信息共享互为重点，推进"市场准入异地同标"改革深化。共用市场监管总局企业名称禁限用库，统一企业注册登记标准。规范市场主体登记注册服务清单、办事指南、材料清单，构建川渝营业执照异地"办、发、领"服务体系，推动实现成渝地区线上"一网通办"。推动市场主体登记信息共享，借鉴长三角地区市场一体化经验，建立成渝地区市场主体登记信息共享机制、电子营业执照共享共用机制、外商投资企业登记信息共享机制。统一市场主体退出制度，畅通市场主体退出渠道，推行简易注销登记，探索代位注销、强制除名、强制注销等改革试点。

3. 协同提升管理服务水平

统一涉产权领域法律适用标准，完善统一规范的涉产权纠纷案件执法司法体系。深化川渝两地知识产权协同保护、推进知识产权资源信息共享，加强知识产权纠纷调处与知识产权执法等方面的协作，实现知识产权保护互认。建立公平竞争审查工作协作机制，推动公平竞争审查交叉互评互认。促进公共信用信息平台互联互通，健全成渝地区守信联合激励和失信联合惩戒制度，共同选树诚信典型，推介诚信市场主体，对食品药品、生态环境、工程质量、安全生产等重点领域和贿赂、逃税骗税、恶意欠薪、非法集资等严重破坏市场公平竞争秩序的失信行为实施联合惩戒。完善商品质量监测评价体系，建立检验检测机构"白名单"及检验检测机构互认机制。

（六）强化生态环境保护

深入践行"绿水青山就是金山银山"理念，推动成渝地区生态环境一体化保护，联合探索绿色转型发展新路径，共建高品质生活宜居地。

1. 共建长江上游生态屏障

加快推进《"六江"生态廊道建设规划（2021—2035年）》实施，以保持"六江"生态原真性和完整性为核心，开展水体修复和沿岸生态缓冲带、河岸防护林体系建设，提升江河水系生态廊道功能，构建成渝地区"生态脉络"。统筹毗邻地区国土空间修复规划，共同推进毗邻区域重点生态空间修复。协同推进生态修复信息化建设，建设生态保护修复工程项目数据库与监测监管系统，实现"天上看""地上查""网上管"相结合的实时动态监测监管。共享生态修复数据，逐步统一生态修复标准和生态修复政策。进一步完善长江流域川渝横向生态保护补偿机制，共同争取国家政策和资金支持，扩大川渝流域保护治理资金规模，推动毗邻地区市县政府就生态保护的具体事项签订补偿协议，积极探索以资金补偿为主、其他多种方式并存的横向生态保护补偿制度。

2. 协同开展跨区域污染防治

在交界地区全面推行"联合河长制"，河流上下游左右岸地区联合开展巡河、治河、护河工作，共同打击涉水违法违规行为，协同加强工业污染、畜禽养殖污染等问题治理，合力提升流域水生态环境质量。落实川渝大气污染防治联动工作方案，推进臭氧污染和$PM_{2.5}$污染防控连片整治，实现"双控双减"。继续开展火电、钢铁、建材、玻璃等重点行业超低排放改造和深度治理，联合整治交界区域"散乱污"现象。联合开展大气污染防治技术攻关，积极争取国家大气污染防治专项资金、项目和科研支持。强化土壤污染源协同监管，持续推进受污染耕地修复与治理，提高受污染耕地安全利用率。引导和支持更多市（区、县）开展"无废城市"建设。

3. 共促产业绿色低碳发展

推进四川"三江"水电基地开发，推进凉山州风电基地、"三州一市"光伏基地建设，有序开发渝东北三峡库区城镇群、渝东南武陵山区城镇群的风、光资源，加大跨省区块天然气勘探开发力度，[①]共建全国重要的清洁能源基地。加快建设川渝特高压交流骨干网络，提升电网互联互通水平，健全电力市场协同合作机制，努力实现电力在成渝地区优先消纳。推进工业园区循环化改造和企业清洁化改造，实施"煤改电""煤改气"工程，提高清洁能源利用比例，引导企业开展余热余压利用、废物交换利用和水的循环利用，建设绿色园区、绿色工厂。以成都—内江—重庆发展轴为重点，共同打造"成渝氢走廊"。以全国首条高速公路重卡换电走廊为支撑，完善成渝物流大通道充电换电设施，打造"成渝电走廊"。

（七）建设内陆改革开放高地

以改革重塑发展体制机制，以开放促进转型发展共享发展，加快吸引国际国内优势资源，着力推动高端资源要素集聚，深化拓展全球合作伙伴，最大限度激发建设内陆改革开放高地的驱动力、想象力、创造性张力，提升区域协同开放合力和效益。

1. 营造一流营商环境

营商环境是市场主体发展之基、活力之源，要进一步多措并举、务实发

---

① 2022年8月17日，《推动川渝能源绿色低碳高质量发展协同行动方案》（渝府办发〔2022〕91号）。

力，持续深化体制机制改革，打通政务服务"最后一公里"，努力营造一流营商环境，充分激发各类市场主体的活力动力。

推动政务服务标准化规范化便利化。进一步增强改革意识，打造一流的政务服务，营造稳定、公平、透明、可预期的良好营商环境。持续深化"放管服"改革，推动政务服务标准化，为市场主体和群众提供更加规范、便利、高效的政务服务。深化制度创新、加快政府办事流程革命性再造，利用大数据等新技术赋能，推动企业服务、政府监管、政务服务等绝大部分事项实现全流程数字化，实现"一网通办"。加快梳理优化调整行政审批事项，推动审批权限下沉，将涉企领域所有政务服务事项下沉至县（市、区），积极推进"首问负责制""限时办结制"，为企业和群众办事提供更多便利。积极推进市场准营承诺即入制改革，加快市场主体获取行政许可速度，进一步降低企业准营成本，更大激发市场活力。

深化重点领域改革。加快推动新一轮深化国资国企改革专项行动，实现国有企业战略性重组和专业化整合，提升国有企业核心竞争力和盈利能力。加快高标准市场体系建设，开展成渝地区双城经济圈市场一体化建设行动，支持成都开展国家要素市场化配置综合改革试点，深入推进"标准地""亩均论英雄"等改革。持续推进供销合作社综合改革。开展集成授权改革，以清单式批量授权等方式，赋予部分开发区和新区更多经济社会管理权限。

畅通政企沟通渠道。换位思考，强化沟通，精准对接企业现实需求，切实解决企业面临的急难愁盼问题。积极开展"政府开放日"活动，让企业了解政府办事流程，提升企业办事效率。强化基层调研，通过现场了解调研、座谈等方式，邀请人大代表、政协委员、专家学者、企业家代表、群众代表一起畅谈诉求，找准问题所在。开通网上诉求监督平台，完善企业发展诉求"收集—办理—监督"闭环管理机制，用最短时间办结企业提出的各类事项。

推进办事作风改善。以作风建设为抓手，通过举办专业干部集训营、培训班等方式，着力提升政府机构办事人员综合素质，增强服务企业意识，提升政府机构办事效率。进一步强化党建引领作用，推动党员、干部主动作为、靠前服务，营造为企服务良好环境。积极推动企业党建工作、群团工作与企业业务工作有机融合，围绕食品饮料、电子信息、装备制造等重点产业，加快成立产业链党建联盟，建立联席会议制度，发挥桥梁作用，畅通企业间沟通渠道。

2. 加快民营经济发展

加快优化营商环境，切实推动惠企政策落地落实，全面畅通政务服务，依法保护民营企业和企业家合法权益，全力解决民营企业合理诉求，激发企业家内生动力，推动民营经济高质量发展。

持续优化市场环境。毫不动摇鼓励、支持、引导非公有制经济发展，完善支持民营经济高质量发展的政策措施。全面开放竞争性行业和领域，除法律法规禁止的行业外，投资领域一律向民间资本开放。支持民间资本通过参股、并购、合资、合作、独资、特许经营等方式投资基础设施建设和社会事业领域，享有与国有资本同等的权利。积极推动机关事业单位购买社会服务，扩大政府服务项目的采购领域和范围。放宽注册资本登记条件和市场主体经营场所登记条件，允许"一址多照"。完善常态化政企沟通协商机制，持续构建"亲""清"政商关系。

加大政策扶持力度。加大地方财政的支持力度，对年销售收入高、品牌影响力大、创新能力强的民营企业参照当年的经营贡献给予一定的奖励，鼓励民营企业做大做强。充分考虑民营企业用地需求，重点企业发展用地特别是新建研发机构用地统一纳入省重点项目予以解决。规范涉企收费行为，明确收费项目、标准和依据，加大对涉企收费的监督检查力度，进一步减轻企业负担。支持地方法人金融机构及中小金融机构创新发展，鼓励发展适合民营企业特点的新型金融产品。鼓励和支持民营企业积极运用各类债务融资工具，拓宽融资渠道。支持符合条件的民营企业上市融资。加强知识产权保护和运用，推行柔性执法，推进跨部门综合监管、线上线下一体化监管。

健全为企服务体系。完善省、市、县（市、区）、乡镇（街道）四级企业服务体系建设，加快建设一批企业综合服务中心和服务平台。加大高层级人才引进力度，民营企业人才与机关、企事业单位享受同等待遇。制定民营企业经营管理人员培训和教育发展规划，鼓励和扶持民办机构开展职业资格培训和职业技能培训。加快信用体系建设，推进第三方征信机构建设，引导民营企业健全信用管理体系，提高民营企业信用水平。积极培育和发展中介组织,为民营企业提供财务、法律、市场信息、商务咨询等全方位的服务。

3. 积极推进合作平台建设

围绕促进成渝地区双城经济圈经济多元化发展这条主线,加快打造促进川渝两地经济多元化发展新平台,推动川渝两地联手打造内陆开放高地、共建富有巴蜀特色的国际消费目的地,构建一体化高水平开放的新体系。

扎实推进合作示范区(园区)建设。积极推进万达开川渝统筹发展示范区、川渝合作示范区(广安片区)建设、泸永江融合发展示范区、遂潼一体化发展先行区、资大文旅融合发展示范区等示范区及一批毗邻地区合作产业园区建设,完善示范区(园区)共建双方高层定期互访及部门联席会议制度,加快落实已签订协议,继续拓展新的合作领域。主动承接成渝两地智能制造、先进材料、医药制造、汽摩配件、机械加工、精品服饰、智能家居等产业转移,打造川渝产业配套基地。加快建立统一的市场准入机制,实现产业准入标准、财税金融支持、要素资源保障等方面的政策协同。

加快自由贸易试验区建设。积极推动川渝两地自贸试验区与协同发展区联动发展,强化与相关智库、协会、战略中心等机构合作,共同开展前瞻性政策研究,有效破解发展瓶颈,增强市场活力动力。加强与RCEP其他成员国政策、规则、标准对接,全面对接《全面与进步跨太平洋伙伴关系协定》(Comprehensive Progressive Trans-Pacific Partnership,CPTPP),在跨境投融资、跨境产业合作等领域积极探索。全面落实外商投资准入前国民待遇加负面清单管理制度,探索建立数字化国际投资"单一窗口"。持续深化商事登记确认制改革试点、"证照分离"改革和"双随机、一公开"监管,提升自贸区法律、税务国际化服务能力。

4. 扩大高水平对外开放

充分利用川渝两地市场、资源,加快构建以国内大循环为主体、国内国际双循环相互促进的新发展格局,建设高水平开放型经济体制,进一步提升川渝企业、产品国际市场竞争力,推动经济高质量发展。

提升开放型经济水平。加快实施跨境服务贸易负面清单制度,着力培育壮大供应链服务企业。开展高技术含量、高附加值项目境内外检测维修和再制造业务，加快空客飞机全生命周期服务项目建设。加快推进西部陆海新通道建设，推动面向共建"一带一路"国家和地区的国际贸易加速发展，建设亚欧洲际航空货运集散中心、国际班列网络集结中心，打造中老班列全国重要集结中心，构建第三亚欧大陆桥国际贸易枢纽，打造四川—东盟经贸中心、四川—东盟特色商品交易中心。大力发展跨境电商、数字贸易、离岸贸易等对外贸易新业态新模式，支持省内企业在重点区域加快布局海外仓、保税仓和大宗商品交易仓储基地。鼓励有条件的企业"走出去"，办好"川行天下·东盟"经贸促进活动，组织企业"组团出海"拓展市场。鼓励两地企业积极参与西博会、科博会、西洽会、智博会、中外知名企业四川行等活动，扩大"朋友圈"。用好建立健全川渝、川滇、川藏、京津冀、长三角、泛珠三角、川港川澳合作会议和行政首长联席会议等机制，深化拓展省际（区域）间合作领域。

加快智慧化口岸建设。支持成都国际铁路港、泸州港、宜宾港拓展口岸功能，建设以电子信息、生物医药、食品饮料、装备制造等产业为主的跨境产业链保障通道，探索智慧化、智能化、自动化的无人驾驶运输模式和24小时无人化智能通关。加强海关、铁路、港口等"一站式"服务，深化多式联运"一单制"改革，推动海关特殊监管区综保区等赋能提质，优化进口商品检验监管模式，有序扩大"经认证的经营者"（AEO）互认范围。创新海关监管模式，联动川渝两地全部海关开展"联动接续"，实现进出口货物"一次申报、一次查验、一次放行"，有效降低企业物流成本。

（八）提升公共服务共享水平

顺应消费升级趋势，着力增加服务供给，逐步壮大服务品牌，满足人民群众日益增长的高品质多样化生活服务需求，提升公共服务便捷化程度，共享经济社会发展成果。

1. 持续深化便捷生活事项

《成渝地区双城经济圈便捷生活行动方案》（以下简称《方案》）已实施两批，并取得了明显成效，得到了两地百姓的高度认可。要进一步在跨部门的民生领域继续探索，挖掘深层次便捷生活行动事项，不断优化整合资源，推动公共服务共建共享加快落地落实。

分类别完善政策措施。已出台的前两批便捷生活行动方案通办事项与川渝通办事项清单前三批仅部分重合，未全部覆盖。要进一步结合国务院加快推进政务跨省通办事项的相关要求，在已有基础上继续深挖六大相关领域可深化事项，适时推出第三批通办事项。对已出台的各项政策，由各牵头单位负责，综合"川渝通办"事项汇编成册，方便办事群众更便捷地办理各项事务。

加强两地部门协作。充分发挥联席会议作用，完善部门联络机制，细化任务分工，加大问题协同处理力度。强化人员互动交流，互派挂职锻炼干部，优化部门的办事流程，实现办事流程无障碍转接，提升办事效率。以应用为导向，适应群众数字新需求，打破部门应用壁垒，促进网上政务、远程教育、远程医疗、智慧城市等应用。

推进配套政策统一。加快完善交通便捷化、户口迁移便捷化、教育文化便捷化、医疗卫生便捷化等方面的配套措施，在基础设施建设投入、优惠政策、管理权限、标准制定、准入规则、资格认定、财政投入等方面实现统一，着力扩大互通互认办理事项范围，提升便捷生活事项办理效率。

强化信息平台建设。建设法人单位、自然资源、空间地理、人口和电子证照等全省基础信息资源库，实现信息资源库的集中运维管理，满足跨部门信息共享需求。开展平台技术、数据、业务应用、管理、服务和安全标准的制定工作，满足保险关系转移、户籍迁移、异地就医、检查检验结果互认等项目需要。加快政务云平台建设，对现有信息资源进行有效整合，满足"互联网+政务服务"应用和未来扩展的需求。

分行业优化服务流程。加快建立便捷生活事项清单化管理制度，编制审批事项办事指南和权力运行图，对每一环节都作出必要说明、标注办理时限，为群众办事提供清晰指引。优化调整现有服务模式，加快新业务系统和综合服务平台建设，优化服务网点布局，压缩办理时限，进一步提高群众办事的便捷程度。建立完善宣传工作长效机制，提升群众对《方案》的知晓率、参与率和满意度。

2.增强优质教育医疗资源供给

积极引入东部沿海地区及国外优质教育医疗资源，加快优质教育医疗资源从成渝双核向双圈腹地延伸，加快补齐社会事业短板，促进川渝两地教育卫生事业高质量发展。

推动教育优先发展。加快义务教育薄弱环节改善与能力提升。实施学前教育、县域普通高中等发展提升行动计划，加快推动县（市、区）与成渝双核重点学校签订新一轮支持办学协议，支持成都七中、成都四中、重庆南开中学等一批优质学校与县级学校合作办学，鼓励四川大学、电子科技大学、重庆大学等一批大学高起点举办公办附属学校（幼儿园），支持市县建设一批公办幼儿园、普惠性幼儿园。积极推进职普融通、产教融合、科教融汇，加快国家级产教融合试点城市、试点企业和示范平台建设。支持承接产业转移项目在职职工随迁子女在川渝两地就学接受学前教育、义务教育，简化入学手续。支持川渝两地共建基础教育合作联盟，全面开展教育交流合作，完善区域教育协同发展的新体制、新机制和新模式。支持高校针对川渝两地产业体系，校企合作共建一批应用技术研发团队、工艺与产品开发中心和高水平实训基地，开展协同创新。

提高医疗服务水平。推动优质医疗资源扩容和区域均衡布局，高标准建设国家医学中心和国家级省级医疗中心、区域医疗中心，强化重点学科建设，支持三甲医院建立院士工作站（室）和博士后工作站。加快医联体、医共体建设，积极推进川大华西医院、省医院、成都中医药大学附属医院、西南医院等优质医疗机构与县级医疗机构结对共建区域特色医疗专科。推进国家中医药综合改革示范区和中医药强省建设，支持新区中医医疗机构加强中医药应急救治能力建设。积极推进县域医疗卫生次中心建设，完善乡村、社区卫生体系，构建优质高效的分级诊疗体系。做好新形势下新冠病毒感染防治工作，确保平稳转段和社会秩序稳定。继续扩大定点医疗机构异地联网直接结算覆盖面，统一两地门诊特殊慢性病跨省异地就医直接结算范围，推进高血压、糖尿病、恶性肿瘤门诊放化疗、尿毒症透析、器官移植术后抗排异治疗五个门诊慢特病跨省结算。逐步消除医保报销三大目录（诊疗目录、药品目录、耗材目录）、限价政策、报销比例等差异，简化异地就医备案手续和流程。扩大互认检查检验结果项目范围，调整结果互认医院目录，从现有范围扩大到成渝全部三级甲等医院。

3. 提升文化体育服务能力

切实落实文化惠民政策，积极开展群众性体育活动，进一步完善文化和体育设施建设，加快提升文化和体育服务能力。继续加大皮洛遗址发掘和研究工作力度，积极推进江口明末战场等考古和文物保护利用。加快建设省文化艺术中心、三星堆博物馆新馆等一批重大文化设施，支持三苏祠建设国家一级博物馆。办好中国成都国际非物质文化遗产节、中国网络视听大会、首届全省川剧会演、四川电视节、四川艺术节等活动，为群众提供更多文化享受。鼓励创作反映新时代川渝文化的精品节目。实施乡村文化振兴"百千万"工程，进一步完善乡村公共文化设施。加快图书馆信息系统建设，市级以上图书馆全面实现读者信息互认和图书通借通还。加快推进以县城为重点的健身场地补短板行动，大力推动新建改建体育公园，支持开展普通公园改体育公园试点，满足群众体育健身需求。大力发展竞技体育，以成都第31届世界大学生夏季运动会举办为契机，加快引进各类专业赛事，打造西部体育赛事高地。

4. 完善毗邻地区应急救援体系

进一步健全应急救援体系，确保实现对重大灾害突发事件及时有效处置，最大限度保障广大人民群众的生命财产安全。积极推进达州、广安、遂宁、资阳、内江、泸州等市与毗邻重庆区县开展务实合作，建立跨区域跨部门协同联动机制，根据突发事件类别和标准启动不同的应急响应。整合110、119、120资源，加快建设毗邻地区统一的应急救援信息平台，依托大数据，建立完善应急救援队伍力量信息库。打破行政区划限制，当遇到突发性事件时，救援平台根据事件发生区域就近指派应急队伍开展救援工作。鼓励发展民间救援组织，统筹协调培训、演练、参与应急救援和应急知识宣传等方面工作，并将其纳入应急救援体系，成为专业救援的有效补充。

五、政策建议

着力提升政策一致性，协同制定土地出让政策，强化财税金融政策支持，共同完善人才引进政策，加快打破地区间的利益藩篱和行政壁垒，加速完善成渝双圈一体化政策支撑体系。

（一）提升政策一致性

统一各区域内政策标准体系。共同制定财税补贴、专项基金、示范项目、金融支持等一体化政策，促进成渝地区双城经济圈范围内资金跨区域使用、人才跨区域流动、区域产业共建、科技资源开放共享等。建立政策执行反馈机制。建立对各类区域一体化政策的实施评估机制，检验政策执行效果，分析研判区域一体化政策执行过程中的问题，及时进行政策调整优化。探索区域要素自由流动体制机制。探索各地新增建设用地指标等与农业转移人口规模挂钩，健全农业转移人口市民化长效机制。探索建设产权共同交易市场，协同开展建设用地等跨区域交易，推进碳排放权公开交易，探索建立区域数据交易所，推动要素市场一体化。

（二）协同制定土地出让政策

以区域范围内共同利益最大化为原则，统一区域土地政策制定理念，完善区域内土地管理制度，采取多方磋商、行政契约、事后处罚等多种方式协调统筹区域内土地政策。探索建立区域内土地指标转移和交易的统一市场，实现效益最大化的开发利用。按照国家统一部署，深化农村集体经营性建设用地入市试点，探索入市增值收益分配机制。探索将"标准地"制度向生产性服务业以及各类产业集聚区、工业功能区、特色小镇延伸，扩大"标准地"的用地类型和适用区域，加强重大建设项目用地保障。

（三）强化财税金融政策支持

推动积极的财政政策加力提效，发挥专项债券投资拉动作用，谋划组织发行新增政府债券并加快使用进度，适当扩大投向领域和用作资本金的范围，积极推进专项债券项目市场化配套融资。全面落实《聚焦高质量发展推动经济运行整体好转的若干政策措施》税费支持政策，实施中小微企业增值税减免。落实实体经济金融支持政策，推广"制惠贷""园保贷""税电指数贷"，落实设备购置与更新改造再贷款政策，持续开展绿色金融行动计划，拓宽资金供给渠道。深入实施企业上市行动计划，用好全国中小企业股份转让系统与北京证券交易所上市直联机制,支持更多优质企业挂牌、上市。推动发行科创债等交易所债券,鼓励市场机构、政策性机构通过创设信用保护工具为民营企业债券融资提供增信支持,积极推进"险资入川"。

(四)共同完善人才引进政策

实施更加精准聚焦的人才工程,构建基于产业发展需求的全球产业人才数据库,针对国内外人才分布的重点区域、重点机构和重点人才,制定有针对性、个性化的人才引进政策。完善人才"居住、入学、就医"三大配套服务。发挥用人单位、省级支持资金、各级地方政府的多方作用,采取实物配置(包括免租金租住、产权赠与、租住公租房、购买安居型商品房等)和货币补贴(包括购房补贴、租房补贴等)两种方式,系统解决人才在川工作期间的长期稳定居住需求。进一步提升人才绿色通道服务精细化水平,积极培育和引进各类人才专业化服务机构,提供政策咨询、手续代办、待遇落实、创新创业、项目申报等服务。加快建成国际高端人才"一站式"服务平台,多途径解决外籍高层次人才以及海外归国人才的落户居住、子女就学、医疗保健等需求。加快国际学校建设步伐,在海外人才集中的区域增设外籍人员子女学校,试点社会力量举办外籍人员子女学校。优化海外人才就医环境,支持符合条件的医院、诊疗中心加入国际医疗保险直付网络系统,在三级甲等医院特需门诊为外籍人才提供预约诊疗和外语服务。

大事记

成渝地区双城经济圈大事记
（2022年）

1月

1月8日，科技部批复支持重庆建设国家科技成果转移转化示范区。

1月10日，国家外汇管理局重庆外汇管理部和四川省分局联合印发《外汇管理服务成渝地区双城经济圈建设的指导意见》。

1月11日，川渝两省市生态环境部门联合印发《2022年川渝两地生态环境标准统一制修订计划》。

1月12日，川渝两省市统计部门联合科研项目《成渝地区双核经济辐射能力研究》发布。

1月12日，川渝驻京办深化合作服务成渝地区双城经济圈建设2022年第一次联席会议在北京召开。

1月14日，川渝两省市政府办公厅联合印发《川渝地区实行告知承诺制证明事项目录（第一批）》。

1月14日，川渝两省市农业农村部门联合召开共建成渝现代高效特色农业带第四次推进会议。

1月16日，川渝两省市政府办公厅批复《合广长协同发展示范区总体方案》《城宣万革命老区振兴发展示范区总体方案》。

1月18日，川渝两省市政府办公厅联合印发《市场化法治化国际化营商环境建设方案》。

1月18日，川渝两省市公路部门联合印发《关于协同推进成渝地区双城经济圈"四好农村路"示范区建设的指导意见》。

1月19日，国家发展改革委规划司组织川渝两省市推动成渝地区双城经济圈建设联合办公室召开2022年成渝地区双城经济圈建设工作要点视频调度会。

1月19日，川渝两地人民银行、外汇管理部门联合印发了《关于金融支持川渝毗邻地区跨省域示范区发展的指导意见》。

1月20日，川渝两省市政府办公厅联合印发《成渝地区双城经济圈便捷生活行动事项（第二批）》。

1月20日，川渝两省市外事及教育部门联合宜宾市人民政府成功举办"澜湄区域对话·教育合作论坛"，"成渝地区双城经济圈—澜湄区域职业教育合作联盟"正式成立。

1月25日，川渝两省市河长办召开川渝河长制业务工作座谈会。

1月28日，川渝两省市气象局、发展改革委联合印发《成渝地区双城经济圈建设气象保障规划》。

1月30日，推动成渝地区双城经济圈建设联合办公室联合印发《关于做好共建成渝地区双城经济圈2022年重大项目实施有关工作的通知》。

2月

2月7日，国家发展改革委、中央网信办、工业和信息化部、国家能源局联合批复同意成渝地区启动建设全国一体化算力网络国家枢纽节点。

2月9日，川渝两省市政府办公厅联合印发《成渝地区双城经济圈"放管服"改革2022年重点任务清单的通知》。

2月10日，生态环境部、国家发展改革委和两省市人民政府印发《成渝地区双城经济圈生态环境保护规划》；两省市政府批复设立资大文旅融合发展示范区。

2月11日，川渝两省市住建部门联合印发《川渝两地公共租赁住房保障对象退出程序指导手册》。

2月11日，重庆银保监局印发《关于做好共建成渝地区双城经济圈2022年重大项目金融服务保障工作的通知》。

2月15日，川渝两省市政府办公厅联合印发《成渝地区双城经济圈碳达峰碳中和联合行动方案》。

2月16日，国家发展改革委召开城镇化工作暨城乡融合发展工作部级联席会议第四次会议，审议《2022年成渝地区双城经济圈建设工作要点》。

2月18日，推动成渝地区双城经济圈联合办公室召开万达开川渝统筹发展示范区等5个川渝毗邻地区合作共建区域发展功能平台建设工作推进会。

2月21日，川渝两省市发展改革委联合印发《资大文旅融合发展示范区总体方案》。

2月22日，推动成渝地区双城经济圈建设联合办公室2022年第一次主任调度会议以视频形式召开。

2月22日，中国民航局印发《关于加快成渝世界机场群建设的指导意见》。

2月23日，川渝两省市政府办公厅印发《共建成渝地区双城经济圈口岸物流体系实施方案》。

2月23日，川渝两省市政府办公厅联合印发《共建成渝地区工业互联网一体化发展示范区实施方案》。

2月25日，共青团四川省委、共青团重庆市委以视频方式召开助力成渝地区双城经济圈建设川渝共青团联席会议第三次会议。

2月28日，第十三届全国人民代表大会常务委员会第三十三次会议通过《关于设立成渝金融法院的决定》。

2月28日，国家发展改革委、自然资源部、住房和城乡建设部联合印发《成都建设践行新发展理念的公园城市示范区总体方案》。

3月

3月4日，川渝两省市税务局召开税收服务成渝地区双城经济圈建设第三次联席会议。

3月5日，川渝两省市人大代表团共同向十三届全国人大五次会议提出加快推进川渝能源保障一体化建设的建议。

3月7—8日，川渝两省市全国政协委员联名提交《关于支持成渝共建西部金融中心的提案》《关于支持巴蜀文化走廊建设的提案》。

3月10日，国家发展改革委印发《2022年成渝地区双城经济圈建设工作要点》。

3月10日，川渝两省市侨务部门联席会议第二次会议召开。

3月14日，川渝外汇管理部门联合制定印发了《成渝外债便利化试点业务操作指引（试行）》，正式启动成渝外债便利化试点。

3月18日，川渝两省市政府办公厅印发《川渝电网一体化建设方案》。

3月22日，四川省发展改革委正式印发《成德眉资同城化综合试验区总体方案》。

3月24日，川渝两省市交通部门联合印发《川渝地区统一交通运输行政处罚裁量基准（第一批）》。

3月25日，国务院发布《关于加快建设全国统一大市场的意见》。

3月25日，川渝两省市公安部门召开服务成渝地区双城经济圈建设警务合作领导小组第三次联席会议。

3月29日，川渝河长联合推进办公室印发《2022年度川渝河长制联合推进工作要点》。

3月30日、31日，川渝两省市人大常委会分别通过《四川省铁路安全管理条例》《重庆市铁路安全管理条例》，自2022年5月1日起施行。

3月31日，重庆市成为数字人民币试点城市。

4月

4月12日，川渝两省市共青团，重庆市科技、经济信息、人力社保、商务等部门和铜梁区联合举办2022年川渝青年创新创业大赛。

4月14日，推动成渝地区双城经济圈联合办公室召开川南渝西融合发展试验区等5个川渝毗邻地区合作共建区域发展功能平台建设工作推进会。

4月18日，川渝两省市政府办公厅印发《成渝地区建设具有全国影响力的科技创新中心总体方案》。

4月19日，川渝法院发布《知识产权司法保护状况白皮书》。

4月19日，川渝两省市交通部门联合印发《"川渝通办"交通运输事项（第三批）实施方案》。

4月20日，川渝两省市经信部门联合印发《2022年成渝地区工业互联网一体化发展示范区建设工作要点》。

4月23日，成渝国家网络安全产业园区获工业和信息化部批复，成为国内首个跨省域的国家级网络安全产业园区。

4月24日，重庆市人民检察院西部（重庆）科学城知识产权检察保护中心揭牌。

4月24日，人民银行成都分行、重庆营业管理部联合印发《金融服务成渝地区双城经济圈高质量发展2022年联合工作要点》。

4月24—25日，2022年川渝贸促系统协同发展联席会议采取线上线下相结合的方式同时在重庆和成都举行，现场签订共建海外川渝商品展示展销中心等15个合作协议。

4月27日，川渝两地住建部门以视频会议方式召开成渝地区双城经济圈住房公积金一体化发展第三次联席会。

4月28日，推动成渝地区双城经济圈建设联合办公室2022年第二次主任调度会议以视频形式召开。

4月28日，推动成渝地区双城经济圈建设双核联动专项工作组第一次会议以视频形式召开。

4月29日，推动成渝地区双城经济圈建设联合办公室生态环境联建联治专项工作组印发《推动成渝地区双城经济圈生态共建环境共保2022年工作要点》。

5月

5月6日，川渝两省市政府办公厅联合印发《经济区与行政区适度分离改革方案》。

5月9日，川渝两省市文旅部门印发《深化重庆四川合作推动巴蜀文化旅游走廊建设2022年重点工作方案》。

5月10日，川渝两省市人社部门联合印发《2022年度川渝人社合作重点工作任务清单》。

5月10日，国家发展改革委出台我国首部生物经济五年规划——《"十四五"生物经济发展规划》，提出在京津冀、长三角、粤港澳大湾区、成渝地区双城经济圈等区域，布局建设生物经济先导区。

5月10日，川渝两省市税务部门在线上联合举行成渝地区双城经济圈税收协定待遇协同管理工作机制启动仪式。

5月10日，川渝两省市通信管理部门联合召开成渝地区双城经济圈信息通信业2022年第一次联席会议。

5月11日，文化和旅游部、国家发展改革委和两省市政府联合印发《巴蜀文化旅游走廊建设规划》。

5月11—12日，川渝两省市生态环境部门召开第4次川渝跨界河流联防联治联席会议。

5月16日，川渝两省市联合申报的"国家网络安全产业园区（成渝）"获工业和信息化部批复，是全国首个获批的跨省域国家级网络安全产业园区。

5月19日，首列成渝地区双城经济圈货运班列从重庆江津直达成都青白江。

5月19日，成渝两地人社部门"云"签订《成渝双核人力资源和社会保障事业协同发展合作协议》。

5月27—31日，中国共产党重庆市第六次代表大会召开。会议指出，建设成渝地区双城经济圈，饱含着习近平总书记和党中央对川渝两地的殷切期望，蕴含着发挥"三个作用"的内在要求，是重庆全面建设社会主义现代化的重大使命和强大引擎。

5月27—30日，中国共产党四川省第十二次代表大会召开。会议指出，推动成渝地区双城经济圈建设是全面建设社会主义现代化四川的总牵引。

5月31日，四川省常委班子共同调研成渝地区双城经济圈建设并召开省委专题会。

6月

6月7日，"2022年成渝地区双城经济圈康复人才双选会"第二场直播带岗活动顺利开展。

6月8日，习近平总书记到四川视察，深刻指出成渝地区双城经济圈建设已初见成效，强调要发挥独特优势，更好地服务国家发展全局，扎实推进成渝地区双城经济圈建设。

6月10日，成渝地区双城经济圈产业合作示范园区高质量发展推进会在遂宁市召开。

6月10日，成渝地区双城经济圈医疗保障工作座谈会在成都市召开。

6月11日，川渝两省市政府办公厅联合印发《推进成渝地区双城经济圈"无废城市"共建的指导意见》。

6月11日，川渝两省市文化旅游部门、大足区联合举办2022年中国文化和自然遗产日川渝地区主场城市活动。

6月14日，川渝高竹新区供电服务中心正式揭牌，是川渝首个跨省市办电一体化运营机构。

6月16日，重庆知识产权运营中心与成都知识产权交易中心举行共建成渝知识产权交易市场框架协议线上签约仪式。

6月16日，成渝地区双城经济圈建设制造业专项工作组2022年第一次会议召开。

6月17日，推动成渝地区双城经济圈建设重庆四川常务副省市长协调会议第五次会议召开。

6月20—23日，川渝两省市人大常委会组织部分全国人大代表开展川渝能源保障一体化建设情况专题调研。

6月21日，川渝河长制联合推进办公室印发《川渝跨界河流联防联控典型案例汇编》。

6月22日，川渝两省市科技部门召开推动成渝地区双城经济圈建设科技协同创新专项工作组第四次会议。

6月22日，成渝地区双城经济圈建设戒毒工作"2+4"区域协同发展第二次联席会议在凉山州召开。

6月23日，川渝两省市经信部门、遂宁市、璧山区联合召开成渝地区双城经济圈电子信息产业链协同发展合作交流会。

6月23日，川渝两省市通信管理局联合举办"应急通信2022·川渝联合演练"。

6月24日，重庆市召开推动成渝地区双城经济圈建设领导小组会议。

6月29日，推动成渝地区双城经济圈建设重庆四川党政联席会议第五次会议在重庆召开。

6月29日，生态环境部综合司召开成渝地区双城经济圈生态环境保护工作座谈会。

6月30日，推动成渝地区双城经济圈建设川渝人社合作联席会议第七次会议召开。

7月

7月4日,成渝地区双城经济圈口岸物流体系合作共建签约仪式在重庆举行。

7月6日,川渝一体化电力调峰辅助服务市场开启。

7月12日,川渝两省市药监部门联合印发《川渝地区医疗器械生产跨省市监管办法(试行)》。

7月13日,成渝地区双城经济圈汽车产教融合联盟成立。

7月14—15日,川渝就业工作领导小组联合举办成渝地区双城经济圈就业创业活动周。

7月14—15日,川渝两省市医保部门召开医疗保障联席会议,重庆市和成都市医疗保障部门签署合作备忘录。

7月15日,成渝地区双城经济圈首个跨省域医保服务平台川渝高竹新区医疗保障服务站正式揭牌运行。

7月17日,川渝两省市政府办公厅联合印发《共建长江上游航运中心实施方案》。

7月25日,川渝两省市政府办公厅联合印发《支持成渝地区双城经济圈市场主体健康发展若干政策措施》。

7月26日,川渝两省市政府办公厅联合印发《成渝地区联手打造内陆开放高地方案》。

7月28日,推动成渝地区双城经济圈建设联合办公室2022年第三次主任调度会议以视频形式召开。

7月28日,川渝两省市大数据部门和住建部门共同签署《川渝住房城乡建设领域数据共享应用战略合作协议》。

7月29日,川渝两省市河长办通过视频连线形式召开2022年度川渝河长制工作联席会议。

8月

8月1日,重庆市参保人在四川省定点医疗机构住院就医,无须办理备案手续即可直接住院结算，享受与市内就医一致的待遇。

8月3日，川渝两省市政府办公厅联合印发《建设富有巴蜀特色的国际消费目的地实施方案》。

8月4日，生态环境部印发《关于公布气候投融资试点名单的通知》，四川天府新区、重庆两江新区获批全国首批气候投融资试点。

8月9日，川渝两省市政府办公厅联合印发《推动川渝能源绿色低碳高质量发展协同行动方案》。

8月9日，成渝中线高铁项目初步设计工作基本完成。

8月10日，川渝两省市政府办公厅联合印发《成渝地区双城经济圈特色消费品产业高质量发展协同实施方案》。

8月11日，川渝两省市政府办公厅联合印发《重庆都市圈发展规划》。

8月19日，中国人民银行、国家发展改革委、财政部、生态环境部、银保监会、证监会等六部委印发《重庆市建设绿色金融改革创新试验区总体方案》。

9月

9月1日，川渝两省市银保监局联合发布《推动四川省重庆市银行业保险业高质量发展更好服务于成渝地区双城经济圈建设的意见》。

9月7日，成渝地区双城经济圈粮食"散改集"专列首发。

9月9日，成渝地区双城经济圈ETF基金在深交所上市。

9月19日，川渝两省市宣传部门和经济信息化部门联合公布川渝工业文化教育实践基地名单。

9月21日，川渝两省市经信部门联合启动第二批产业合作示范园区创建申报。

9月21日，成渝成功入围首批国家综合货运枢纽补链强链城市（群）。

9月23日，川渝两省市政协围绕"共建世界级先进电子信息产业集群"召开远程联合协商会。

9月26日，两省市生态环境部门联合开展2022年度川渝毗邻地区突发环境事件隐患联合排查整治工作。

9月28日，推动成渝地区双城经济圈建设联合办公室以视频形式召开2022年第四次主任调度会议。

9月28日，全国首个跨省域管辖法院——成渝金融法院正式揭牌。

9月29日，重庆成都双核联动联建会议以视频会议形式召开，审议了《强化重庆成都双核联动联建合作项目事项清单》。

9月29日，我国西南地区首个特高压交流工程——川渝1000千伏特高压交流工程正式开工。

9月29日，推动成渝地区双城经济圈建设联合办公室与四川省统计局就《成渝地区双城经济圈建设规划纲要》和专项规划（方案）明确的量化指标的统计内容、统计方式、统计时间等工作进行沟通。

9月29日，川渝两省市生态环境部门联合召开两地统一制定大气标准视频会。

9月30日，成都至达州至万州高速铁路全面开工建设。

10月

10月9日，川渝两省市人大常委会首次开展联合执法检查。

10月11日，成渝地区双城经济圈产业数字化赋能基地正式建成投用。

10月12日，四川省科技厅与重庆市科技局、人社局联合印发《川渝高竹新区外国人才来华工作许可互认试点实施方案》。

10月16日，推动成渝地区双城经济圈建设作为国家区域重大战略写入党的二十大报告。

10月17日，川渝两省市科技部门召开共建西部科学城专项对接暨第十届科博会筹备工作视频会议。

10月18日，四川大学华西第二医院天府医院（四川省儿童医院）、广州中医药大学第一附属医院重庆医院纳入第四批国家区域医疗中心建设项目名单。

10月23日，川渝两省市政府办公厅联合印发《第一批川渝电子证照亮证互认实施清单》。

10月25日，川渝两地一体化推行市场主体登记档案异地互查和港澳简版公证文书互认正式启动。

11月

11月1日，水利部、国家发展改革委印发《成渝地区双城经济圈水安全保障规划》。

11月7日，川渝两省市18家法院召开执行协作联席会议。

11月8日，川渝两省市生态环境部门共同召开2022年川渝部分市区大气污染联防联控工作视频会。

11月10日，推动成渝地区双城经济圈建设联合办公室以视频形式召开2022年第五次主任调度会议。

11月12日，川渝两省市卫生健康委员会联合印发《关于进一步加强川渝两地三级甲等公立综合医院检查检验结果互认工作的通知》。

11月18日，重庆入选生产服务型国家物流枢纽建设名单。

11月23日，川渝两省市科协联合举办第三届川渝科技学术大会暨四川科技学术大会。

11月24日，川渝两省市人民政府举办"2022年川渝地区—湄公河国家地方合作论坛"。

11月24日，《重庆高新区成都高新区"双区联动"推动成渝地区双城经济圈建设行动方案（2022—2025）》发布。

11月24日，四川全面启动全国一体化算力网络成渝国家枢纽节点建设。

11月28日，成渝中线高铁开工建设。

11月29日，渝西高铁安康至重庆段开工建设。

11月30日，2022中国智慧企业发展大会暨首届成渝地区双城经济圈数智人才发展大会开幕，遂潼"一卡通一码通"平台正式启用。

12月

12月1日，成渝地区双城经济圈首个数据领域地方标准——《公共信息资源标识规范》正式发布实施。

12月7日，推动成渝地区双城经济圈建设重庆四川常务副省市长协调会议第六次会议以视频方式召开。

12月12日，成渝地区双城经济圈急需紧缺人才目录在第二十届中国西部海外高新科技人才洽谈会上发布。

12月13日，重庆、成都市企业登记电子档案"掌上"跨区域异地一键通查服务正式上线，率先在全国区域合作中实现档案查询移动端两地通查。

12月14日，川渝两省市政府办公厅联合印发《成渝共建西部金融中心规划联合实施细则》。

12月15日，川渝两省市住建部门联合主办的2022川渝城乡建设绿色发展专项论坛在成都举行。

12月20日，川渝两地通过视频会议方式召开推动成渝地区双城经济圈建设生态环境保护联席会议第四次会议。

12月21日，中国共产党重庆市第六届委员会第二次全体会议举行，会议强调，要在推动成渝地区双城经济圈建设上干出新业绩，全面增强中心城区发展能级和综合竞争力，抓紧抓实重大项目、平台和政策，有力有效促进"一区两群"协调发展。

12月26日，巴蜀文化旅游走廊建设专项工作组联席会议第五次会议召开。

12月26日，第二届成渝地区科普创新发展论坛举行，首批10个成渝科普研学基地（营地）授牌。

12月30日，推动成渝地区双城经济圈建设重庆四川党政联席会议第六次会议在成都召开。

参考文献

[1]中共中央、国务院印发《成渝地区双城经济圈建设规划纲要》[J].当代党员,2021(21):2.

[2]林治波,王斌来,崔佳等.成渝地区双城经济圈建设稳步推进[N].人民日报,2022-08-05(001).

[3]易小光.全面深入推动成渝地区双城经济圈建设[J].当代党员,2022(12):31-32.

[4]邓兰燕,贾静涛,李林.成渝地区双城经济圈建设中的公共服务共建共享研究[M].成都:西南财经大学出版社,2023.

[5]范恒山,肖金成,方创琳等.城市群发展:新特点新思路新方向[J].区域经济评论,2017(5):1-25.

[6]易小光,丁瑶,余贵玲,邓兰燕,苟文峰等.新时期重庆区域发展战略与路径研究[M].北京:中国经济出版社,2019.

[7]易小光,丁瑶,余贵玲等.成渝地区打造具有全国影响力的改革开放新高地研究[M].北京:中国经济出版社,2021.

[8]邓兰燕.新时期重庆融入共建"一带一路"主要成效与思路建议[J].新西部,2023(8):60-63.

[9]方创琳.新发展格局下的中国城市群与都市圈建设[J].经济地理,2021,41(4):1-7.

[10]方创琳,王振波,马海涛.中国城市群形成发育规律的理论认知与

地理学贡献［J］.地理学报，2018（4）.

［11］姚士谋.中国的城市群［M］.合肥：中国科学技术大学出版社，1992.

［12］易小光，丁瑶，余贵玲，邓兰燕，苟文峰等."十四五"重庆发展方略研究［M］.北京：中国经济出版社，2021.

［13］刘治彦，邓兰燕.成渝地区双城经济圈建设难点与推进策略［J］.城市与环境研究，2021（3）：24-35.

［14］肖金成.关于新发展阶段都市圈理论与规划的思考［J］.人民论坛·学术前沿.2021（4）：4-9+75.

［15］马燕坤，肖金成.都市区、都市圈与城市群的概念界定及其比较分析［J］.经济与管理，2020，34（1）：18-26.

［16］方创琳，宋吉涛，蔺雪晴等.中国城市群可持续发展理论与实践［M］.北京：科学出版社，2010.

［17］朱涛.着力推进双城经济圈现代产业体系互联互通［N］.重庆日报，2022-07-07（011）.

［18］王山，刘文斐，刘玉鑫.长三角区域经济一体化水平测度及驱动机制——基于高质量发展视角［J］.统计研究，2022，39（12）：104-122.

［19］易小光，丁瑶，邓兰燕等.成渝地区双城经济圈要素市场一体化研究［M］.北京：中国经济出版社，2021.

［20］易小光，丁瑶，苟文峰等.成渝地区双城经济圈一体化发展研究［M］.北京：中国经济出版社，2021.

［21］陈钧，李珩，杨骏.推动双城经济圈建设有什么好思路好办法［N］.重庆日报，2022-12-31（004）.

［22］雍黎.成渝地区双城经济圈产业数字化赋能基地投用［N］.科技日报，2022-10-25（007）.

［23］陈国栋.把高竹新区打造成共建成渝地区双城经济圈的示范［N］.重庆日报，2022-10-22（004）.

［24］推动成渝地区双城经济圈建设深化合作十大重点任务［N］.四川日报，2022-08-16（004）.

［25］姚士谋，朱英明，陈振光等.中国城市群［M］.北京：中国科技大学出版社，2001.

［26］陈肖飞，张落成，姚士谋.基于新经济地理学的长三角城市群空间格局及发展因素［J］.地理科学进展，2015，34（2）：29-236.